人力资源管理专业应用型本科教材

人员素质测评

李作学　主编

中国劳动社会保障出版社

图书在版编目（CIP）数据

人员素质测评 / 李作学主编. -- 北京：中国劳动社会保障出版社，2023
人力资源管理专业应用型本科教材
ISBN 978-7-5167-5591-4

Ⅰ. ①人⋯　Ⅱ. ①李⋯　Ⅲ. ①人员测评-高等学校-教材　Ⅳ. ①C962

中国国家版本馆 CIP 数据核字（2023）第 060403 号

中国劳动社会保障出版社出版发行

（北京市惠新东街 1 号　邮政编码：100029）

*

三河市潮河印业有限公司印刷装订　新华书店经销

787 毫米 ×1092 毫米　16 开本　18.5 印张　252 千字
2023 年 5 月第 1 版　2023 年 5 月第 1 次印刷

定价：55.00 元

营销中心电话：400-606-6496
出版社网址：http://www.class.com.cn

版权专有　　侵权必究

如有印装差错，请与本社联系调换：（010）81211666
我社将与版权执法机关配合，大力打击盗印、销售和使用盗版图书活动，敬请广大读者协助举报，经查实将给予举报者奖励。

举报电话：（010）64954652

内容提要

《人员素质测评》教材共分为10章，内容包括人员素质测评导论、测评指标与标准体系设计、履历分析法、笔试、面试、心理测验、评价中心、人员素质测评的组织与实施、测评效果及检验、报告撰写与测评结果的运用。本教材集合人力资源管理的知识、技能、实训，三位一体，同时整合新趋势、新方法，做到合理运用。

本教材既适合高等院校人力资源管理专业及其他相关专业的师生教学、使用，也能够满足不同层次的企业管理者，以及对人力资源管理感兴趣人士、研究者、咨询师和培训师的学习、借鉴需要。

序

随着信息化和大数据的发展，人力资源管理有着很大的变化与发展，尤其是新趋势、新技术在人力资源管理中的应用，对于人力资源管理专业的学习有着更高的要求。我国高等学校管理科学的人力资源管理专业领域的科研、教学和应用等方面都取得了长足进步，培养了一大批优秀人才，但由于各所高等学校在相关专业的发展历史、特点和背景上的差异，以及企业对人才需求的多样化、实务化，使我国人力资源管理专业教育面临着机遇和挑战。

"人力资源管理专业应用型本科教材"以人力资源管理专业学科体系为依托，涉及人力资源规划、工作分析、招聘与配置、培训与开发、绩效管理、薪酬管理、人员素质测评、劳动关系管理等方面的内容。本系列教材包括《人力资源管理概论》《工作分析》《人员招聘与配置》《人力资源培训与开发》《绩效管理》《薪酬管理》《人员素质测评》《员工关系管理》《人力资源服务概论》和《职业生涯规划》共10本，特色归纳如下：

第一，呈现了最新的理论和系统性的知识。本系列教材在整个高等学校人力资源管理专业设计过程中，不仅强调基础理论知识的学习，而且从整套教材体系的搭建到各书种内容的安排，系统性地呈现了人力资源管理的理论知识。

第二，提供了实务操作技能的方法和工具。本系列教材从方法、工具到所选择的各个模块，充分反映了人力资源管理专业的技能运用，为读者提供了全方位的人力资源管理教学指导与依据，是人力资源管理专业教师开展教学和学生在学习、工作中必不可少的参考书。

第三，增加了课程实训的演练内容。本系列教材在"学习目标"和"本章自测题"的基础上，增加了在人力资源管理实践中的"课程实训"模块内容，增强了教材的实用性，以期辅助读者更快地领会与掌握人力资源管理的基本理论以及技术方法。

当然，本系列教材还有许多可以不断完善和修改的地方，我们殷切希望广大读者能够在使用过程中，给我们提供好的意见和建议，使之日臻完善，共同为中国的人力资源管理事业添砖加瓦。

编者

2023 年 5 月

前　言

在我国，随着改革开放的不断深入和经济的迅速发展，以及全球企业竞争越来越激烈，企业人力资源管理需要不断发展以适应新形势和挑战。企业如何成功地吸引、激励和保留优秀人才，如何立足于竞争激烈的市场，唯一的途径就是掌握最新的人力资源管理理论，利用先进的技术、方法和工具，对组织内部的人力资源进行充分开发和科学管理。其中，人员素质测评是实现企业人力资源管理目标的重要手段之一。

《人员素质测评》教材共分为10章，内容包括人员素质测评导论、测评指标与标准体系设计、履历分析法、笔试、面试、心理测验、评价中心、人员素质测评的组织与实施、测评效果及检验、报告撰写与测评结果的运用。

如何将人员素质测评理论与管理实践进行有效结合？如何精准掌握人员素质测评设计的方法与工具？如何把握人员素质测评的最新趋势？如何在掌握人员素质测评知识的基础上，快速提高人力资源管理者的专业技能？针对这些问题，本教材将系统指导，逐一呈现。本教材具有以下两大特点：

1. 知识、技能、实训三位一体。全书以管理的工作过程和工作内容为导向，深入剖析企业在人力资源管理实践中遇到的相关问题，并提出有针对性的解决方案和方法，包括文书、计划、表单、流程、技巧、模型、工作标准、案例等，帮助读者加深理论理解，有效操练和参考借鉴。

2. 新趋势、新方法合理运用。全书多层次、多维度地阐述了人力资源管理的全面内容，尽可能地针对企业实践吸收了人力资源管理领域的新思想、新理论、新方法。

在本教材编写过程中，特别感谢管理学领域一些杰出学者和企业界人士所提供的意见和建议，他们的许多专业知识、独到见解和体会很值得我们借鉴学习。同时，我们还要感谢在高校管理学教学一线的教师们，他们投入了大量时间和精力，通过各种渠道给我们提供了高校科研、教育教学、在校学生方面关于教材颇有价值的信息反馈。

本教材既适合高等院校人力资源管理专业及其他相关专业的师生教学、使用，也能够满足不同层次的企业管理者，以及对人力资源管理感兴趣人士、研究者、咨询师和培训师的学习、借鉴需要。

2023 年 5 月

目　　录

第一章　人员素质测评导论 ··· 001
学习目标 ··· 001
引导案例 ··· 001
第一节　人员素质测评认知 ····································· 002
一、人员素质测评概述 ··· 002
二、人员素质测评的主要类型 ····································· 009
三、人员素质测评的应用 ·· 010
第二节　人员素质测评的理论基础 ···························· 015
一、人性假设原理 ··· 015
二、岗位差异原理 ··· 016
三、个体差异原理 ··· 017
四、人岗匹配原理 ··· 017
五、素质可测原理 ··· 018
第三节　人员素质测评的发展 ·································· 018
一、人员素质测评的发展历程 ···································· 018
二、人员素质测评现状与发展趋势分析 ························ 021
本章自测题 ··· 023

第二章　测评指标与标准体系设计 ································ 024
学习目标 ··· 024
引导案例 ··· 024
第一节　人员素质测评指标体系概述 ························· 025

一、测评指标的定义……025
二、测评指标的维度……026
三、测评指标的要素……027
四、测评指标的权重……028
五、测评指标的分级……030
第二节 人员素质测评指标体系设计……031
一、测评指标体系设计的原则……031
二、测评指标体系设计的基本方法……032
三、构建测评指标体系的步骤……037
第三节 人员素质测评指标标准体系建立……041
一、人员素质测评指标标准体系的横向结构……041
二、人员素质测评指标标准体系的纵向结构……041
三、建立人员素质测评指标标准体系的步骤……043
课程实训……045
本章自测题……046

第三章 履历分析法……047

学习目标……047
引导案例……047
第一节 履历分析法概述……048
一、履历分析法的概念……048
二、履历分析法的特点……049
三、履历分析法的理论基础……049
第二节 履历表的设计……051
一、履历表概述……051
二、履历表的功能……053
三、履历表的种类……054
四、履历表的设计原则……056

五、履历表的设计要点……………………………………………… 056
　　六、履历表的设计步骤……………………………………………… 057
　第三节　履历表的分析………………………………………………… 058
　　一、履历表分析的基本思路………………………………………… 058
　　二、履历表中各项目的解读………………………………………… 058
　　三、履历表分析的主要方法………………………………………… 059
　　四、履历表分析的常用技巧………………………………………… 060
　本章自测题……………………………………………………………… 061

第四章　笔试……………………………………………………………… 062
　学习目标………………………………………………………………… 062
　引导案例………………………………………………………………… 062
　第一节　笔试概述……………………………………………………… 063
　　一、笔试的定义……………………………………………………… 063
　　二、笔试的优缺点…………………………………………………… 064
　　三、笔试的适用范围………………………………………………… 065
　　四、笔试的作用……………………………………………………… 066
　　五、笔试的内容……………………………………………………… 067
　　六、笔试的形式……………………………………………………… 067
　第二节　笔试试题的开发……………………………………………… 068
　　一、笔试题目的来源………………………………………………… 068
　　二、笔试题目编写的原则…………………………………………… 069
　　三、笔试题型及其编制方法………………………………………… 070
　　四、笔试试卷的编排与预测试……………………………………… 076
　　五、试题的评价与考试分析………………………………………… 080
　　六、不同类型试题编制……………………………………………… 081
　课程实训………………………………………………………………… 085
　第三节　笔试的实施…………………………………………………… 089

一、建立笔试测评团队……………………………………………089
二、团队分工和准备………………………………………………091
三、笔试的实施步骤………………………………………………092
本章自测题……………………………………………………………094

第五章　面试……………………………………………………095

学习目标………………………………………………………………095
引导案例………………………………………………………………095
第一节　面试概述……………………………………………………097
一、面试的定义……………………………………………………097
二、面试的特点……………………………………………………097
三、面试的类型……………………………………………………099
四、面试的内容……………………………………………………100
五、面试的步骤……………………………………………………102
第二节　面试试题的编制……………………………………………104
一、面试试题的特点………………………………………………104
二、面试试题的类型………………………………………………105
三、面试试题的设计………………………………………………106
第三节　面试的技巧…………………………………………………115
一、面试提问技巧…………………………………………………115
二、面试观察技巧…………………………………………………116
三、面试倾听技巧…………………………………………………117
四、面试去伪技巧…………………………………………………118
五、面试分析技巧…………………………………………………119
六、面试评价技巧…………………………………………………120
本章自测题……………………………………………………………121

第六章　心理测验 …………………………………………………… 122

学习目标 …………………………………………………………… 122
引导案例 …………………………………………………………… 122

第一节　心理测验概述 ………………………………………… 124
一、心理测验的定义 ………………………………………………… 124
二、心理测验的类别 ………………………………………………… 125
三、心理测验在人员素质测评中的应用 …………………………… 128

第二节　人格测验 ……………………………………………… 129
一、人格的内涵 ……………………………………………………… 129
二、人格的理论 ……………………………………………………… 130
三、人格测验的特征维度 …………………………………………… 132
四、人格测验的工具 ………………………………………………… 134

第三节　能力测验 ……………………………………………… 138
一、能力测验概述 …………………………………………………… 138
二、成就测验 ………………………………………………………… 139
三、智力测验 ………………………………………………………… 141
四、能力倾向测试 …………………………………………………… 146

第四节　职业兴趣测验 ………………………………………… 156
一、兴趣与职业 ……………………………………………………… 156
二、职业锚 …………………………………………………………… 157
三、职业兴趣测验的方法 …………………………………………… 162
四、职业适应性测验 ………………………………………………… 162
五、职业价值观测验 ………………………………………………… 168
本章自测题 …………………………………………………………… 169

第七章　评价中心 …………………………………………………… 170

学习目标 …………………………………………………………… 170
引导案例 …………………………………………………………… 170

第一节　评价中心概述……………………………………………… 173
　一、评价中心的概念………………………………………………… 173
　二、评价中心的特点………………………………………………… 174
　三、评价中心的形式………………………………………………… 175
　四、评价中心实施步骤……………………………………………… 181
第二节　无领导小组讨论…………………………………………… 184
　一、无领导小组讨论的概念………………………………………… 184
　二、无领导小组讨论的特点………………………………………… 185
　三、无领导小组讨论的功能………………………………………… 186
　四、无领导小组讨论的分类………………………………………… 186
　五、无领导小组讨论题目编制……………………………………… 188
　六、无领导小组讨论的实施步骤…………………………………… 192
　七、无领导小组讨论的考查要素…………………………………… 193
课程实训……………………………………………………………… 194
第三节　公文筐测验………………………………………………… 196
　一、公文筐测验的概念……………………………………………… 196
　二、公文筐测验的特点……………………………………………… 197
　三、公文筐测验题目编制…………………………………………… 198
　四、公文筐测验的实施步骤………………………………………… 200
　五、公文筐测验的考查要素………………………………………… 201
　六、公文筐测验的注意事项………………………………………… 202
课程实训……………………………………………………………… 203
本章自测题…………………………………………………………… 206

第八章　人员素质测评的组织与实施……………………………… 207
学习目标……………………………………………………………… 207
引导案例……………………………………………………………… 207
第一节　人员素质测评方案的制订………………………………… 209

一、人员素质测评方案的内容……………………………………………209
二、测评方案可行性分析…………………………………………………214
课程实训……………………………………………………………………216
第二节　人员素质测评的实施……………………………………………225
一、人员素质测评的实施原则……………………………………………225
二、人员素质测评的实施步骤……………………………………………227
三、人员素质测评实施的误差及防范措施………………………………229
本章自测题…………………………………………………………………231

第九章　测评效果及检验……………………………………………………232
学习目标……………………………………………………………………232
引导案例……………………………………………………………………232
第一节　信度分析…………………………………………………………233
一、信度的概念……………………………………………………………233
二、信度的种类……………………………………………………………234
三、影响信度的因素………………………………………………………236
四、信度分析的方法………………………………………………………238
第二节　效度分析…………………………………………………………241
一、效度的概念……………………………………………………………241
二、效度的种类……………………………………………………………242
三、影响效度的因素………………………………………………………243
四、效度分析方法…………………………………………………………245
第三节　项目分析…………………………………………………………248
一、项目分析概念…………………………………………………………248
二、项目分析的种类………………………………………………………249
三、项目分析方法…………………………………………………………251
本章自测题…………………………………………………………………258

第十章 报告撰写与测评结果的运用···259

学习目标···259

引导案例···259

第一节 人员素质测评报告概述···261

一、人员素质测评报告的概念··261

二、人员素质测评报告的种类··261

三、人员素质测评报告的意义··261

第二节 人员素质测评报告的撰写···263

一、人员素质测评报告的撰写原则··263

二、人员素质测评报告的撰写方法··264

三、人员素质测评报告的撰写步骤··265

四、人员素质测评报告的内容撰写··266

五、人员素质测评报告撰写注意事项···267

课程实训···268

第三节 人员素质测评报告的应用···272

一、人员素质测评报告的应用方向··272

二、人员素质测评报告的应用误区··277

三、人员素质测评报告应用误区的规避··279

本章自测题··279

第一章　人员素质测评导论

学习目标

- 了解人员素质测评的概念及应用
- 了解人员素质测评的理论基础
- 掌握人员素质测评的发展现状及趋势

引导案例

> A公司是一家经营连锁超市的企业，在W市有10个销售网点。公司的人力资源部由5个人组成，负责A公司每个销售网点店长的招聘工作，店长负责该销售网点的员工招聘工作。
>
> 2022年4月，李小明被聘为W市新销售网点的店长。在新销售网点开始运营的前3个月，销售网点中员工流动率达到130%，副店长也已经更换了好几名，一般员工平均只工作了1个月。A公司在了解到情况后，派人力资源部王小红前往李小明所在销售网点进行调查。
>
> 在调查中，王小红询问李小明关于进行员工选择时的实际情况，李小明有如下回答："是否聘用这个人都是依据他们的面试

情况来定的。首先会问他们一些基础性问题，比如，是否能接受加班和夜班，是否能够接受临时工作安排等。"

王小红询问是否对所有有求职意向的求职者都会直接进行面试时，李小明回复说，在面试前会浏览求职者的简历，了解求职者的基本情况。在面试副店长时，还会看求职者是否有管理能力和领导能力。

在被询问是如何确定哪一位求职者能够被录用时，李小明回答，主要看重面试的第一印象、求职者传递出来的求职意愿和诚恳态度。求职者的穿着、自我介绍、言谈举止都会影响李小明的判断，但最重要的还是求职者对这份工作的意愿与态度。

王小红在对离职员工岗位安排进行了解后发现，李小明在进行员工岗位安排时，都是根据自己对员工的面试印象进行分配，存在一定的片面性，没有对员工的能力、发展潜质、职业倾向等素质进行测评，尤其是没有对副店长的管理能力和领导能力进行测评就安排员工上岗。

请思考，如果你是李小明，你该如何完善人员素质测评？

第一节　人员素质测评认知

一、人员素质测评概述

（一）人员素质测评的概念

人员素质测评是指测评主体在一定时间内，运用现代科学方法，通过测评对象在主要活动领域中表现出的行为，对其素质进行综合测评，作出量值或价值的判断过程。它能对人的知识水平、能力、个性特征、职业倾向、发展潜力等素质进行综合测评，其理论、方法和技术对于提高人员素质和工作绩效，加强安全保障等发挥着越来越重要的作用。

人员素质测评，是以心理学、统计学、测量学、组织行为学及人力资源管理学等学科为基础，由测评主体根据一定的理论并采用标准化的技术和方法，收集测评对象在主要活动领域中行为事实的表征信息，针对某一素质测评指标体系，对其进行测量和价值判断的过程。

针对上述定义，可以对人员素质测评进行以下解释，见表1-1。

表1-1 人员素质测评定义的解释

序号	内容
1	上述定义中的前一部分主要是"测"（测量）的工作，后一部分主要是"评"（评价）的工作，其中，"测"是综合运用心理学、统计学、测量学等学科知识来为测评对象指派一个科学、合理、有效的数字，而"评"主要是在"测"的基础上进行深入的分析
2	"测评主体"既可以是个体也可以是集体，既可以是自我也可以是他人，既可以是上级也可以是下级或同级
3	人员素质测评要有独立的研究对象，它的研究对象是测评对象（如个人、团队、公司等）在主要活动领域中的各种特性（如能力、个性特征等）
4	"标准化的技术和方法"是被实践所证明的、全面的、方便的测量手段、评价方法、调查方法和研究方法等，如比较分类法、抽样统计法、因果关系分析法等
5	"主要活动领域"，一般是指个人工作和生活中所处的"组织位置"或"主要场所"。"组织位置"如生产活动、销售活动、科研活动等活动领域，"主要场所"如工作场所、生活场所等
6	"素质测评指标体系"主要是指有内在联系的一系列素质测评指标
7	"价值判断"是一种能动的思维活动，是一种升华现象。由于价值判断是以所收集的客观表征信息为依据的，它一方面包括对客观表征信息的概括，另一方面是测评主体主观能动性的体现，所以这种活动既是客观的又是主观的

人员素质是构成独特个体的内部属性，是个体完成任务、形成绩效和继续发展的前提。人员素质具有内隐性、表出性、稳定性、可塑性、层次性、统一性、差异性等特征，其构成如图1-1所示。

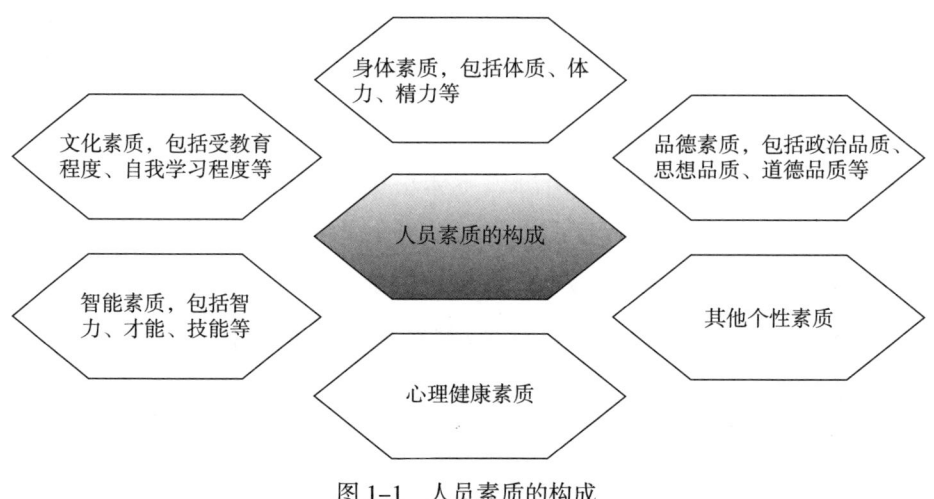

图 1-1 人员素质的构成

（二）人员素质测评的内容

人的复杂性决定人员素质测评的内容构成十分广泛，人员素质测评主要考查的是个人稳定的素质特点，根据人员素质的构成，人员素质测评的内容通常包括知识因素、品德因素、能力因素、动力因素、性格因素、情商因素等方面。

1. 知识因素

知识是人们在认识世界、改造世界的实践中所获得的认识和经验的总和。按照现代认知心理学的理解，可以将其分为陈述性知识和程序性知识两类，前者是描述客观事物的特点及关系的知识，后者是关于处理事情的操作步骤和过程的知识。

此外，知识还可以分为一般知识和专业知识。一般知识是各行各业所需的基本知识，如文字读写、数字计算、计算机操作等。专业知识是从事某一特定行业所需的特殊知识，如建筑工程技术人员除需要掌握一般知识外，还应具备建筑的主体设计、户型设计、外墙设计、景观设计等方面知识。

2. 品德因素

品德是个人在社会化过程中形成的稳定的心理特征和倾向，是一个人在行为和作风上所表现出的思想和品质，是个人遵守社会规范，进行社会活动的内在调节机制。它包括政治品质、思想品质、道德品质等。

品德水平的高低直接影响个人在社会情境中的价值选择，如在某些情境下是选择从个人利益出发还是从社会利益出发。由于在测评时，人会掩饰自己，所以对品德的测评是最困难的。

3. 能力因素

能力是顺利完成某种活动所必须具备的特征，它是由先天遗传、后天学习和实践相结合逐渐形成和发展起来的，如思维能力、观察能力、应变能力、管理能力、创新能力等。

能力是影响个人和组织发展的基本因素。不同职业对人有不同的能力要求，不同的人能力构成不同。有的人观察能力强，有的人交际能力强，有的人思维能力强，因此，个人在职业生涯规划时应充分考虑自己的能力特点，选择能够发挥自己能力优势的职业。

4. 动力因素

动力因素包括价值观、动机和兴趣等。

价值观是指一个人对周围客观事物的意义、重要性的总体评价和看法，代表了人们最基本的信念，它决定一个人选择干什么、应该干什么。

动机是指由特定需要引起的，欲满足各种需要的特殊心理状态和意愿。动机的强烈程度能够对行动的效率和结果产生很大影响。动机可以是内源性动机，如成就感、责任感等，也可以是外源性动机，如工资、福利和职务晋升等。

兴趣是个体对某种活动或某种事物积极探索的倾向或喜好，当个人的兴趣与行动方向一致时，可以使行动更加有效。

5. 性格因素

性格是指个人对现实的态度和习惯性的行为方式中表现出来的较为稳定的心理特征。性格是人的原始动力，是在个体生理素质基础上，结合社会实践活动而逐步形成和发展起来的。性格是个体区别于他人的最主要标志，且它与职业之间存在着特定的匹配关系。如具有热情、活泼开朗性格的人比较适合从事娱乐、服务等相关职业，具有内向、严谨性格的人比较适合从事会计、科研等相关职业。

6. 情商因素

情商又称为情绪智力，主要是指人在情绪、情感、意志、耐受力等方面的品质。情商的价值是无量的，有时其作用甚至要超过智商。情商伴随人的一生，是可以通过后天培养与锻炼提升的。

情商水平不像智力水平那样可以通过测验分数比较准确地表现出来，目前情商测评的权威性工具不是很多，通常只是根据个人的综合表现进行判断，或在综合测评中加入若干情商因素进行考评测量。

（三）人员素质测评的作用

在分析人员素质测评的作用时，首先需要对人员素质测评的功能进行解释。功能是人员素质测评活动本身固有的一种稳定的、潜在的机制。

人员素质测评具有评定功能，它能够把测评对象的行为特征与某种标准进行比较，以确定其素质构成和成熟水平。人员素质测评具有诊断反馈功能，通过对素质特征信息的搜集和分析，测评主体可以对人力资源管理的全过程有细致了解。人员素质测评具有预测功能，在对个体素质大量行为表征进行了解与概括的基础上，能够判断将来其素质表征运动群的行为特征和倾向。

作用是人员素质测评活动外在影响的一种具体表现，是人员素质测评活动中功能与环境因素相结合而产生的实际效果。结合人员素质测评的功能，可分析人员素质测评的作用。

1. 人员素质测评对组织的作用

人员素质测评的评定功能、诊断反馈功能和预测功能，对于组织的人力资源管理活动具有重要作用。

（1）有助于人才的理性选拔。通过人员素质测评，不仅可以评定人员现有素质水平，还能预测人员未来的素质发展倾向，这对于企业选拔人才具有重要的借鉴作用。

（2）有助于人才的合理配置。人员素质测评可以为人才的合理配置提供科学依据。通过采用科学的人员素质测评方法，了解个人价值观、兴趣、能力等与职位要求的匹配性，了解个人工作风格与团队风格的匹配性，把最合适的人才放到最适当的岗位上，实现组织效能最大化。

（3）有助于人才的有效开发。通过人员素质测评可以了解组织的人员素质构成，可以了解人力资源管理目标制定的合理性，可以了解人力资源开发方式选择的科学性，且测评主体可以系统、全面地掌握素质形成过程，从而有的放矢地制定人员开发方案。

（4）有助于人才的考核。组织中的人才考核不仅要考核工作业绩，还要考核员工对组织的忠诚度、对工作的投入度、对同事的态度等，从广义上讲，考核属于人员素质测评的内容。

（5）有利于团队建设。高效团队不是团队中成员能力的简单叠加，而是取决于成员之间素质的匹配性和凝聚力的强弱等。通过人员素质测评能够实现人力资源的动态管理，通过明确人员选拔、配置、考核、开发等方面的科学性和合理性，从而为建设一个好的团队提供依据。

2. 人员素质测评对个人的作用

人员素质测评的评定功能，能使个人有对自己和对他人的认知标准，当个人对测评标准肯定或信任时，就会自动调整自己的行动去适应该测评标准，以提高测评分值。

人员素质测评的评定功能对于个人行为具有激励和强化作用，每个人都有积极上进、自我荣誉、自我尊重的愿望，人员素质测评可以使个人明确自己的优势和弱点。这使得个人在今后的生活或工作中，其获得肯定性评价的行为或素质出现的频率会很高，而获得否定性评价的行为或素质出现的频率会偏低。

人员素质测评的预测功能，有助于个人全面正确地了解自己的能力、性格、兴趣，发现自己的优势与弱点，这有助于个人进行自我认知，有针对性地做好职业生涯规划。

（四）人员素质测评的原则

人员素质测评建立在客观、科学的测量基础之上，整个测评过程必须遵循以下四项基本原则。

1. 静态测评与动态测评相结合的原则

静态测评是以相对统一的测评方式在特定时空条件下，对测评对象已经形成的、固有的素质水平进行分析判断。静态测评便于横向比较，容易区分测评对象之间的差异，容易观察测评对象是否达到某种标准的要求，但是它却忽视了测评对象原有素质及未来的素质发展趋向。

动态测评从发展的角度看待人的素质发展，是根据素质形成与发展过程进行的测评。动态测评有利于了解测评对象的实际素质水平，可用于激励和开发人力资源，但不利于测评对象之间的相互比较。

在人员素质测评中，既要看到测评对象目前所达到的水平，又要看到其过去的基础与未来的发展趋势。因此，应将静态测评与动态测评相结合，如现在很多企业在招聘时，对于专业知识、能力倾向等采用静态测评方法，对于合作能力、决策能力、领导能力等采用动态测评方法。

2. 定性测评与定量测评相结合的原则

定性测评是测评主体对测评对象的行为素质采取经验判断、观察和分析的方法，直接对测评对象作出定性结论的价值判断。定量测评是采用数学的方法，收集和处理数据资料，对测评对象作出定量结果的价值判断。

事物都有质与量的形式，如果仅对测评对象的素质从定性内容上进行测评往往不够深入，只能反映其性质特点，且是一种模糊的印象判断。而如果仅对其素质从定量内容上去测评，则会忽视素质的质量特征，也是不全面的，是一种表面与形式的测评。因此，在测评中应将定性测评和定量测评相结合。

3. 分项测评与综合测评相结合的原则

分项测评是将素质分解为一个个的项目分别独立地测评，然后将各个项目的测评结果进行简单相加。人员素质是一种相当复杂的行为系统，具有层次性，即有些素质是构成人员素质的基础和核心，有些素质则是在基础素质和核心素质之上形成的衍生素质。因此，对素质进行必要的分解、逐项测评，有利于分清测评的侧重点，提高测评的准确性。

综合测评是指对综合素质的各个方面进行整体系统的测评。由于素质被分解为一个个要素后，一些整体特征可能会被弱化，尽管最终总和相加，也不能反映其原有特质。因此，在测评中应将分项测评和综合测评相结合。

4. 精确测评与模糊测评相结合的原则

在人员素质测评中并不是对所有的要素都可以很精确地进行测评，如口头表达能力和自我认知能力，就需要进行模糊测评。一般而言，模糊测评有两种，一是为寻求实用性而损失一定的精确性的测评，二是利用模糊数学原理进行貌似模糊实则精确的测评。

在人员素质测评的要素设计、体系制定、方法选择、信息分析、结果评定与解释的全过程中，应坚持精确测评与模糊测评相结合的原则，应坚持在精确之中蕴含模糊，在模糊之中追求精确。

二、人员素质测评的主要类型

根据测评机能、测评时间、测评主体、测评范围、测评参照系分类，可将人员素质测评分为不同的类型。

（一）按照测评机能分类

根据测评机能，测评类型分为心理机能测评和生理机能测评。现在很多企业注重对心理机能测评，其内容是复杂的心理机能，如智力、领导力、管理风格等；生理机能测评主要包括感官、呼吸系统、肌肉力量等机能的检验。

(二)按照测评时间分类

根据测评时间划分,测评类型分为历史表现测评和现实表现测评。历史表现测评即主要根据测评对象的家庭教育环境、教育经历、工作经历和成就等进行测评;现实表现测评即根据测评对象对测评项目的解答进行的测试,如知识测评、情境测试等。

(三)按照测评主体分类

根据测评主体不同,测评类型分为他人测评和自我测评。他人测评即由测评对象以外的人对测评对象开展的测评活动,通常,人员素质测评是他人测评;自我测评即由测评对象对自己进行的测评活动。

(四)按照测评范围分类

根据测评范围不同,测评类型分为个体测评和团体测评。个体测评即在单次测评活动中只有一个测评对象的测评活动;团体测评即在单次测评活动中有两个以上测评对象的测评活动。

(五)按照测评参照系划分

根据测评参照系不同,测评类型分为常模测评和标准测评。常模测评即将测评对象的测评结果与对某一特定人群测评结果的平均成绩进行对比,来确定测评对象在特定人群中的素质水平;标准测评即指建立特定岗位的素质标准后,围绕这个特定岗位所要求的素质标准对测评对象开展的系列测评活动。

三、人员素质测评的应用

人员素质测评在人力资源管理过程中有着十分重要的意义。它对于人力资源招聘、配置、开发、考核和诊断具有重要的应用价值。

（一）在人力资源招聘中的应用

在人力资源招聘活动中考查测评对象是否满足岗位胜任素质标准是重中之重，而招聘性人员素质测评对于招聘活动具有重要的实践价值。

1. 招聘性人员素质测评的内涵

招聘性人员素质测评是根据企业现状和岗位需求，以招聘优秀员工为目的的素质测评。招聘性人员素质测评是为了区分和选拔优秀人才，它主要有以下五个特点：

（1）特别强调测评的区分功能。招聘的目的是挑选与组织、团队、职位相匹配的员工，是一种相对性的测评，特别需要测评能够把最匹配的测评对象与一般性的测评对象区分开来，便于组织录用。

（2）测评标准的刚性强。由于招聘性人员素质测评特别强调区分功能，那么人们就会要求测评标准精确。此外，招聘性人员素质测评强调公开、公正、科学、合理的原则，所以测评标准应一视同仁，且测评标准无论合理与否，一旦实施就决不允许有丝毫变动，否则会使所选拔出的匹配者难以令人信服。

（3）测评过程强调客观性。这种客观性主要表现为测评组织的合理性和测评方法的科学性，从而提高测评的可信度。

（4）测评指标具有选择性。招聘性人员素质测评指标以客观、便于操作和与工作相关性为前提，允许针对测评内容有选择地制定测评指标。

（5）测评的结果明确。招聘性人员素质测评要求结果明确，其结果要求以分数或等级的形式展现，评语式的测评结果无助于招聘性人员素质测评区分功能的发挥。

2. 招聘性人员素质测评运用的原则

招聘性人员素质测评运用的基本原则，即公平性原则、公正性原则、差异性原则、准确性原则与可比性原则，具体内容如图1-2所示。

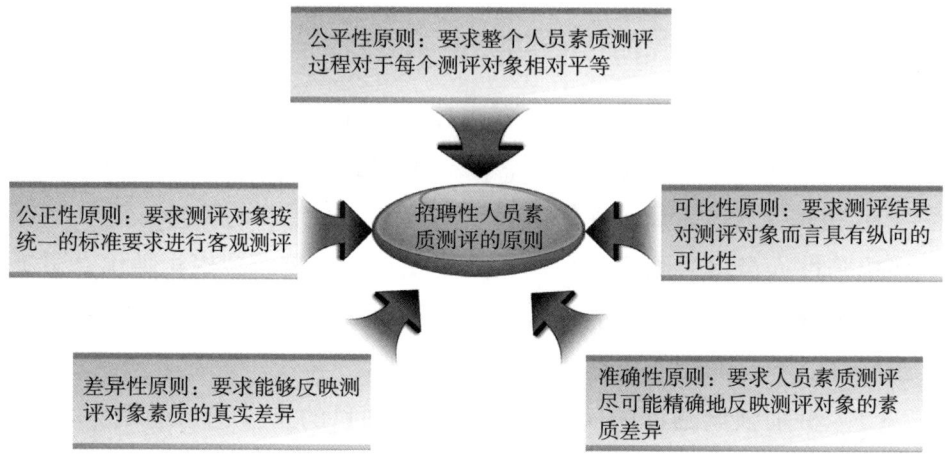

图 1-2 招聘性人员素质测评的原则

（二）在人力资源配置中的应用

人力资源发挥最优作用的前提是知人善任、人职相匹、人尽其才、才尽其用。而配置性人员素质测评对人力资源的配置活动具有重要的实践价值。

配置性人员素质测评是人力资源管理中常见的一种人员素质测评形式，其主要目的是合理配置人力资源。每种职位都有其特定的职位胜任特征，当任职者现有的素质特征符合职位胜任特征时，个人的人力资源优势就能得到主动发挥，创造出高水平绩效；反之，则会处于低能低效状态。

配置性人员素质测评具有针对性、客观性、严格性、准备性等特点。

针对性是指整个测评以寻求与职位相匹配的员工为中心进行，其中不同职位具有符合其各自特点的配置性测评。

客观性是指测评的标准必须以职位的客观要求为标准，要做到实事求是，不能主观判断。

严格性是指测评标准的制定、测评方法的选择、测评过程的实施等要做到精益求精。

准备性是指依据配置性人员素质测评所进行的人力资源配置，只是保证工作效率和结果的一种必要条件，随着职位要求和员工素质的变化，原有的人员配置也会相应地改变。

（三）在人力资源开发中的应用

由于人力资源供给市场的限制，招聘到的员工不一定完全符合职位需要，或由于组织自身的发展，原有的人力资源素质已达不到组织的要求，这就为组织进行培训提出了要求。而开发性人员素质测评则对人力资源开发活动具有重要的实践价值。

1. 开发性人员素质测评的内涵

开发性人员素质测评是一种以开发人员的素质潜能为目的的测评，它为人力资源开发提供了科学性与可行性依据。开发性人员素质测评并不强调人员素质的好坏，而是强调通过测评来鉴别人员的优势、劣势和潜能。

人的素质具有可塑性与潜在性，有些人也许现在不具备某方面的素质，但他可能具有发展这方面素质的潜力，实施开发性人员素质测评就可以发现这方面的潜力。

由于组织中存在着不同类型的人力资源，有的专注创新，有的擅长管理，他们具备了不同的人力资源形态，所以应该对他们采取不同的开发策略，以最大限度地发挥他们的优势。

2. 开发性人员素质测评的特点

与其他测评类型相比，开发性人员素质测评的特点体现为勘探性、配合性和促进性。

勘探性是指开发性人员素质测评对人力资源具有调查性，通过该测评，可以了解个体或组织的总体素质结构，可以了解并区分个体或组织的优点、缺点、显性素质、潜在素质以及有开发价值的素质等。

配合性是指开发性人员素质测评一般是与素质潜能开发，或与组织人力资源开发相配合进行的，是为人力资源开发服务的。

促进性是指开发性人员素质测评不在于评定素质的好坏、优劣等，其主要目的是通过测评激励并促进各种素质的和谐发展与提高。

（四）在人力资源考核中的应用

考核是人员素质测评的一种方法，是组织人力资源管理的重要内容，也是组织管理强有力的手段之一。考核性人员素质测评则对人力资源考核活动具有重要的实践价值。

1. 考核性人员素质测评的定义

考核性人员素质测评是用来鉴定与验证个体是否具备某种素质，或个体具备某种素质多少的人员素质测评方式。它主要是对测评对象素质结构与水平的鉴定与验证，经常穿插在招聘性人员素质测评与配置性人员素质测评之中，对于测评结果具有较高的信度和效度要求。

2. 考核性人员素质测评的特点

考核性人员素质测评的特点如图 1-3 所示。

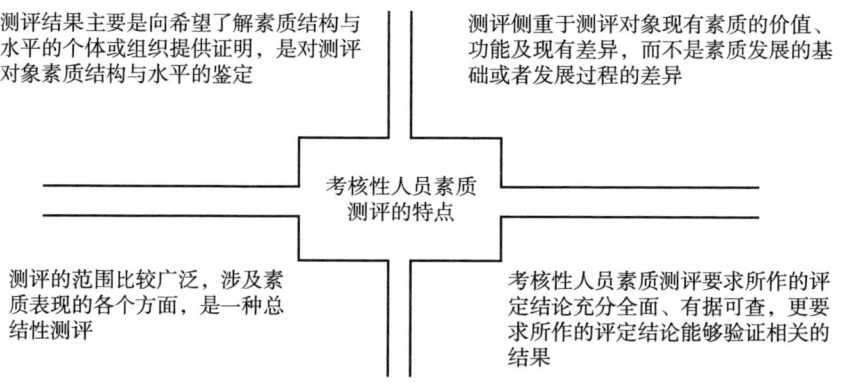

图 1-3　考核性人员素质测评的特点

3. 考核性人员素质测评的原则

在运用考核性人员素质测评时，应注意五个原则，即全面性原则、充足性原则、可信性原则、权威性原则和公众性原则。

全面性原则要求考核性人员素质测评的范围要包括纵向时间的跨度与横向空间的跨度，这样才能突出考核性人员素质测评的概括性特征。

充足性原则要求测评结论要有充足的依据，是对事实本身的客观反映而不是主观推论，还要求在测评依据与测评信息的搜集与选择上也要坚持充足性原则。

可信性原则要求考核性人员素质测评的方法科学，测评指标客观，要求测评的结果既能使测评对象本人信服又能令他人信服。

权威性原则要求测评主体应有一定的权威性和专业性，能够从质上保证测评结果的有效性。

公众性原则要求在测评过程中应有多类或多数有代表性的人员参与，能够从量上保证测评结果的有效性。

（五）在人力资源诊断中的应用

在企业管理中，人力资源的数量、质量、层次、结构、管理流程等方面常常会遇到各种问题，这就需要运用人员素质测评来查找原因，实施诊断性人员素质测评。

诊断性人员素质测评主要是为了了解员工素质现状以及素质开发中的问题，并确定下一步开发的方向，主要有以下特点：

（1）测评内容有时会十分精细，有时会十分广泛。当寻找人力资源管理中某一问题出现的原因时，测评内容往往会包括各个细节，当测评目的是了解现状时，测评内容一般会十分广泛。

（2）诊断性人员素质测评具有很强的系统性。测评目的往往是刨根问底式的，即观察现象、搜集信息、层层分析、步步综合、找出问题答案、提出矫正方案。

（3）诊断性人员素质测评结果一般不会公开，仅供内部掌握或参考。

第二节　人员素质测评的理论基础

一、人性假设原理

人性假设原理是一种管理人的理论，传统的人性假设原理理论被称为 X 理论。X 理论基于"经济人"的人性假设，以员工天生不喜欢工作、会逃避工作和责任、安于现状、没有雄心壮志、以自我为中心、缺乏解决问题的能力等假设为基础。为促使员工尽可能符合组织要求，采取"胡萝卜加大棒"的管理方式，一方面要用物质刺激员工，另一方面对员工进行严格管理，为组织做出贡献。20世纪50年代末，美国行为科学家道格拉斯·麦克雷戈（Douglas M. McGregor）等人提出新的人性假设，并结合管理问题，概括为Y理论。Y理论认为，一般人本性并不是厌恶工作，如果给予合适的机会，人是喜爱工作的，并且渴望能发挥出自己的才能。Y理论为发挥员工所有的能力并鼓励其对组织成功做更多的努力而设计了一种参与过程，其隐含的逻辑是：通过员工参与对他们自身产生影响的决策，增加员工的自主性和对工作生活的控制，员工的积极性会更高，对组织会更忠诚，生产力水平则更高，对他们的工作将更满意。Y理论认为人有自我实现的需要，只有才能和潜力充分地发挥出来，人才能感受到最大的满足。

中国传统的人性假设原理则是性恶论和性善论。性恶论由先秦儒家集大成者荀子提出，后来为法家思想的代表韩非子发展。性恶论认为人性本恶，人都有"好利"的本性，如果顺着本性发展，放纵本性，就会产生争夺，危害社会。性恶论主张管理者要制定必要的规章制度和刑罚。性善论是由孟子提出的，认为人性本善，是本性使然，管理者应该把"人"作为管理的核心，运用道德教化，促进人的自律。

二、岗位差异原理

不同的岗位，根据工作难易程度、工作责任轻重、职责权限大小等存在差异。企业的中高级管理者都属于管理人员，但他们的岗位任务和工作重点是有差异的，同时岗位权责也有相应的差异，不同岗位人员所做的决策对企业的影响程度也是不同的。

岗位差异性导致对任职者素质有不同要求，如对于商场售货员岗位，要求具有销售、沟通交流等素质；对于技术工人，则要求具有熟练地检修故障的素质等。不同岗位，由于其工作关键性不同，对岗位胜任力的要求也不同；同一岗位，由于负责该岗位的人员素质差异和能力高低，也会导致工作结果水平的高低。

三、个体差异原理

人员素质测评的对象是人的素质,由于先天遗传因素和后天环境的影响,人的素质差异是客观存在的,这种差异的存在是人员素质测评存在的基础和前提。

(一)生理层面的差异

个体在性别、年龄、身高、外貌、体重、身体机能和身体健康状况等生理层面存在差异。如男性和女性在从事不同的工作时各有优势,且在认知方向上也存在明显差异;不同年龄的人心理状态和身体状况会有所差异,个体在不同年龄段的认知特点和行动特点也有所差异。

(二)心理层面的差异

个体在个性倾向方面存有差异,如兴趣、需要、动机、世界观、信念等方面的差异。个体在个性心理特征方面也存在差异,如能力、气质、性格等方面的差异。

(三)社会文化层面的差异

马克思说:"人的本质不是单个人所固有的抽象物,在其现实性上,它是一切社会关系的总和。"人具有社会属性,并总是劳动和生活在一定的社会关系之中。由于每个人所处的生产关系、亲属关系、同事关系等是不相同的,所以形成的素质也具有差异性。

个体由于生长与工作环境、所接受的教育、所接触的文化、所从事的社会实践等不同,其所形成的素质也就不同。

四、人岗匹配原理

个体差异是普遍存在的,同时每一个岗位由于其工作内容、工作性质和工作职责等方面的不同,在进行职业决策时,需要根据个体特征与之匹配。人岗匹配是企业内部的一个互动性过程，即企业根据工作岗位的不同要求，选择合适的人员匹配此岗位，人员根据岗位提供的报酬，结合岗位所需技能、知识、能力等方面要求，在符合个人发展的前提下来选择适合自己的就业岗位。只有岗位和个人的双向选择都实现了，才能真正实现人岗匹配。人岗匹配的类型主要有全面匹配、能力匹配、知识匹配、经历匹配、性格和气质匹配、道德匹配和体能匹配等方面。只有员工各个方面的素质条件均与岗位要求相匹配，才能真正实现全面匹配，实现人岗最佳匹配。人岗匹配合适，个体与岗位环境协调一致，有助于工作效能提高，反之则可能降低工作效能。

五、素质可测原理

素质是隐蔽在个体身上的一种内在抽象的东西，但它可以通过个体的语言和行为等表现出来。正如《逸周书·官人解》有言曰："民有五气，喜怒欲惧忧。喜气内蓄，虽欲隐之，阳喜必见。怒气内蓄，虽欲隐之，阳怒必见。欲气、惧气、忧悲之气，皆隐之，阳气必见。五气诚于中，发形于外，民情不可隐也。"

由上可知，个体的内在素质和外显言行是一个动态的整体系统，内在素质会通过外显言行表现出来，而外显言行又受制于内在素质。通过人员素质测评可以观察测评对象的语言行为或非语言行为，来测评测评对象的内在素质。

第三节　人员素质测评的发展

一、人员素质测评的发展历程

（一）我国人员素质测评的发展历史

我国的人员素质测评思想早已有之，从秦朝开始，人员素质测评和选拔制度不断得到发展。

秦朝的军功爵位制是相对于战国列国的世卿世禄制而产生的。军功爵位制规定，庶民只要在战争中立了军功就可以逐级提升爵位，这对于秦朝的人才选拔具有重要意义。

汉朝时，为了适应国家统治的需要，建立了一整套选拔官吏的制度，即察举制。察举制通过自下而上推选，通过观察比较来选拔人才，被举荐者经考试后，由政府进行录用。察举制既能保证选拔出真正的人才，也能保证竞争的相对公平性。

魏晋南北朝时期，承袭汉朝察举制，建立了九品中正制，由各州郡分别推选大中正一人，所推荐的大中正必须是中央任职官员且有名望者。九品中正制解决了选拔官吏无标准的问题，澄清了当时的吏治问题。

随着考试制度的不断完善发展，隋朝统一后，将选拔官吏的权力集中到中央，用科举制代替了九品中正制。后来随着经济社会的发展，科举制不断完备，这对于人员素质测评和选拔具有划时代意义。

古代人员素质测评的内容主要包括德、性、绩、识、智、才等。"德"是历代人员素质测评中的重要内容。秦始皇灭六国后，提出了"五善五失"的为吏之道，提出官员应奉行忠、廉、慎、善、谦五大德行，避免奢侈、骄傲、擅断、犯上、重财轻才五大过错。"性"相当于人员素质中的心理素质。孔子认为，智、仁、勇、艺、礼、乐是人性中的六种优秀素质。"绩"一般称为"功"，与现今常说的"绩效"相似。"识"即知识，主要是指一些实用学科的知识，这从历代科举考试的内容中便可以看出。如到明朝时，科举考试形成了完备的制度，共分院试、乡试、会试和殿试四级，考试内容基本是儒家经义，以"四书"文句为题，规定文章格式为八股文，解释必须以朱熹的《四书集注》为准。"智"与"才"的测评也是历代人员素质测评的重要目标。如孟子曰："尊贤使能，俊杰在位，则天下之士皆悦而愿立于其朝矣。"唐太宗说："朕任官必以才，不者，虽亲若襄邑王神符，不妄授；若才，虽仇如魏征，不弃也。"

在古代人员素质测评中常用的方法有问、观、察、听、访、忖、试、论等。"问"是指根据一定的测评目的对测评对象进行试问或探问，如"问之以是非而观其志"中的"问"就是以一种人员素质测评的方法出现的。"观"具有一定的表面性,它是对人员素质表面特征的"观"。而"察"即是有目的的深入追查,连续观察,以获得一定的结果。"察"有明察和暗察之分,孔子就曾暗察过他的学生。一般情况下,"观"与"察"是同时进行的,即借助表面的"征"进行深入观察,观察所凭借的依据是测评主体多年积累的经验。"听"是一种注意语言的内容、音色及含义等方面的内容而收集信息的一种方法。"访"即探寻、查访,它更多的是为收集事实资料而进行的四处访问,所以"访"是一种暗问、间接之问、背后之问。"忖"即思量、揣度的意思,这是一种建立在问、观、察、听、访等信息搜集基础之上的思考判断或推测。另外,古代人员测评方法还有"试""论"等,其中,"试"即试探、试用,检验与考试,是后人以事实验证人员素质存在与否、评定人员素质优劣的一种技术,"论"即讨论、议论、辩论,是一种摆事实、列观点和意见磋商的过程,是集中大众智慧的一种测评方法。

新中国成立初期,主要以出身、经历等资历为标准选拔人才,在此阶段,人员素质测评的技术和研究基本处于停滞状态。改革开放后,人员素质测评开始运用于企业管理。20 世纪 90 年代,随着人员素质测评的应用需求不断增加,在公务员选拔和企业管理中进一步应用,人员素质测评也得到跨越式发展。

(二)西方人员素质测评的历史发展

19 世纪末以前,西方人员管理尚处于传统人事管理阶段,此时人们将劳动者视为"经济人"。这个时期的人员素质测评基本上局限于简单的面试和甄选,缺乏系统思考,且不注重对人员选择有效性的分析,对于人员素质测评理论层面的研究更是少之又少。

西方人员素质测评的发展是从心理测验的尝试起步的。19 世纪末,西方一些国家工业革命成功后,对劳动力的要求增加,社会分工日益精细,在这个历史背景下,根据实践的需要最早在教育和医疗两方面对测量差异的手段和测评技术展开研究,并在智力落后者的鉴别和精神病人的诊断方面取得了可喜的成绩。

在这样的背景下，德国心理学家冯特、英国心理学家高尔顿、法国心理学家比奈和西蒙等更多学者转向个别差异研究，他们运用不同的途径、采取不同的方法来开发鉴别和测量人员的手段和工具。其中，1905年，法国心理学家比奈和西蒙经过研究后创造了世界上第一个智力测验量表，即比奈—西蒙智力量表。

1917年，随着美国宣告参与第一次世界大战，许多心理学家开始为战争服务，为更好地选拔和分派给士兵任务，编制了陆军甲种测验和陆军乙种测验，在1917年3月至1919年1月，有200多万名士兵参加了测试，这是现代意义上对人员素质测评的第一次大规模应用。

20世纪初至第二次世界大战前，心理测验在美国社会得到迅速推广，心理测验运动出现了狂热势头，心理学家开始编制各种职业能力倾向测验，且为各阶层、各人群设计的智力测验也不断出现。到20世纪40年代和50年代，心理学家开始越来越重视人岗匹配，进入20世纪50年代后，心理测验运动逐渐转向平稳发展阶段，在这一阶段，人们开始寻找选人、用人的最佳方式，人员素质测评以更加多元化的方式走进了社会生活。

二、人员素质测评现状与发展趋势分析

（一）我国人员素质测评现状

1. 起步晚，发展快

我国的人员素质测评思想虽然在古代就已经开始发展，但真正与心理学、统计学、组织行为学等学科结合起来运用却起步较晚，大规模运用则是在20世纪初期。虽然起步较晚，但人员素质测评在我国发展迅速，从传统的面试或者笔试，到如今多种人员素质测评方式结合使用，同时也诞生了专业的人员素质测评机构。

2. 本土化程度低

虽然我国人员素质测评发展迅速，但长期以来，人员素质测评的主要理论、工具量表等大多是从国外编译而来。虽然国外的测评工具是基于基

本的人群特征制定的，但由于文化差异、人群特征差异等原因，很多时候出现不符合实际的情况。目前本土的人员素质测评系统还存在不足，需要与我国实际情况相结合，进一步发展和完善适合国情的人员素质测评系统。

3. 企业资金投入力度小

虽然人员素质测评在我国发展快，但在大多数企业中，是通过自己的人力资源部门进行人员素质测评的，企业在人员素质测评上的投入预算普遍较低。同时由于受到缺少专业的测评主体、测评手段单一等因素影响，企业人员素质测评结果相对来说缺乏专业性和综合性，这在一定程度上限制了人员素质测评在企业应用和发展的空间。

（二）人员素质测评发展趋势分析

经过人员素质测评理论和实践的发展，人员素质测评发展趋势主要表现在以下五个方面。

1. 测评目的由评价型向开发型发展

以前人员素质测评的目的主要是对求职人员素质进行鉴别和评价，而现今测评的目的更针对于为人力资源的开发提供科学依据，即无论是招聘性人员素质测评、配置性人员素质测评还是考核性人员素质测评，其最终目的都是实现人员素质的提升。

2. 测评过程由主观随意性向客观化发展

以前的人员素质测评过程缺乏客观性和系统性，并且不注重对人员素质进行有效性分析。而现今人员素质测评是力求准确地反映测评对象的素质状况，帮助组织正确地把握和认识测评对象的素质，因此测评过程的客观化是人员素质测评中的关键点之一。

其中，人员素质测评的客观化主要体现在三个方面：一是测评标准的统一化、明确化和行为化；二是测评步骤的程序化和层次化；三是测评内容的具体化、写实化、等级化和数量化等。

3. 测评方法由单一型向综合型发展

从近几年人员素质测评方法改革的趋势看，测评方法的应用正在由单一型向综合型发展。综合型的趋向主要表现在五个方面：一是测评目的与功能全面兼顾；二是重视对人员素质结构的整体性测评；三是测评内容与标准的综合扩展；四是测评主体的扩大化，如立体型测评、全方位测评等；五是测评方式的综合运用，如对高级管理者采用笔试、面试和情景模拟等多种方式相结合的测评方式等。

4. 测评手段由传统型向现代型发展

传统型人员素质测评主要是依据测评主体的经验，选择面谈法、观察法等进行测评，而现代型测评是借助于量化技术和计算机技术，进行笔试、面试、评价中心评价、心理测验等，从而大大提高人员素质测评的效率和效果。

计算机在信息查询与定量分析方面表现出无与伦比的能力，但是目前它只能在某些环节上代替人的测评工作，所以不能盲目地夸大其科学性和可靠性。

5. 测评形式由线下测评向线上线下相结合测评发展

传统的人员素质测评主要是依据线下测评进行，随着互联网技术的发展，测评也开始由线下转为线上线下相结合，不仅节约人力、物力和时间，也打破了传统单一测评对于时间和空间的局限，从而大大提升了测评效率。

本章自测题

1. 什么是人员素质测评？人员素质测评的内容有哪些？
2. 简述人员素质测评的类型。
3. 人员素质测评有哪些原理？
4. 我国古代进行人员素质测评的方法有哪些？
5. 简述人员素质测评的发展趋势。

第二章　测评指标与标准体系设计

 学习目标

- 了解人员素质测评指标的定义及要素
- 了解人员素质测评指标体系设计的原则
- 掌握人员素质测评指标体系设计的基本方法
- 熟悉人员素质测评指标标准体系建立的结构

 引导案例

> MG 公司是一家中外合资的服装公司，现有员工 1 000 人，总资产 5 000 万元，属于中型服装企业。MG 公司以其高质量的产品和良好的商业品牌信誉，经营业绩不断提高。
>
> 由于服装行业的发展，市场竞争进一步激烈，MG 公司为了加快由生产型企业向经营型企业转变，及时稳固市场地位，制定了一系列发展战略。管理者强调，要实现 MG 公司的战略目标，人才是关键，为了发现人才，用好人才，MG 公司要制定一套人员素质测评指标，对公司所有职能部门员工进行测评，考查公司人力资源状况，并为 MG 公司战略目标的发展储备人才。

> MG公司以生产服装为主要经营业务，职能部门组织架构由人力资源部、财务部、采购物流部、信息技术部、市场销售部、行政办公室组成，公司职能部门员工约100人，主要是辅助生产事业部进行正常生产和运营的管理岗位，这些岗位员工学历和人员素质相对较高，是MG公司人力资源开发培养的重点。MG公司管理者希望通过人员素质测评，对职能部门员工的能力进行全面综合的评价，让员工发现自己的能力，更好地认识自己的长处与不足，同时通过人员素质测评，公司能够发现优秀人才进行重点培养。MG公司通过对参与测评的员工年龄、工作经历、工作性质、工作内容等进行分析后，确定了与工作绩效相关性较高的要素进行测评，最终确定了一级测评指标是心理素质、专业知识和工作能力，并通过对一级测评指标进行分级，确定了测评内容和测评权重。明确了测评指标后，针对不同岗位的差异，MG公司根据对应的测评指标，制定了符合公司实际的测评方法。
>
> 请思考：如果你是MG公司负责人员素质测评的工作人员，你该如何确定测评指标并设计公司的测评体系？

第一节　人员素质测评指标体系概述

一、测评指标的定义

测评指标是指能够反映测评对象特定属性的一系列考查要素或维度，它是人员素质测评目标操作化的表现形式，是测评体系的基本单位。

如针对"纪律性"这一测评内容，可以从不同的方面制定测评指标，包括工作中的计划性和规律性、迟到或早退的次数、业余时间的安排情况等。而对纪律性进行测评时，既可以选取其中某一指标作为代表，也可以选择几个指标作为代表。

良好的测评指标应具备以下四种特性。

一是内涵明确。每个测评指标都应有其定义，来规定其明确的内涵。只有做到内涵明确，才能使测评主体对测评指标的含义有共同的认识，才能保证外延的合理性，从而使得测评结果具有可比性。如"合作精神"可以定义为"愿意与他人合作，作为某组织的成员去共同完成一项任务，与那种喜欢独立和竞争工作的人相反"。

二是词义清晰。词义清晰主要是指测评指标的清晰度，即测评指标名称的措辞要清楚，使测评主体及测评对象一看就能明白它的意思。

三是直观性强。直观性强即指测评指标的辨认度要强。如口头表达能力和表达能力这两个测评指标，前者就具有很强的直观性，而后者还包括非语言表达能力、书写表达能力等，从而缺乏辨认度。

四是有针对性。有针对性要求针对某一具体岗位、职业类别或行为特质，抓住各测评对象的行为特征，使人一看就能够捕捉到感官中的记忆进行测评与评定。

二、测评指标的维度

测评指标的维度是指人员素质测评所指向的具体对象和范围。一般来说，测评对象的某项素质是由多个维度构成的，反映了测评对象不同素质的广度、深度及层次关系，一般称为"一级指标"。测评维度主要包括人员的心理素质、品德素质、能力素质、文化素质和身体素质五个方面。测评内容是对测评维度的明确规定和进一步细化，可称为"二级指标""三级指标"。测评要素的分解可以按照逻辑树的形式来进行。表2-1分别用"心理素质"和"能力素质"两个例子示范如何具体分解测评要素。

表 2-1　　　　　　　　　测评要素分解示范

测评维度	测评内容	
一级指标	二级指标	三级指标
心理素质	智力	学习能力
		综合分析能力
	价值观	事业心、进取心
	人格	积极主动性
		自信心与开拓能力
能力素质	协调能力	语言表达能力
		倾听能力
		说服能力
	决策能力	……

三、测评指标的要素

测评指标的要素是对每项测评素质用规范化的行为特征进行描述与规定的一种形式，测评指标的要素包括测评维度和测评内容两个层次。

其中，测评维度是指测评所指向的具体对象或范围，反映了测评体系的测评对象各类素质的广度、深度和层次关系，往往由数个维度组成。测评内容是用来对测评维度进行明确规定和细化的。

在测评指标标准体系中，每个素质结构成分即一级指标，又由与其相应的测评亚指标或者说二级指标组成，有时甚至有三级指标。测评要素示例见表 2-2。

表 2-2　　　　　　　　　测评要素示例

测评维度	测评内容	
一级指标	二级指标	三级指标
能力素质	协调能力	口头表达能力
		文字书写能力
		说服能力
	计划能力	……
	组织能力	……
	……	……

四、测评指标的权重

测评指标的权重是指每个测评指标在测评体系中的相对重要性，或测评指标在一定量的总分中应占的比重。测评指标的权重是相对于测评指标来确立的，测评指标权重的选择，实际也是对人员素质测评指标进行排序的过程。其中，对各个指标具有轻重作用的数值称为权数。

测评指标权重的确定在相当程度上依赖于测评对象和测评目的，针对不同的测评对象，同一测评指标的解释和权重分配是不同的，如能力素质这一测评指标，在招聘初级管理者、中级管理者和高级管理者时的要求是不同的。另外，由于测评方法对不同指标的适用性不同，同一测评指标同时在笔试、面试、情景模拟等方法中被测评时，其评价标准也是不同的。

所以，在测评实践中应综合分析组织性质、组织文化、部门、人员和测评方法等方面的差异，对各测评指标赋予不同的权重。

（一）测评指标加权的形式

权重是影响测评指标数值变动的一个重要因素，如果测评指标的权重有变动，其绝对指标值和平均数也会随之变动。一般而言，给测评指标加权通常有赋分和权重系数两种形式。

1. 赋分形式是指把一定数量的总分按照特定的比例分配到不同层次的测评指标上。一般是把总分逐一分配到各测评指标上，被赋予绝对性的分数值。赋分的关键是分配的法则与形式，分配的形式可以是等额赋分也可以是不等额赋分，可以主观臆定也可以按照经验确定。赋分的形式可以是静态的也可以是动态的，可以在测评前确定也可以在测评后生成。

2. 权重系数是依据各部分指标在测评指标体系中的不同"价值"对其赋予不同的百分数，以区分测评指标在总体中的重要程度，通常用百分数（%）表示，又称比重。

以管理人员的测评指标体系为例，表2-3是一个简化的测评指标的加权形式。

表 2-3　　　　　　　　相对权数形式示例

测评内容	赋分	权重系数
身体素质	15 分	15%
心理素质	35 分	35%
文化素质	50 分	50%
合计	100 分	100%

（二）测评指标权重的确定方法

确定测评指标权重时，应坚持系统优化原则、设计者主观意图与客观情况相结合原则、民主与集中相结合原则。

系统优化原则要求在确定测评指标权重时，不能只从单个指标出发，而应坚持系统性的观点，处理好各测评指标之间的关系，把整体最优化作为出发点，合理分配权重。

设计者主观意图与客观情况相结合原则要求除考虑设计者的价值观念及主观意图外，还应考虑三个问题，即历史指标和现实指标的平衡，社会公认要素和组织的特殊性，同行业、同工种间的平衡。

民主与集中相结合原则要求在确定测评指标权重时，应集中相关人员的意见形成统一的方案。

在以上原则的基础上，确定测评指标权重的方法通常有主观加权法、专家加权法、比较加权法等。

1. 主观加权法

主观加权法是指加权者凭借自己以往的经验直接给测评指标设定权重，一般适用于加权者对测评对象非常熟悉和了解的情况。如选择"德""绩"都优秀的人员，如果认为这两者同等重要，则两者可以等额赋分，如果强调业绩，则可为"绩"赋 70 分，为"德"赋 30 分。

在运用主观加权法时，应注意以下几个原则：一是权重分配要反映测评对象的内部结构和规律，即权重分配具有合理性；二是权重分配要符合测评目的和客观实际需要，即权重分配要具有变通性；三是权重分配可以为方便测评而模糊一点,即权重数值要具有一定的模糊性;四是各测评指标的权数和应为 100 或 1,即权重数值要具有归一性。

2. 专家加权法

专家加权法是指聘请与人员素质测评有关的专家,使其独立地对测评指标进行加权,然后对其加权结果进行统计,取其平均值作为权重系数。

3. 比较加权法

比较加权法是指先确定测评指标中重要性最小的那个测评指标,然后将其余的测评指标与之进行比较,并根据其余测评指标是"重要性最小的这一测评指标"几倍的重要程度的判断,进行归一化处理,从而得到各测评指标的权重系数。

如在计划能力、协作能力、专业知识、身体素质四项测评指标中,若对于招聘管理人员来讲,假设身体素质这一测评指标被认为重要程度最小,可以将其定义为 1,而其他三项测评指标分别是身体素质这一测评指标的 3.5 倍、2.5 倍、2 倍,那么将它们相加可以得到 9,然后分别将 3.5、2.5、2、1 除以 9,再乘以 100%,就可以得到这四个测评指标的权重系数分别为 39%、28%、22%、11%。

五、测评指标的分级

测评指标分级是指对测评指标要素进行深度和广度的划分。测评指标分级定义(以一般管理人员为例)见表 2-4。

表 2-4　　　　　　一般管理人员素质测评指标分级定义

测评要素	测评内容	权重	分级测评标志	测评标度
个人内在能力（A%）	专业知识水平	A1%	基本掌握本专业知识,对与本专业相关学科知识有一般性了解	1~5 分
			熟悉本专业知识,掌握与本专业相关学科知识	6~10 分

续表

测评要素	测评内容	权重	分级测评标志	测评标度
个人内在能力（A%）	专业技能水平	A2%	对岗位工作有初步经验，基本符合岗位要求	1~5分
			岗位工作经验较为丰富，能组织他人工作	6~10分
人际沟通能力（B%）	人际关系营造能力	B1%	能够维持正式的工作关系，偶尔在工作中处理非正式关系	1~5分
			能对人力资源进行归类管理，并利用人际关系扩展业务	6~10分
	信息沟通能力	B2%	书面和口头表达能力一般，意见表达较清晰	1~5分
			书面和口头表达能力较强，意见表达清楚	6~10分
组织管理能力（C%）	统筹计划能力	C1%	基本能按工作计划进度的要求工作，时间利用率一般	1~5分
			计划性强，能合理安排多向工作，时间利用率高	6~10分
	执行能力	C2%	执行能力一般，尚能完成工作任务	1~5分
			执行能力强，能够积极创造条件完成多向任务	6~10分

第二节 人员素质测评指标体系设计

一、测评指标体系设计的原则

在设计测评指标体系时，必须掌握以下六个原则。

（一）测评对象同质原则

测评指标与标志特征同测评对象特征相一致。

（二）可测性原则

测评指标应可以辨别、可以比较、可以测评。

（三）普遍性原则

测评指标从内容到形式，要能适合所有的测评对象，有足够的代表性。

（四）独立性原则

测评指标在同一层次上应相互独立，没有交叉。

（五）完备性原则

测评指标体系在总体上能全面地反映测评对象的主要特征。

（六）结构性原则

测评指标体系在总体上要有条件、过程与结果三个方面的指标。

二、测评指标体系设计的基本方法

（一）工作分析法

人员素质测评往往是为一定岗位挑选合格人员，由于岗位是被动的，人是主动的，这就要求在制定测评目标时，必须从岗位本身的要求出发进行工作分析。其中，工作分析是人员素质测评指标体系设计的起点和基础。

工作分析是指对各项工作或岗位的性质、任务、责任、环境及工作人员所具备的条件进行综合分析研究。工作分析的主要内容一般包括人员分析和事务分析两个方面。人员分析主要包括各类人员完成岗位工作的智力条件、知识水平、工作经验、工作资历等；事务分析主要包括工作职责、工作程序、工作环境、同相关工作或部门的关系等。在人员素质测评指标体系的设计中，工作分析法的应用程序如图 2-1 所示。

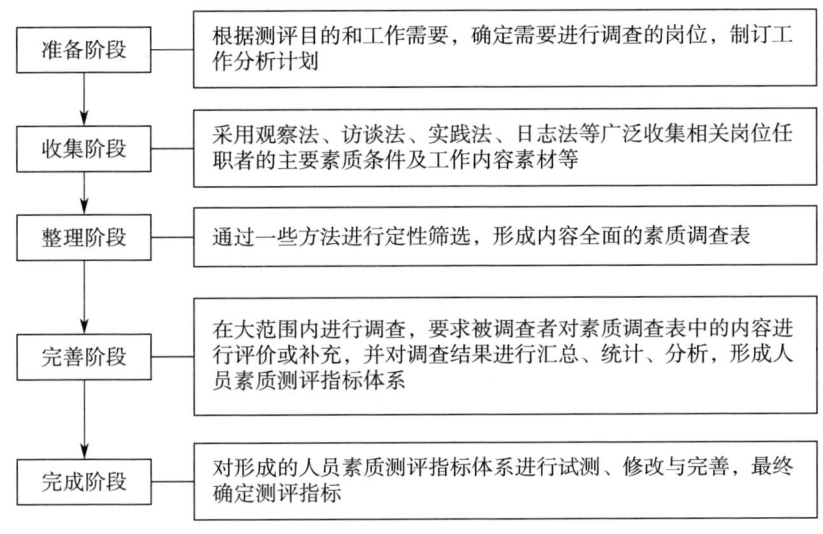

图 2-1　工作分析法的应用程序

（二）功能图示法

功能图示法是将某类人员的素质特征，用图表的形式描绘出来，进行分析研究后确定测评指标。

功能图示法的直观性强，能够形象地展现人员素质特征的价值表现，比较易于选取测评指标。这种方法一般先将某类人员的素质特征按需要的程度进行分档。分档可以是三档，如非具备不可、非常需要、需要但要求不高；分档也可以是五档，如非具备不可、非常需要、需要但要求不高、需要程度较低、几乎不必具备。以某生产流水线操作人员的能力为例，如图 2-2 所示。

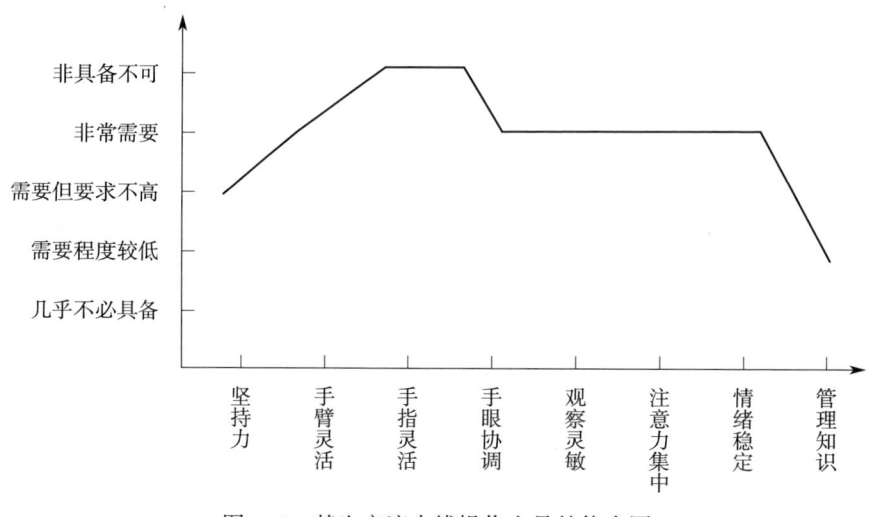

图 2-2　某生产流水线操作人员的能力图

（三）胜任素质分析法

胜任素质分析法是一种基于胜任力概念的人员素质测评指标体系，一般而言胜任素质分析法构建测评指标体系的步骤如下：

第一，确认战略。对企业面临的竞争挑战和组织文化进行研究，明确胜任素质模型主要是用在绩效考核、薪酬管理还是职业发展等方面。

第二，收集数据。选择行为事件访谈法、个人访谈法、问卷调查法等来收集模型构建中心必要的数据信息，通过收集数据来了解胜任素质的主要模块和指标体系。

第三，集成数据。运用统计方法对已经收集到的数据进行归纳，得出各个岗位或领域的胜任素质模型。

第四，有效性分析。只有在一段时间后，员工的绩效符合胜任素质模型中的预测，才能证明成型后的模型是有效的，所以在胜任素质模型成型后，还需要通过绩效考评进行效度检验。其中，胜任素质模型的建立过程其实就是测评指标体系的确定过程。

(四)榜样分析法

榜样分析法是指通过选择少数典型的成功人物,对其工作状况、具体表现或工作角色特征进行深入分析,来确定测评指标体系的一种方法。榜样具有巨大的感染力和说服力,榜样的力量是无穷的,所以榜样的选择要典型,榜样应具备测评中的关键特征与特征中的关键要素。

(五)文献查阅法

文献查阅法是指通过搜集和分析各种现存的有关文献资料,从中查找有关的测评要素,利用前人研究的成果来设计所需的测评目标。人员素质测评指标体系设计者可以根据不同的文献设计测评目标,如《中华人民共和国职业分类大典》《中华人民共和国海船船员适任考试和发证规则》以及各类干部岗位知识能力规范参考手册和各种专业技术鉴定标准等。

(六)历史概括法

历史概括法是将历史上一些典型人物的素质特征进行系统研究,来确定测评指标体系的方法。其中,可以是成功的且被证实过的一些人物素质,也可以是失败的且被证实过的人物素质,可以将这些人物的素质进行搜集整理,将其作为正向测评指标或反向测评指标。如岳飞的素质特征可以作为正向测评指标,秦桧的素质特征可以作为反向测评指标。

另外,世界上很多企业家热衷于研读《孙子兵法》《道德经》《论语》等中国古代名著,并从这些中国传统文化中吸取管理智慧,这也属于历史概括法。

(七)头脑风暴法

头脑风暴法又称为畅谈法、集思法等,是邀请一些了解测评对象、测评方法的专家学者或管理人员,采用会议的方式,利用集体思考,引导每个参加会议的人员围绕中心议题广开言路、激发灵感、畅所欲言地提出尽可能多的测评指标。

由于与会者所处背景、所学专业、考虑问题的角度等存在差异，每个人所提出的要素难免大相径庭，这有助于有效地实现测评指标收集的全面性。另外，使用头脑风暴法时，会议主持者要对一切意见均持赞赏态度并进行积极引导，且会后要对众多的测评指标进行综合考评，并选出合理的测评指标来进行测评指标体系设计。

即时案例：××公司品牌推广人员测评指标体系设计

××公司是一家集日常生活用品研发、生产、营销于一体的大型企业，经过近几年的快速发展，开发了一系列产品，并在市场中塑造了自己独特的品牌形象。为了发现和用好品牌推广方面的人员，为公司可持续发展提供一个良好的可持续发展的环境，××公司决定针对品牌推广人员建立一套规范合理的人员素质测评指标体系。通过测评要达到以下目的：一是对每个品牌推广人员进行全面公正的评价，以便更好地配置人力资源；二是发现一些具有发展潜力的人员，以便重点培养；三是使员工更加全面地了解自己，提升其绩效水平。

人力资源部王经理在两位测评专家的帮助下，从公司内部另外挑选了五位人员组成品牌推广人员测评指标体系设计小组。设计小组人员首先进行工作分析，查阅了品牌推广人员的岗位说明书。然后与公司总经理、营销部副总经理、市场部经理等相关管理人员进行沟通，了解了该岗位员工的实际工作状态。

设计小组人员分析整理品牌推广人员的工作职责、任职资格和访谈结果后，最终形成品牌推广人员的测评指标体系（见表2-5）。

表2-5　　　　××公司品牌推广人员测评指标体系

测评要素		得分	权重	测评要素		得分	权重
测评维度	测评内容			测评维度	测评内容		
知识素质	1. 知识素质水平		10%	能力素质	2. 判断推理能力		10%

续表

测评要素		得分	权重	测评要素		得分	权重
测评维度	测评内容			测评维度	测评内容		
能力素质	3. 语言表达能力		10%	心理素质	7. 工作态度		10%
品德素质	4. 职业兴趣倾向		10%		8. 成本意识		10%
	5. 个性特征		10%	专业能力	9. 应变能力		10%
心理素质	6. 诚信倾向		10%		10. 人际交往能力		10%

请根据以上内容思考：在设计测评指标体系时，设计者运用了哪些方法？请结合上述测评指标体系，分析该体系有哪些可取之处和应改动的地方。

三、构建测评指标体系的步骤

测评指标体系是由一组彼此关联的测评指标组成，体现了各个测评指标之间的内在联系及其在整个测评指标体系中的重要性。

从内容方面来说，测评指标体系主要包括测评指标和指标权重两个方面，而测评指标又包括测评要素和测评标准，其构成如图2-3所示。

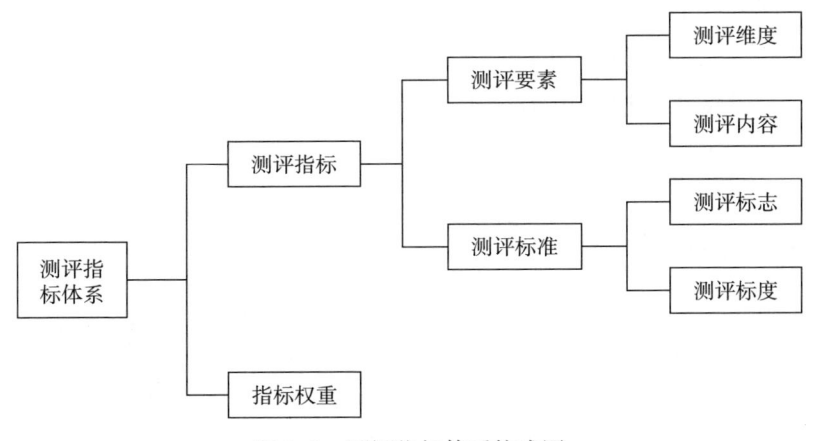

图 2-3 测评指标体系构成图

构建测评指标体系可分为七个步骤：确定测评要素；分析、分解测评要素；确定测评标准；确定指标权重；试用，控制，记录；修改，补充，完善；再次检验是否合格。

（一）确定测评要素

测评要素是对每一种素质进行规范化的行为特征描述及规定，既反映岗位的一般性要求，又反映企业的具体特色要求。

在实际工作中，常用于确定测评要素的方法主要有资料分析法、人物分析法、问卷调查法、专家访谈法、素质结构分析法、胜任能力特征分析法、工作分析法等。

（二）分析、分解测评要素

从层次上来说，测评要素又可分解为测评维度和测评内容两个不同层次。测评要素的分解可以按照逻辑树的形式来进行。

（三）确定测评标准

测评标准是对测评指标的内在规定，是为了清楚、准确地表述和界定测评内容，使测评指标具有可操作性。从内容上来说，测评标准又包括两个组成部分，即测评标志和测评标度。

1. 测评标志

测评标志是对测评的具体内容进行文字意义或行为意义上的描述和界定。一个测评指标可以由多个测评标志来界定，其常用形式主要有评语短句型、设问提示型、方向指示型三种，具体见表2-6。

表2-6　　　　　　　　　　测评标志的表达形式

表达形式	简介	举例说明	
		测评内容	测评标志
评语短句型	对测评内容进行简单判断与评论，以判断或评论的"短句"作为测评标志	语言表达能力	1. 用词不当的情形 2. 表达的流畅程度

续表

表达形式	简介	举例说明	
		测评内容	测评标志
设问提示型	以问题的形式来提示应当注意的要素特征	协调能力	1. 是否具有合作意识 2. 是否固执己见
方向指示型	只规定测评标志，没有具体的尺度	业务经验	1. 有无工作经验 2. 从事类似业务的年限 3. 对业务的熟悉程度

2. 测评标度

测评标度是对测评对象的行为特征在范围、强度和频率方面进行规定，即对某一指标的测评标志划分等级或量化的过程。

常用的测评标度是数量标度，以数字的形式描述测评标志的状态和变化，具体有连续型和离散型两种表达形式，见表2-7。

表 2-7　测评标度的表达形式

形式		举例说明		
连续型	工作主动性	主动完成工作，很少受监督	较主动，偶尔受监督	不主动，完全受监督
	测评标度	3.5（含）~5分	2.5（含）~3.5分	0~2.5分
离散型	综合分析能力	能抓住实质，分析透彻	接触到实质，分析较为透彻	抓不住实质，分析不透彻
	测评标度	5分	3分	1分

（四）确定指标权重

指标权重是指每一个测评指标在整个测评指标体系中所处的地位和作用，其数字表示即为权数，形式主要有绝对权数和相对权数两种。

确定指标权重的方法很多，有经验加权法、专家加权法、德尔菲法、比较加权法、层次分析法、对偶分析法、多元分析法等，其中常用的主要是前五种方法。

（五）试用，控制，记录

至此，测评指标体系已初步建成，接下来的工作就是通过试用来检验测评指标体系的合理性。需要做的工作主要包括以下三个方面。

1. 选择试用对象

一般来说，为了方便将试用结果与实际情况做比较，测评指标体系设计者应尽量选择自己较为熟悉的对象来试用，还要尽可能选择各个层次具备代表性的对象进行试用。试用对象的数量不得少于30个。

2. 控制试用情景

试用的情景要尽量与正式测评的情景无本质上的差别，诸如测评时间、地点、气氛、测评对象等情形都要尽量做到一致。

3. 记录试用情况

对试用过程中的一系列情况要即时进行详细的记录，包括试用时发现的不合理指标、易使试用对象误解误用的指标、试用的场景设置、突发事件等。

（六）修改，补充，完善

根据上一步试用的结果，对不合格的指标进行修改，对不充分的指标加以补充，以完善测评指标体系，使测评获得更高的可靠性和有效性。

（七）再次检验是否合格

根据实际情况和测量学的要求，对测评指标及其构成的测评指标体系进行再次检验。如果指标检验不合格，则需返回起始阶段，检查每一个环节，直至找到出问题环节，及时加以修正。

第三节 人员素质测评指标标准体系建立

一、人员素质测评指标标准体系的横向结构

人员素质是由多种要素连接组成的，在人员素质测评指标标准体系中，结构性要素、行为环境要素和工作绩效要素这三个方面比较全面地构筑了人员素质测评指标标准体系的基本模式。其具体内容如图2-4所示。

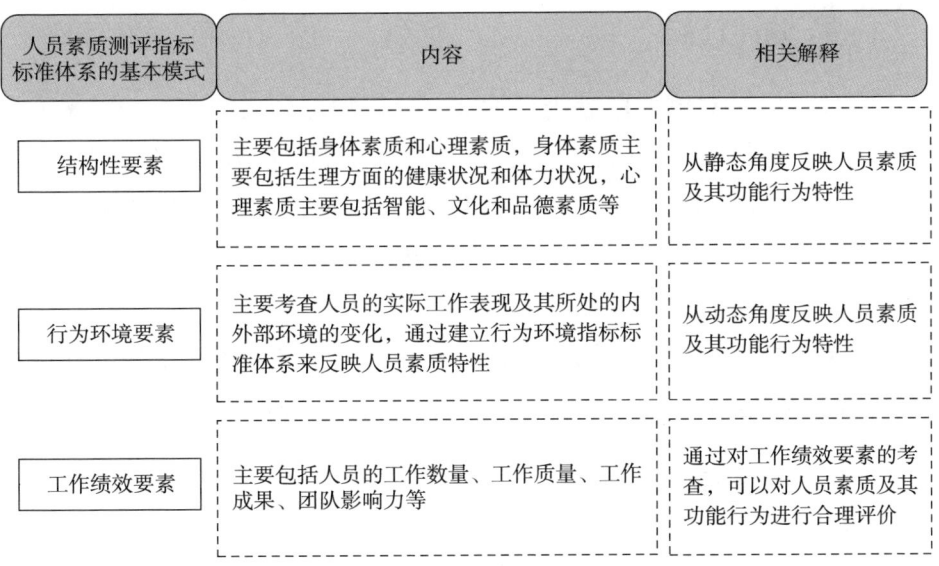

图 2-4 人员素质测评指标标准体系横向结构的组成

二、人员素质测评指标标准体系的纵向结构

人员素质测评指标标准体系是一个群体概念，一般在测评目的下规定测评内容，在测评内容下设置测评目标，在测评目标下设置测评指标。

（一）测评目的

人员素质测评的目的有很多，如为获取人力资源而进行测评、为人

力资源使用提供参考而进行测评、为人力资源提升而进行测评等，在设计人员素质测评指标标准体系前，首先需要明确测评目的。

（二）测评内容

测评内容是指测评所指向的具体内容和相应范围，如面试中的专业知识、礼仪知识、口头表达能力等，测评内容选择的正确与否是实现测评目的的重要手段。在确定测评内容时，应先分析测评对象的结构特点，找出该测评对象所有值得测评的因素，然后根据测评目的和职位要求有针对性地进行筛选。应尽最大努力使测评内容具体化，切忌抽象和空洞。

（三）测评目标

测评目标是对测评内容进行筛选、分析和综合后的产物，它是人员素质测评中直接指向的内容。一些测评目标是测评内容直接筛选的结果，而有些测评目标则是两个或两个以上测评内容的综合。如管理能力中的计划能力、组织能力、协调能力、控制能力等，情商中的自我认知、自我管理、自我激励、对他人的认知、处理人际关系等。

人员素质测评内容与测评目标具有相对性和转换性，如情商在这里是作为测评内容，而相对于心理测验来说则是另一个测评目标。

（四）测评指标

测评指标是人员素质测评目标操作化的表现形式，一个测评目标可能要用几个测评指标来展现，几个测评目标也可以共用一个测评指标来表达。如对工作满意度这一测评目标，可以从不同的方面来拟定，即工作任务满意度、工作时间满意度、工作环境满意度等。

由上可知，测评内容、测评目标、测评指标是人员素质测评指标标准体系的不同层次，测评内容是人员素质测评所指向的具体对象或范围，测评目标是测评内容的抽象概括，测评指标是对测评目标的具体分解。

三、建立人员素质测评指标标准体系的步骤

建立人员素质测评指标标准体系具体可以分为七个步骤，即明确测评的客体与目的；确定测评内容；筛选并表述测评指标；制定测评标准；确定测评指标权重；规定测评指标的计量方法；试测、修改和完善测评指标标准体系。

（一）明确测评的客体与目的

人员素质测评指标标准体系的建立，必须以一定的测评目的为依据。测评目的可以涉及企业人员的招聘、配置、开发、考核以及诊断，测评目的不同，所制定的测评指标标准体系不同。

人员素质测评指标标准体系的建立，还必须以一定的测评客体为对象，测评客体的特点一般由行业性质和职业特点决定，知识型企业的测评指标标准体系明显不同于生产型企业的测评指标标准体系，企业研发部门和行政部门的人员素质测评指标标准体系也完全不同。人员素质测评客体的特点不同，测评指标标准体系就会有所不同。

因此，企业应根据企业现状和实际工作需要，结合测评客体、测评目的的不同，制定相应的测评指标标准体系。

（二）确定测评内容

运用调查法、访谈法、工作分析法、观察法等收集编制测评量表所需要的资料，并对其进行汇总、分类、分析等，结合测评客体和测评目的的需要，确定测评内容。

（三）筛选并表述测评指标

当测评内容确定后，需通过工作目标因素分析法、工作内容因素分析法、工作行为因素分析法等将其进行标准化，把测评内容变成可操作的测评目标。

在各测评目标的基础上设计测评指标，并坚持从概念和理论上对测

评指标进行探讨，弄清其实质内涵和外延，以确保其测定的问题或条目能准确地反映测评内容。测评指标的描述要坚持"内涵明确，词义清晰，直观性强，有针对性"的原则。另外，测评指标的设计还要坚持"同质性，少而精，可操作性，独立性，不平等性"的原则。

（四）制定测评标准

测评标准是人员素质测评指标标准体系的内在规定性，通常表现为各测评要素规范化行为特征或表征的描述与规定。清楚准确地制定和表述测评标准是使测评指标和指标标准体系具有可操作性的关键步骤。设计者可根据实际情况制定评语句式、设问提示式、方向指示式、测定式或评定式等标准。

（五）确定测评指标权重

由于测评对象、测评目的等不同，各测评指标在测评指标标准体系中所处的地位和作用也不同，所以不能将各测评指标用同一权重来表示，而应根据实际需求科学设置各指标的权重。

（六）规定测评指标的计量方法

在完成人员素质测评后，需要对各指标的测评标度进行综合分析以获得相应的测评结果。因此，在设计人员素质测评指标标准体系时，还需对测评指标的计量问题进行规定，设计者可根据实际情况对其进行客观性计量或主观性计量。

（七）试测、修改和完善测评指标标准体系

为保证实际测评效果的准确性和客观性，人员素质测评指标标准体系在大规模施行之前，还需要在一定范围内进行试测，在试测时主体和对象的选择、情景的控制等都应与该测评指标标准体系要求一致，试测主体需要安排专人对试测过程进行记录。

针对试测结果，需要对测评指标标准体系进行不断的修改与完善，

以保证大规模测评时的可靠性和有效性。

 课程实训

结合本节内容的学习，请尝试制作销售人员素质测评指标标准体系。

实训指导：

销售人员的素质主要包括生理与心理素质、知识素质、技能与能力素质三个方面，根据销售人员素质结构，将这三个方面进行细化，得到其测评指标标准体系。

下面是某企业销售人员素质测评指标标准体系表，供参考。

销售人员素质测评指标标准体系

一级指标	二级指标	三级指标	权重（%）
生理与心理素质（15%）	体质	健康状况、抵抗疾病的能力	2
	精力	高强度工作承受能力、持久力	3
	外在形象	第一印象指数、外在形象指数	5
	个性倾向	职业兴趣与职业素养等	3
	意志力	坚韧性、抗受挫能力、乐观程度	2
知识素质（25%）	专业知识	市场营销的基本知识和专业技能（如行为分析技能、市场预测技能等），测评其掌握知识的深度和运用知识的熟练程度	10
	与岗位相关的其他知识	对企业与产品知识、市场与客户知识、相关法律法规知识等的掌握程度	10
	生活知识	了解社会、历史、地理、经济学、文学、美学等方面的知识，测评其掌握知识的广度	5
技能与能力素质（60%）	亲和力	个人形体上所具备的能让周围的人感觉其和蔼可亲，不受到职位、权威的约束所真挚流露出的一种情感力量	5
	影响力	说服或影响他人接受某一观点，推动某一议程，或领导某一具体行为的能力	10

续表

一级指标	二级指标	三级指标	权重（%）
技能与能力素质（60%）	人际沟通能力	正确倾听他人倾诉，理解其感受、需要和观点，并作出适当反应的能力	20
	市场拓展能力	应用沟通、组织、管理等技能和相关知识，开展市场拓展工作，提升个人业绩和产品市场占有率的能力	15
	商务谈判能力	在谈判中有效地达成共识并最大限度争取和维护公司利益的能力	10

本章自测题

1. 测评指标是如何定义的？
2. 测评指标的维度包含哪些方面？
3. 简述测评指标权重的确定方法。
4. 简述测评指标体系设计的原则和基本方法。
5. 如果你是一家公司人员素质测评指标标准体系建立的负责人，你将从哪些方面开展工作？

第三章　履历分析法

 **学习目标**

- 了解履历分析法的概念与特点
- 了解履历表与简历的区别
- 熟悉履历表的功能
- 掌握履历表的设计原则
- 掌握履历表分析的基本思路
- 掌握履历表分析的主要方法与技巧

 **引导案例**

G公司成立于21世纪初，经过五年多的改革与发展，公司已经具备参与国内外市场竞争的实力，并于2009年在美国纳斯达克成功上市。在上市前，公司领导意识到企业经营改革和效益提高需要一批高素质、专业化的经营管理人才。

为适应企业人力资源规划的需求，人力资源部王经理决定通过招聘、培训和考核的方式来选拔、开发公司的后备管理人才。无论是招聘、培训还是考核，都需要进行人员素质测评。然而，王经理面对堆积如山的简历、培训计划和考核方案，感到十分无奈。

经过考虑，王经理决定首先从招聘入手。以往，公司招聘除了筛选简历以外，会让应聘人员填写一份求职登记表，王经理发现这份求职登记表十分简单，能够获得的人才信息非常有限。王经理经过咨询与考虑后，决定设计履历表供那些初步符合公司需求的求职人员使用。

王经理的这个想法得到了人力资源部总监的支持，履历表正式在 G 公司推行，并取得了显著效果。

案例思考：

履历表有什么功能？在人员素质测评中履历表具备哪些优势？履历表该如何使用？

第一节　履历分析法概述

一、履历分析法的概念

履历分析法又称资历评价技术，是通过对评价对象个人背景、工作与生活经历进行分析，判断其对未来岗位适应性的一种人才评估方法，是相对独立于心理测试技术、评价中心技术的一种独立的人员素质测评技术。近年来这一方式越来越受到人力资源管理部门的重视，被广泛地用于人才选拔等人力资源管理活动中。个人履历资料，既可以用于初审个人简历，迅速排除明显不合格的人员，也可以根据与工作要求相关性的高低，事先确定履历中各项内容的权重，把个人各项得分相加得出总分，根据总分确定选择决策。

履历分析法的雏形是个人经历分析。心理学家吉尔福特及其同事根据个人经历来预测军事训练的成功率，他们发现，个人经历可以对军事训练的成绩发挥良好的预测作用。后来，个人经历分析的方法被转移应用到民用部门，并发展成为履历分析法。

目前，履历分析法已成为企业选拔人才不可或缺的组成部分，欧美很多大型公司也开发了适合企业自身需要的履历分析测评系统。

二、履历分析法的特点

履历分析法用于人员素质测评的优点是较为客观而且成本低，其主要特点如下。

（一）适用范围普遍

履历分析法的适用范围非常广泛，几乎适用于所有部门和岗位，尤其适用于某些实践性较强的岗位。

（二）分析内容客观

由于履历是过去发生的事情，这些情况是无法改变的客观事实。因此，一旦履历分析测评系统结构设计确定以后，测评结果也会随之确定，这样就可以有效避免某些人为因素的影响。

（三）分析多个维度

履历分析不是单纯从知识、能力等方面横向对测评对象进行考查，而是包含了对个人历史的纵向考查，即对个人工作实践的整个过程进行历史性、全面性评价。

此外，履历分析法也存在一些问题，比如履历填写的真实性问题，履历分析的预测效度随着时间的推移会越来越低，并且履历项目分数的设计是纯实证性的，除了统计数字外，缺乏合乎逻辑的解释原理。

三、履历分析法的理论基础

履历分析法的理论基础是"过去行为是预测未来行为的最好指标"，即深入、全面、细致地了解一个人的过去，就能有效地预测他未来的行为与表现。下面主要从感觉和知觉、能力的形成、履历本身、履历分析的设计以及胜任力模型五个方面来阐述。

（一）感觉和知觉

人对客观事物的认识是从感觉开始，它是最简单的认识形式。例如，当香蕉作用于我们的感觉器官时，我们通过视觉可以感觉它的颜色，通过味觉可以感觉它的味道，通过嗅觉可以感觉它的气味，通过触觉可以感觉它的光滑。

知觉是外界刺激作用于感官时人脑对外界的整体看法和理解，它为我们对外界的感觉信息进行组织和解释。在认知科学中也可看作是一组程序，包括获取感官信息、理解信息、筛选信息、组织信息等。

（二）能力的形成

个人能力是先天条件和后天环境共同作用形成的。每份履历都在一定程度上反映出个人在特定环境条件下的表现，而这些表现又与个人能力和素质分不开。因此，通过履历来考查个人能力和素质是可行的。

（三）履历本身

履历本身包含了招聘或被选拔人员的大量信息。一般情况下，这些信息能客观、系统、全面、真实地记录着个人经历。

（四）履历分析的设计

履历分析是建立在岗位要求和工作分析基础上的，所选取的测评要素和权重必须与岗位有一定的关联性和针对性。这就意味着测评对象过去的工作经历和表现就是他未来工作表现最好的方法之一。

（五）胜任力模型

胜任力模型指个人为了完成某项工作或达到某一绩效目标所需要的一系列不同能力和素质要素的组合，包括不同的动机表现、个性与品质要求、自我形象和社会角色特征以及知识与技能水平。

第二节 履历表的设计

一、履历表概述

(一)履历表的定义

履历是一个人的经历或一个人社会实践的过程,履历表指的是一种对测评对象的初步筛选,它是用标准化的格式表示出来描述测评对象背景情况的资料。

(二)履历表的内容

履历表一般包括以下几方面内容。

1. 个人基本情况

个人基本情况主要包括姓名、性别、年龄、身高、体重、近照、婚姻状况、初次就业年龄、身体状况、户籍地、现居住地、联络地址、电话等。

2. 一般背景情况

一般背景情况主要包括父母职业、其他近亲属职业、家庭结构等。

3. 教育和培训经历

教育和培训经历主要包括本人受教育程度及教育经历、配偶的受教育程度、家庭成员的受教育程度、在校主修科目或专业、学习成绩排名、业余教育情况等。

4. 能力资格

能力资格主要包括国家资格考试、专业训练与证照、语言能力、文书处理能力等。

5. 工作经历

工作经历主要包括以前的工作及起止年限、工作时长、工作收入、辞职原因、是否有失业经历及其时间和原因、申请现工作时是否有其他工作或失业等。

6. 社会经济地位

社会经济地位主要包括负债、月分期付款数、最高工资水平、目前生活费用的最低支出数等。

7. 社会交往

社会交往主要包括社会关系网络、是否经常参加社会活动、交往范围、是否参加社团及担任职务、举办过的社会活动等。

8. 兴趣爱好

兴趣爱好主要包括业余爱好以及取得的成绩等。

9. 个人性格与态度

个人性格与态度主要包括性格特点、工作倾向性、对工作的态度等。

10. 其他

其他主要包括希望的待遇、期望的工作环境、未来自我期许、推荐人名单或推荐信、本公司内有无亲友、工作时间限制等。

（三）履历表与简历的区别

简历是求职者给招聘企业提供的一份简要自我介绍，包含自己的基本信息，如姓名、性别、年龄、民族、籍贯、政治面貌、最高学历、联系方式以及自我评价、工作经历、学习经历、荣誉与成就、求职愿望、对岗位的理解等。履历表和简历的区别主要如下：

1. 概念不同

履历表是由企业设计的，用标准化格式表示的对求职者进行初级筛选的表格。其内容包括测评对象的个人基本情况、工作经历、教育和培训经历等。

简历是由求职者自己编写的，是对个人学习经历、工作经历、荣誉与成就等情况的书面介绍。简历是对求职者个人形象以及资历与能力的书面表述，是求职时必不可少的一项材料。

2. 优势不同

履历表直截了当，结构完整，限制不必要的内容，易于评估。

简历体现了求职者的个性,允许求职者强调自认为重要的内容,允许求职者突出自身优势。

3. 缺陷不同

履历表限制创造性,设计、印刷和分发成本相对较高。

简历允许求职者自主选择呈现内容,真实性相对较低。

二、履历表的功能

履历表有初步筛选、进一步确定、人力资源管理以及建立人才库的功能。

(一)初步筛选功能

履历表能迅速排除明显不合格的人员,与面试、心理测量和评价中心评价等基本测评方法相结合,大大降低了测评成本,使人员素质测评更趋完善客观。

(二)进一步确定功能

履历表能确定面试中需进一步确定的问题,如离职原因、工作经历中出现的时间中断等。

(三)人力资源管理功能

履历表提供的有关求职者的许多个人信息,如教育与培训经历、工作经历等,可以为今后的人力资源管理工作提供诸多便利。同时,对于关键核心岗位的员工,履历表上提供的该员工过去的工作表现和经济地位等信息还有助于评估其需求,从而为有效的个性化激励措施提供依据。

(四)建立人才库

建立人才库能够帮助组织在出现岗位空缺时,以最快的时间找到合适的候选人来填补相应空缺。候选员工的履历表可以为人才库的建立提供极为有用的信息。

三、履历表的种类

履历表主要有权重履历表和传记式问卷两种。

(一) 权重履历表

权重履历表是一种由员工填写的履历表,表中所有项目都根据其影响工作业绩的作用大小而赋予相应的权重。首先,将现有员工根据工作表现分为高中低三个等级,根据员工的工作表现与其填写的履历表进行比较。其次,相关度较高的项目就被赋予较大的权重,相关度较低的项目就被赋予较低的权重或不赋予权重。最后,加权汇总得到最后的总分数。在筛选决策中就以此分数为依据。

权重履历表通常由个人基本情况、教育背景、工作经历、家庭状况以及其他个人情况等项目组成(见表3-1)。

表 3-1　　　　　　　　　权重履历表

一、个人基本情况				
姓名		性别	身高	体重
身份证号		出生年月	现居住地	
详细通信地址			联系电话	
本国公民	是□ 否□	婚姻状况 已婚□ 分居□ 未婚□ 离婚□ 丧偶□	抚养或赡养	儿子□ 年龄____岁 女儿□ 年龄____岁 父亲□ 年龄____岁 母亲□ 年龄____岁
曾用名		有无住房:有□ 无□	紧急联系人	
有无工作外其他收入:无□ 有□ 年收入:			健康状况	
应聘前的工作情况:□现在职　□已离职,离职时间:____年____月____日 离职原因:□劳动报酬　□上司关系　□工作条件　□晋升机会　□家庭因素 □其他情况				
在职工作情况	岗位:	职务:	技术水平:	使用设备:
希望获得的工作岗位:		期望月薪:	何时上岗:	

续表

二、教育背景									
学历	年份	学校	专业	平时成绩	是否毕业	离校时间	备注	

三、工作经历						
职务名称	开始时间	离开时间	公司名称、地址和负责人姓名	离职原因	工资待遇

四、家庭状况					
姓名	关系	工作单位	现任职务	现在住址

现在住址入住的时间：____年____月____日；不满一年的，请写出以前的住址：

通勤工具：　　　　　□无或□有自己的汽车，车牌号码是：

证明人（请写出三个了解你的证明人，不包括你的亲戚和原雇主）：

1	姓名：	职务：	地址：	联系电话：
2	姓名：	职务：	地址：	联系电话：
3	姓名：	职务：	地址：	联系电话：

五、其他个人情况

其他需要说明的信息，如爱好、其他特殊事项等：

（二）传记式问卷

传记式问卷把一个人的经历用系统性的问卷节录下来，成为一份详尽的履历表，涵盖的内容通常是个人背景与生活经验，包括教育经历、兴趣爱好、家庭状况、健康状况、工作经验、态度和价值观等。

传记式问卷包括大量多重选择问题，这些问题与工作标准相关，所有能够反映工作表现的题目都根据选择的答案给予相应的分数。传记式问卷的设计依据是当前素质和工作绩效与过去各种环境中的行为是相联系的，同时也与兴趣爱好、态度和价值观相关联。

传记式问卷是一种很有效的测评工具，与其他测评方式比较，具有较高可信度和效度。传记式问卷最大的优点是它能够预测的效标范围很广，如预测培训成功与否、缺勤率、员工流失率、滥用职权、晋升、绩效和事故等。通过适当的筛选，问卷对不同群体的不良影响很小，这有效扩大了传记式问卷的使用范围。

四、履历表的设计原则

履历表的设计原则包括项目的工作岗位相关性和项目权重的差异性。

第一，项目的工作岗位相关性，即经常选择那些与生产效率、人事变动率和出勤率显著相关的项目。有研究表明，如果项目具有较高的工作相关性和针对性，履历表也必然具有较高的预测性和准确率。

第二，项目权重的差异性，体现在项目与预测标准相关程度的高低决定了权重的大小。权重系数的确定，一般是在专家判断的基础上，采用因素分析法或统计检验法来确定。

五、履历表的设计要点

（一）履历表的项目数量

履历表的项目数量主要是根据人员素质测评的目的和要求、拟任岗位的特点以及评价的需要而定。一般来说，履历表的项目数量从几十到几百个不等。用于核心岗位候选人的履历分析表可能会包括数百个项目，用于一般的岗位只需要几个或十几个项目。因此，对履历表的项目数量没有明确的统一标准。

履历表的项目数量并不是越多或越少越好，如果有过多与测评标准无关的项目，可能会影响履历表的测评效果；如果与测评标准相关的项目过少，则可能会使测评对象对测评产生怀疑。

（二）履历表项目的确定

履历表项目的确定需要注意以下三点内容。

首先，履历表项目需要依据岗位分析及工作描述，系统地确定该工作岗位对人员的学历、技能、资历、品质等方面的基本要求。

其次，履历表项目需要依据具体岗位的不同而有所差异。履历表项目的设计可能根据候选人的学历、技能、经验等各有侧重。

最后，履历表项目需要注意评价项目的可检验性，即可检验的项目或检验程度低的项目对履历分析来说，其效用是非常大的。

六、履历表的设计步骤

设计履历表时，一般参考以下步骤进行。

（一）前期准备

设计人员需要选择拟测评对象与效标，对相关岗位进行岗位分析，整理结果，提出假设。

（二）明确内容

设计人员需要明确履历表的内容选项，明确通过履历表需要获取求职者哪些信息。

（三）编制履历表

设计人员根据前期确定的内容编制履历表。

（四）测试与分析

履历表编制完成后需要进行测试，以检验履历表的有效性，并详细记录测试内容，分析测试结果，寻找修改方向。

（五）修订完善

根据测试结果以及分析结果，对履历表进行修订完善，最终确定履历表。

第三节 履历表的分析

一、履历表分析的基本思路

履历表分析的基本思路和步骤如下：

第一，根据岗位要求和岗位分析，选择与岗位高度相关的结构要素，建立岗位特征模型。

第二，根据岗位特征模型结构要素的分析，确定每个结构要素、测验要素的数量以及它们之间的关系，用分析比较法排序，决定每个测评要素的权重。

第三，对每一个测评要素设若干项目，由测评对象填写。

第四，量化统计履历表。根据事先确定的计算方法和测评对象填写的答案，测评主体确定测评对象的各项得分。

第五，汇总得出总分。即得到测评对象履历测评的初步总分。

第六，根据其他材料对初步总分进行误差修正，按系统常规模型进行分数转换，得出最后总分，以此来评价测评对象岗位的胜任度或合适度。

二、履历表中各项目的解读

下面主要解读履历表中的工作经历、教育背景、职业进展和个性特点这四项。

（一）工作经历

工作经历是指测评对象是否具备其正在应聘的岗位所需要的工作经验。分析时不能只是注意工作经历上所注明的工作头衔，还应注意履历表上工作成果或业绩的描述情况。

（二）教育背景

教育背景是指测评对象的受教育程度，从而确认他的教育水平至少不会低于可以接受的最低水平。学历的最低要求需要根据具体岗位来决定，对于所有岗位而言，并非受教育程度越高就越好。此外，考虑测评对象的教育类型和专业是否符合岗位需求，测评对象所列出的课程科目也值得关注。

（三）职业进展

通过履历表的解读，可以分析测评对象的职业发展趋势。这种分析对以后的职业发展有一定的预测力。

（四）个性特点

通过对履历表的解读，可以分析测评对象的个性特点，进而可以找到测评对象与人沟通能力的依据。如测评对象在履历表中所提供的信息是否具体；列举成绩时语言是否清晰，是否给出必要的事实和数据等。

三、履历表分析的主要方法

（一）确定履历表的项目权重和项目最高分

加权履历表中，确定履历表项目权重的依据是项目内容与未来岗位要求及工作绩效的相关程度。在实际操作中，会给履历表的每一项目规定一个分数。确定分数的依据是该项目预测工作业绩的效力。

（二）项目评分标准的确定

项目评分标准的确定要体现组织对候选人的要求。如果候选人的情况符合标准，则得高分，如果不符合，则不得分或扣分。

（三）履历表得分汇总与决策

根据事先确定的标准，将各项得分汇总，根据总分作出最终的决策。履历表分析的评估公式可以归纳如下。

以招聘工作为例，汇总公式中 P_1、P_2、P_3 为录取概率，当测评对象的 P_1、P_2、P_3 落在招聘计划比例中时就可以考虑录用。A、B、C、D 分别为个人基本情况、工作经历、家庭情况、个人品德项目。

第一种，乘法公式，即 $P_1=(A \cdot B \cdot C \cdot D)/4$。乘法公式是一种最严格的评价公式，一旦测评对象的某一项得分为零，则录取概率即为零。此公式适用于重要岗位人员的招聘。

第二种，加法公式，即 $P_2=(A+B+C+D)/4$。加法公式是一个相对宽松的评价公式，与乘法公式不同的是，此公式中有一项或几项分值较低，也会有一定的分数。此公式适用于组织管理比较规范，岗位重要性一般的情况。

第三种，混合公式，即 $P_3=[D(A+B+C)/3]^{1/2}$。混合公式兼顾了乘法公式的严格和加法公式的宽松，体现的用人理念是能力差不重要，以后可以给予培养的机会，但人品不好的人不录用。

四、履历表分析的常用技巧

履历表分析的常用技巧可以从五个方面进行介绍，即关注整体印象、分析履历表结构、审查履历表的客观内容、审查履历表的逻辑性、分析履历表信息的相符性。

（一）关注整体印象

履历表筛选一般通过观察法对测评对象的履历进行大致浏览后，得出整体印象，标出履历表中感觉不可信的内容以及感兴趣的内容，面试时可以询问测评对象。履历表筛选的主要观察因素有书写格式是否规范、履历表是否整洁、履历表视觉效果是否美观、有无错别字等。

（二）分析履历表结构

履历表中提供了测评对象的大量信息，测评主体要带着问题分析重要信息。具体问题，如测评对象的离职原因是否正当、应聘的岗位是否适合测评对象的职业生涯发展规划、时间上是否有不连贯的区间等。

（三）审查履历表的客观内容

履历表的内容大体上可以分为两部分，即主观内容和客观内容。其中，主观内容主要包括测评对象对自己的描述，如本人开朗乐观、勤学好问等对自己评价性的内容。客观内容主要包括个人基本信息、教育经历、工作经历和个人成绩等方面内容，在筛选履历表时应将注意力放在客观内容上。

（四）审查履历表的逻辑性

在审查测评对象履历表时，在工作经历和个人成绩方面，要注意履历表的描述是否有条理，是否符合逻辑。如果能够断定在履历表中有虚假内容，就可以直接将这类测评对象淘汰掉。

（五）分析履历表信息的相符性

在客观内容中，首先要查看测评对象的个人信息和教育经历，判断测评对象的专业资格和经历是否与空缺岗位相关相符。如果不符合要求，就没有必要再浏览其他内容，可以直接结束筛选。如果对学历有特殊要求，需特别注意履历表中是否使用了模糊字眼隐藏教育的起止时间及类别。

详细分析测评对象之前的工作经历是否与本岗位所要求的技能及相关经验相符，在面试时应对测评对象之前的工作单位、岗位、项目经历等相关因素进行综合分析，找到最合适的候选人。

本章自测题

1. 简述履历分析法的概念与特点。
2. 简述履历表的功能。
3. 简述履历表的设计原则。
4. 谈谈履历表分析的基本思路。
5. 简述履历表分析的主要方法与技巧。

第四章 笔试

 学习目标

- 了解笔试的定义
- 了解笔试的主要形式
- 掌握笔试的方法
- 了解笔试的作用
- 掌握主要的笔试题型及其编制方法

 引导案例

A公司成立于2006年,是为H市高档楼盘提供安保、保洁、绿化等服务的拥有三级资质的物业公司。该公司总计118人,其中大学以上文化程度的员工有5人,初中和高中文化程度的员工有29人,其余员工为初中以下文化程度。为提升服务品质,2011年公司引进"中国物业国际皇金管家物业服务"的服务理念,全面推行"24小时皇金管家物业服务"。

为此,公司建立了绩效管理体系,并于每月月底对全体员工实施绩效考核。绩效考核由笔试和领导评分两部分组成。其中,

笔试试题包括物业知识和各部门的专业知识，试题由公司人力资源部编制；领导评分是由员工的直属领导和部门经理针对员工的日常表现进行评分。人力资源部将笔试成绩和领导评分进行汇总后得出员工的绩效成绩。

在绩效考核实施的3个月中，人力资源部接到了很多投诉，投诉信息主要有：

（1）公司没有为员工培训物业服务相关的专业知识，致使员工在答题时无从下手；

（2）公司基层员工的文化水平偏低，进行笔试答题时会比较困难；

（3）试题中呈现的各岗位专业知识偏离实际工作中应用的知识。

为此，人力资源部不禁反思：是不是公司所有的员工都需要进行笔试测评？如何使笔试试题的设计更有代表性、针对性和适用性？

第一节　笔试概述

一、笔试的定义

笔试自古以来就有，特别是始于隋朝的科举制度，通过考试能够较为合理地选拔人才。科举制度考试的方法主要有"贴经、墨义、策论、诗赋"。其中，"贴经"相当于现代的填空，"墨义"相当于现代的简答题，"策论"相当于现代的论述题，"诗赋"相当于现代的命题作文。

到了现代，笔试的应用范围更加广泛，各种类型的考试不断出现，包括高等教育考试、研究生考试、公务员考试、职业资格认证考试等。笔试已经成为测试、鉴别和选拔人才的主要手段。

笔试是一种传统的测评技术,是指测评对象在统一时间和统一地点,按照测评主体的统一要求,采用纸笔测验的形式完成测试题目,测评主体按照统一的测评标准测验测评对象所掌握的知识数量、知识结构与知识程度的一种方法。

笔试的测试题目一般是根据测评对象将要从事的岗位工作性质、工作条件和职责所必备的理论知识等测评要素来设计的。通过笔试可以测验测评对象的专业知识、基础知识、外语知识等知识水平和文字表达能力、逻辑分析能力等素质能力的差异。

二、笔试的优缺点

(一)笔试的优点

在招聘活动中,通常采用笔试的形式来测试应聘者的知识水平,与其他测评方法相比,它有广泛、客观、经济、简便、利于发挥等优点。

1. 广泛

笔试试题量大,形式多样,知识涉及面广,易于考核测评对象知识掌握的深度、广度及知识运用能力,信度和效度较高。

2. 客观

首先,考卷可以密封,测评主体和测评对象不可提前接触,增强了测评的可信性。其次,测评对象回答问题的真实材料得以保存。最后,每个测评对象的试题相同,评卷标准相对较客观,测评对象的测评成绩可以进行比较。

3. 经济

笔试降低了时间成本、管理成本和沟通成本。首先,试卷的设计和印刷比较迅速,降低了时间成本。其次,在同一时间、不同空间可以对大量测评对象进行测评,易于组织实施,降低了管理成本。最后,根据笔试成绩实现优胜劣汰,降低了沟通成本。

4. 简便

笔试一般不需要专业人才进行测评,在测试的时候比较简便。

5. 利于发挥

参加笔试时，测评对象的心理压力相对较小，容易发挥其正常水平。

（二）笔试的缺点

由于笔试试题本身具有主观性，使得笔试有以下三个方面缺点。

1. 不能全面考查测评对象的能力

一方面，笔试偏重机械记忆，不能反映个人的创造力和推理能力，难以考查测评对象的实际操作能力；另一方面，笔试是针对某一项或几项内容而设计的，如果进行两次考试，其结果是没有可比性的。

2. 试题可能不够科学

如笔试试题中出现一些怪题或无意义题目，这对于测评的准确性来说无疑是一个阻碍。

3. 阅卷标准的不统一

一方面，阅卷人员素质不同会在阅卷时出现标准偏差；另一方面，阅卷人员在评阅主观性试题时，由于价值取向不同，会影响测评结果的准确性。

三、笔试的适用范围

笔试的适用范围非常广泛，凡是接受过初等教育以上的人都有过笔试经历。具体来讲，可以从"民、官、学"三个角度进行划分。

（一）笔试应用在企业中

按照企业性质来分，笔试适用于各技术型和非技术型企业，为保证企业人力资源管理活动的效用，各企业应用笔试测评的形式对人力资源进行鉴别。

按照功用划分，笔试适用于企业人力资源的招聘、岗位调整、员工培训、岗位晋升、绩效考核等方面。

（二）笔试应用在政府机构及类似组织管理机构中

笔试在政府中应用的最主要体现就是国家公务员考试和事业编考试。一般来说，政府在进行内部人员岗位调整时也会涉及笔试。

（三）笔试应用在学校教育中

提到笔试，人们脑中的第一印象就是学校考试，包括中考、高考、研究生考试、期中考试、期末考试、日常模拟考试等大大小小、各种类型的考试。显然，笔试已经成为学校教育的重要手段。

四、笔试的作用

笔试的价值在于通过一些基本的专业知识与技能的测评，起到反馈、评价及选拔的作用。

（一）反馈的作用

笔试的主要作用就是反馈。比如，在新员工岗前培训或老员工素质培训中，考试成绩的前后对比能够为培训讲师提供丰富的反馈信息，了解员工对特定知识和技能的掌握程度。此外，还有助于员工自我诊断，了解自身的成绩和不足，以激发员工的学习动机。

（二）评价的作用

笔试为企业提供丰富的关于员工基本素养的信息，从而帮助企业作出下一步人力资源管理的决策。笔试还可以用于评价个别员工基础知识掌握程度与学习效果，评价一个企业或一个地区的整体素质。笔试不但可以用作地区间的横向比较，还可以用作不同时间的纵向比较。

（三）选拔的作用

笔试可以用来作为企业选拔和晋升的工具。通过笔试可以确定一个人是否达到了从事某项活动所需要的最低水平，以此作为选拔和晋升的依据。

五、笔试的内容

笔试涉及的内容很多，归纳起来主要有基础知识考核、专业知识考核、相关知识考核、性格测试和智商测试等。

（一）基础知识考核

基础知识考核，又称为广度考试或综合考核，它考核的内容比较广泛，包括自然科学常识、社会常识、人文社科知识、艺术知识、体育知识、外语知识等。它的主要目的是了解测评对象知识掌握的广度。

（二）专业知识考核

专业知识考核主要是测评与测评对象岗位有直接关系的专业知识，是对测评对象专业知识深度的测量。如测评对象的岗位是室内装修工程师，专业知识的考核内容可以包括室内设计 AutoCAD 制图、污染学、工程力学、光学、人体工程学、色彩配置学、基础土建工程学等方面的知识。

（三）相关知识考核

相关知识考核主要是考查测评对象对与工作内容相关知识了解程度的考试，如应聘者的岗位是人事专员，相关知识考核的内容可以有心理学、管理学、公共关系学等各方面的相关知识。

（四）性格测试和智商测试

运用笔试的形式使测评对象完成性格和智商方面的试题，以测评测评对象的性格特征和智商水平。

六、笔试的形式

笔试的形式主要有两种，客观性试题和主观性试题。

（一）客观性试题

客观性试题是指试题有统一的答案，评分标准客观、准确、统一的试题。客观性试题题量大，取样广泛，易使用计算机阅卷，而且不受测评主体主观因素的影响，可以提高测评速度，降低测试成本。由于客观性试题答案的标准化，无法考核测评对象的表达能力、写作能力及分析能力，无法考查测评对象的解题过程，也无法避免测评对象猜题的行为。常用的客观性试题有选择题、判断题、匹配题等形式。

（二）主观性试题

主观性试题只有题干，需要由测评对象将答案写出来，是能更好地考查测评对象的具体情况或个性的试题。通过主观性试题的测评可以全面了解测评对象对知识的掌握程度，可以测试测评对象组织材料、理解分析问题及解决问题的能力。由于它的求解思路和答案等往往带有主观性，评分欠缺标准，所以需要测评主体有较高的测评水平以保证测评成绩的准确性。常见的主观性试题有情境模拟题目、论文题目、作文题目等。

第二节　笔试试题的开发

一、笔试题目的来源

笔试题目的来源即根据编题计划搜集的相关资料。搜集的相关资料应满足丰富性和普遍性两个条件。丰富性即资料要搜集齐全，这有利于笔试内容不偏颇，提高行为样本的代表性；普遍性即搜集的资料要对测评对象尽可能公平，即测评对象都有相等的学习机会，避免特殊知识经验和文化水平的影响。

搜集题目的方法，首先可以从已有的笔试试题中选取本次人员素质测评需要的题目，这是一种最简单且直接的方法。但要注意题目的时效性，以及知识点与测评对象胜任特征的匹配性。此外，在实际操作中，也可以直接请专家设计题目，或参考专家的经验和建议设计题目。

二、笔试题目编写的原则

在编写笔试题目时，应当遵循以下五个原则。

（一）客观严谨原则

笔试题目编制的客观严谨，就是要保证题目和答案的准确性，以及题目结构形式设计的合理性。

（二）统一原则

笔试题目难度要与测评目标相统一。一般情况下，笔试题目的整体难度要适中。在招聘或选拔中，如果题目太难，则只有少数测评对象可以通过，对以后的筛选工作会产生影响。在晋升性测评中，可以使题目相对难一点，有利于选择优秀人员进行岗位调整。

（三）信度和效度原则

以测评目标为指导，笔试题目应具有较高的信度和效度，具有必要的区分度和适当难度，这是对笔试试卷质量的要求。

（四）实用原则

通过笔试的方法来筛选测评对象，必须从企业的实际出发，根据企业的实际条件和招聘岗位的需要来安排笔试的人力、物力、时间及费用等事宜，以最少的人力和费用支出达到最满意的效果。同时笔试设计还应注意阅卷工作、数据工作等方面的顺利实施。

（五）差异原则

差异原则要求所编制的题目能准确地测试出测评对象在德智体等素质上的差异，合理拉开档次，体现出好、中、差等不同层次等级，以便择优录取。差异原则要求整体难度适中，尽量提高题目难度的精密度。

题目的难度越精密，区分度越高。一般而言，试题中题目难度的分布以正态分布为最佳。

三、笔试题型及其编制方法

（一）笔试题型

笔试常用的题型有选择题、判断题、匹配题、情境模拟题、论文题、作文题、填空题等。

1. 选择题

选择题可以分为单项选择题和多项选择题，是由题目和备选选项组成。测评对象需要根据题目的要求，从备选选项中，找到一个或几个符合题目要求的选项，并把选项前的字母，填在括号内。

例如：

（1）赫茨伯格提出的双因素理论认为，（ ）不能直接起到激励的作用，但能防止人们产生不满情绪。

A. 保健因素　　B. 激励因素　　C. 成就因素　　D. 效价因素

（2）企业文化是企业在长期的生产经营和管理活动中形成的，它由（ ）组成。

A. 精神文化　　B. 传统文化　　C. 制度文化　　D. 物质文化

设计选择题时要注意以下四点：

第一，备选选项的数量越多，测评对象得分的概率就越低。在设计选项时，一般采用4~6个答案。另外，同一个测评中每个选择题后的选项数量是相同的。

第二，备选选项的表述方式应力求一致，如全部进行简单表述或全部进行详细表述。

第三，备选选项应该相互独立，不能存在重叠现象。

第四，诱答题不要设计太过明显，应使不具备该知识的测评对象无法凭常识找到答案。

2. 判断题

判断题是指只为测评对象提供正确和错误两种答案，无中间答案。判断题的命题通常是一些比较重要的或有意义的概念、事实、原理或结论。

例如：

判断题（正确的打√，错误的打×）

（1）决策就是要选择一个最好的方案去实现组织目标。（　　）

（2）科学管理对人性的假设是"社会人"的假设。（　　）

设计判断题时要注意以下五点：

第一，避免"有时""可能""肯定""绝不""所有的"等暗示性特殊词汇出现，如所有的男性都比女性理智。

第二，题目中应避免半对半错的现象出现，每道题目中应避免出现两个以上的概念。

第三，题目叙述应条理清晰，尽量避免双重否定的叙述。

第四，题目内容应以有意义的概念、事实、原理等作为基础，避免以无关紧要的细节命题。

第五，正确答案题目与错误答案题目应随机排列，数量应大致相等。

3. 匹配题

匹配题是较为特殊的选择类题型，匹配题的题目本身包括多个反应项（匹配题）和多个刺激项（被匹配题），测评对象在解答过程中需要对反应项和刺激项进行理解和对应。匹配题有两种常见的形式，完全匹配（一对一匹配）和不完全匹配，表4-1为完全匹配和不完全匹配的示例。

表 4-1　　　　　　　　　　匹配题示例

分类		示例
完全匹配	刺激项	1. 伦敦（　）2. 中国（　）3. 巴黎（　）4. 华盛顿（　）5. 塞舌尔（　）
	反应项	A. China　B. Seychelles　C. Washington　D. London　E. Paris
不完全匹配	刺激项	1. 青莲居士（　）2. 香山居士（　）3. 六一居士（　）4. 易安居士（　）
	反应项	A. 李白　B. 李清照　C. 白居易　D. 欧阳修　E. 蒲松龄

设计匹配题时要注意以下四点：

第一，在格式上，匹配题的反应项和刺激项应排成两列或两行，易于测评对象理解；

第二，匹配数目的选择要适中，在使用不完全匹配时，可以不限制每个反应项被选择的次数，以提高题目的灵活性；

第三，试卷中应对匹配方法进行规定，同时应说明反应项可以被匹配的次数；

第四，同一个匹配题应安排在同一页面上，避免反应项与刺激项分开而浪费测评对象的答题时间。

4. 情境模拟题

情境模拟题是指在试题中营造一个情境，让测评对象将其在模拟环境中的具体行为以文字的形式表达出来。

例如：

如果你是本公司的业务员，你驾驶一辆载着过期饼干的公司卡车，准备到偏远地区把这些饼干销毁，但在半路遇见了一群难民，他们十分饥饿，难民把路给堵住了，现场还有刚刚赶来的记者，那些难民知道车里有吃的。

请问，你会怎样处理这件事情，从而既不让记者报道公司把过期饼干给难民吃，又可以让难民吃到这些不会影响身体健康的救命食物。

注：车不可以开回，车上只有过期饼干，不可以贿赂记者。

（1）设计情境模拟题的两种方法：

第一种方法，首先，在题干中假定测评对象的身份，如经理。其次，用文字描述一个场景、问题或矛盾，需要测评对象亲自处理。然后，要求测评对象根据题目设定的身份和情境，进行分析判断。最后，编写自己的处理方法和建议等。

第二种方法，根据题干描述某个特定场景或某段时间内各种人物的思想、态度和行为等。测评对象仔细阅读材料后，根据题目要求，回答与题干提供的材料相关的问题。

（2）设计情境模拟题时要注意以下三点：

第一，情境设计应符合逻辑，便于测评对象对号入座；

第二，情境设计应符合工作分析的要求，便于真实反映测评对象的能力水平；

第三，情境设计中的问题应该具有开放性，便于测评对象运用多角度、多种方法解决问题。

5. 论文题

论文题要求测评对象以长篇文章的形式对某一问题进行分析和评价，并表明自己的观点、态度、立场和主张等，进而测验测评对象的知识和才能。

例如：

你是如何看待组织文化的，它能否移植？请用300～500字对以上问题进行论述。

设计论文题时要注意以下三点：

第一，题目中应有明确的作答长度，避免出现含糊性问题；

第二，在设计题目时应该有一系列答题标准或答题方向，应规定答案的可接受范围；

第三，为保证测评准确性，论文题的数量不要太多，必要情况时可以将一个大题目拆分成几个小题目。

6. 作文题

作文题从测量学的角度看，是最难进行客观化测试的内容，在我们的毕业、升学测试中都会有作文题，且作文题评分误差是普遍存在的。作文测试在设计时应注重对写作方向及写作长度的规定，便于测评对象有较好的切入点。

7. 填空题

填空题要求测评对象用一个正确的词语或句子来填充一个未完成句子，它的主要作用是测评测评对象的知识是否扎实，对关键知识点的掌握是否精准。填空题非常适用于诊断性测评。

例如：

（1）绩效考核是指企业在既定的（　　　）下，运用特定的标准和指标，对员工的工作行为及取得的（　　）进行评估，并运用评估结果对员工（　　）的工作行为和工作业绩产生正面引导的过程和方法。

（2）培训控制是指（　　）不断根据目标、标准和培训对象的特点，校正培训方法、进程的种种努力。

（3）岗位是指企业的某个员工需要完成的一个或一组（　　）的人。

设计填空题时要注意以下四点：

第一，题目中所空缺的词语或句子应该是知识测评的重点，要和上下文有密切联系；

第二，一道题目中不能设置太多的空白，否则不易于测评对象理解题意；

第三，题目中的空白一般放在句子的中间或末尾，不建议放在句子的开头；

第四，每个空白处应有一个简短精练的标准答案，易于测评主体评分。

此外，根据不同的测评需求，笔试中还包括概念题、推断题、简答题、计算题等。

（二）笔试试题的编制方法

笔试试题在编制方法上主要有选题、改题和编题三种类型。

1. 选题

选题一般是选用某些现成题目作为试题。通过选题编制笔试试题，可以引导测评对象重视第一手资料来源，如教材、E-learning 培训中培训讲师讲授内容。

在使用选题方法编制笔试试题时，一般适用于规模较小的自测性或者课堂检验中。对于正规大型的考试，若采用此种方法，必须有一个庞大的试题库，确保试题选择的精准性以及避免重复性。

（1）选题的三个原则

采用选题的编制方法，首先，选择的题目要具有代表性和普遍性；其次，题目形式要完美，各种类型题目比例合适；最后，选题取材应当主要来源于普遍使用和具有公信力的教材。

（2）选题的注意事项

选题并不是原封不动地把题目搬过来，而是根据需要对题目进行适当改动。如改变题目描述方式、改变数据、改变题型等。但是，应当保持基本难度和风格不变，否则，就成了"改题"。此外，对选择的题目应当主要从题目是否叙述明确、是否符合测评对象、难度是否恰当、数量是否适当、是否彼此独立、是否符合测评目标六个方面进行检查。

2. 改题

改题是指以一个现成题目为基础，经过修改成为一个适用性题目。改题的方法主要有以下四种。

（1）改变题目中的条件或结构（增强或减弱）

如原题目是"以下哪几个选项中所表述的内容能够增强培训效果"，可以将其变为"如果采取以下选项中哪几种措施，培训效果必然会降低"。

（2）对题目进行外包装

此方法主要是通过语言表述的方式改变原有题目的外在表现形式。

（3）改变题型或者提问方式

改变题型是指将之前客观性题目变为主观性题目，如变为探索型或开放型的题目等。也可以由选择题变为判断题或者填空题。改变提问方式是指将直叙型题目变为提问型题目。

（4）对若干题目进行组合

如可以将选择题、判断题变换为案例解答题或者阅读理解题。在使用改题方法时，一定要注意改变后题目仍旧符合考查目的，所涉及的知识点要全面，难度要适中。

3. 编题

编题是根据测评对象、测评目的、测评指标等编制新颖的试题，是试题编制的主要手段。编题首先应当了解测评目的，这是编制试题的基础。其次，根据测评目的确定题型。最后，对编制好的试题进行检查。

四、笔试试卷的编排与预测试

（一）笔试试卷的编排

1. 笔试试卷的构成要素

在进行笔试试卷的编排时，要了解笔试试卷的四个构成要素。

（1）立意

立意即为什么要设计笔试试卷。立意反映的是测评目的，应明确测评注重于选拔、晋升、诊断抑或是考核等，它是试卷的核心或主题。

（2）情景

情景即笔试试卷应测评什么内容。情景是实现立意的材料和介质，关系到立意的表达程度。

（3）设问

设问即怎样通过笔试试卷进行测评。设问是试卷中试题的呈现形式，关系到立意实现程度。

（4）答案与评分参考

答案与评分参考即测评结果的分析。答案与评分参考是试卷的重要构成部分，缺少答案与评分参考的试卷不能称其为完整的试题。

2. 试卷结构设计的内容

试卷结构设计需要确定以下两方面内容：一是试卷中试题类型的选择，即试题是将选择题、判断题、填空题及论文题等结合使用，还是只选择其中一种或多种；二是各类型试题所占比例的确定。对于以上两个问题的解答，可以采用双向细目表这一工具。

此处简单介绍双向细目表有关内容。

（1）双向细目表的定义

双向细目表（Two-way Specification Table）是用于表明测评内容、测评目标及其相对重要程度的一种表格。通过指出考试所包含的内容，以及测量的各种行为目标与技能，表现对每一个内容和技能的相对重视程度，以保持考试题目具有适当代表性。双向细目表可以使考试命题工作具有计划性,避免盲目性。可以使命题者明确测评目标,易于把握测评知识与试题题型的比例与分量,提高命题的效率和质量。同时,它对于试题的审查效度也有重要指导意义。

(2)双向细目表的基本要素

双向细目表具有三个基本要素,即考查目标、考查内容以及考查目标与考查内容所占的比例。

1)考查目标。考查目标又称考查能力层次,它体现了对测评对象应具备的具体能力的要求,或者说认知行为上要达到的水平。美国教育学家布鲁姆将教学认知目标分为六个层次,即识记、理解、应用、分析、综合和评价。这六个层次是既相互区别又相互联系的递进关系。

2)考查内容。考查内容体现了测评涉及的基本内涵及纲要。比如,在选拔技能人员的测评中,测评内容就应该是技能人员应具备的知识和技能。

3)考查目标与考查内容所占的比例。考查目标与考查内容所占的比例又称权重,它反映了测评目标与内容之间的相对重要性,体现了测评的侧重点与倾向性。按科学程序制定出来的命题双向细目表,可以较好地回答该测评在能力上"考什么"和在内容上"考什么"的问题,而且具体规定了各项考查的比例。因此,按命题双向细目表来命题,可比较客观地反映测评所要考查的内容,是命题规范性的具体体现。

(3)常见的双向细目表

1)反映测评内容与测评目标关系的双向细目表,见表 4-2。

表 4-2　　　　测评内容与测评目标关系的双向细目表

测评内容	测评目标						
	识记	理解	应用	分析	综合	评价	合计
合计							

2)反映测评内容与测评目标、题型之间关系的双向细目表,此类型的表是上一个表的改进,增加了试卷的题型,见表 4-3。

表 4-3　　测评内容与测评目标、题型之间关系的双向细目表

测评内容	选择题	简答题	证明题	应用题	分析题	合计
	识记、理解	识记	分析、综合	应用	分析、综合、创造	
合计						

3）反映题型与难度、测评内容之间关系的双向细目表。此类型的表可以体现题型数量、难易程度、测评内容的分配问题。该表可以使试题取样代表性高，可以适当控制试题的难易程度，表中的数据比较容易分配，但它没有反映出测评目标，见表 4-4。

表 4-4　　反映题型与难度、测评内容之间关系的双向细目表

题型		题量	分数分布		难易程度			覆盖面			合计
			每小题分数	每大题总分	易	中	难	第一章	第二章	……	
主观题	客观题										
	选择题										
	填空题										
论文题											
	……										
合计											

4）反映题型、难度与测评目标之间关系的双向细目表，见表 4-5。

表 4-5　　反映题型、难度与测评目标之间关系的双向细目表

题型		填空题	选择题	判断题	解答题	论文题	……	合计
题数								
分数								
难易度	A							
	B							
	C							
	D							
认知度	1							
	2							
	3							

续表

题型		填空题	选择题	判断题	解答题	论文题	……	合计
认知度	4							
合计								

①难易度解释：A. 较易；B. 中等；C. 较难；D. 难度较大。
②认知度解释：1. 识记；2. 理解；3. 简单应用；4. 综合运用。

3. 试卷编排的思路

试卷编排有三种思路：一是将题型相同的试题编排在一起；二是按照试题的难度不同，按由易到难的顺序编排；三是按试题测评的内容编排，即把测评同一内容的各个试题编排在一起。在试卷的实际编排过程中，通常是将上述方法组合使用。

为防止相邻座位的测评对象互通信息，相互抄袭，可采取编制 A、B 卷的方式。两卷的题目相同，只是将两份试卷的试题顺序交错排列，或将选择题的正确答案变换位置。目前，越来越多的笔试都采用 A、B 卷的形式，并取得了积极的效果。

4. 编制试卷复本

有时同一测评需要在不同情况下多次使用，或者在不同时间对同一类型测评对象进行测评，或者为了防止泄密以及测评对象可能出现的作弊行为，在组织试卷正本的同时，需要编制试卷复本。所谓复本就是两套或者两套以上等值的测评试卷。

5. 试卷的检验

试卷的检验主要是对整个试卷的文字、指导语、正确答案在不同选项中出现的频数、格式进行审查。大的检验是对试卷的题目是不是较好地反映了测评指标、复本是不是等值、试卷的难度是否恰当等进行审查。为了解决这些问题，可以对试卷逐项进行审查，也可作必要的预测试。

6. 编制答案与评分标准

答案的编制主要分为主观题参考答案的编制和客观题标准答案的编制两大类。对于参考答案的编制主要是给出试题涉及的相关关键知识点，然后为每一个知识点分配计分权重。而对于标准答案的编制则需要确保答案的标准性、唯一性、不可争议性和对应性。

评分标准的编制主要是指确定测试的总分值以及每道试题的分值和计分标准的过程。要做好这一方面的工作必须首先确定测验的总分值，其次根据指标体系的权重赋分值，然后对每一种题型进行赋分值，最后再制定得分标准。

（二）笔试试卷预测试

在企业条件允许的情况下，在试卷编排好以后，选择一部分相关人员（如用人部门人员、相关专家等）测试，这种情况称为预测试。预测试就是指用编制好的试卷对与将来正式测评相似的对象进行测试，以检验试卷质量，预测试实施过程与环境条件应与将来正式测评尽可能相似。进行预测试，然后根据预测试的反馈结果对试卷作出进一步的完善，以提高试卷的信度和效度。

在前期的准备工作都已完备的情况下，人力资源部门就可以组织测评对象的测评工作，包括人员组织、考场管理、试卷的保管等内容。

五、试题的评价与考试分析

（一）试题的评价

试题的评价需要一些比较客观的量化指标。这些量化指标，主要通过实施测试完毕后的试题分析和考试分析获得。试题分析后获得的量化指标一般有难度指标、区分度指标、诱答力、注意指标等。考试分析后获得的量化指标一般有信度指标、效度指标、差异指标等。

（二）考试分析

试题测试结束后，相关工作人员要收集测试结果及反馈信息，并对其进行分析，主要分析以下三个方面的信息。

1. 对答题者反馈信息的分析

答题者的反馈信息是试题修改和完善的重要依据。例如，试题是不是很难理解，是不是对试卷有改善建议，试卷能不能引起充分的讨论等，这些感受和意见一般可以侧面反映一些问题，可以直接应用于试题的修改完善。

2. 对评分者反馈信息的分析

评分者的反馈信息可以用来完善评分表和评分要素。评分者对参与者进行观察并进行评价，评价时所提出的建议应重点考虑，作为重要的修改依据。

3. 对统计分析结果反馈信息的分析

统计分析决定笔试的效果，主要是分析信度和效度，如果达到了设计的要求，就可以考虑成稿。如果未达到设计的要求，则需作出修改，也可以考虑其他笔试方法。

六、不同类型试题编制

（一）专业知识笔试试题编制

专业知识笔试试题编制主要有以下三个特点。

1. 考试范围广

在专业知识笔试试题上往往会体现出与该专业有关的所有知识，例如，化学类工程师专业知识笔试试题可以包括普通化学、有机化学、物理化学等内容。

2. 知识与时俱进

专业知识笔试试题不仅包括本专业的基础知识，还会涉及该专业或该领域目前发展的最新趋势及热点。

3. 针对性强

专业知识笔试以选拔本单位所需要的专业人才为目的，因此试题更注重对专业知识的运用，而非对其概念、理论的简单再现。例如，在招聘市场部经理时，可能会要求测评对象就某一产品作出营销策划推广方案。

专业知识笔试试题示例见表4-6。

表4-6　　　　　　　　专业知识笔试试题

1. 选择题（每题2分，共计20分；其中1~8题为单选题，9~10题为多选题）
（1）下面（　　）不属于内部招聘的方法。
A. 员工推荐　　B. 人才招聘会　　C. 发布岗位公告　　D. 人力资源技能清单
（2）招聘的基本步骤是（　　）。
①招聘准备　②招聘评估　③招聘信息的发布　④人员选拔　⑤录用决策
A. ①②③④⑤　　B. ③①④⑤②　　C. ①③④⑤②　　D. ③①⑤④②
（3）人员招聘的直接目的是（　　）。
A. 为企业做宣传　　　　　　　　B. 招聘最优秀的人才
C. 为企业做人才储备　　　　　　D. 招聘到企业所需要的人才
（4）工作分析法不包括下面哪一种？（　　）
A. 工作日志法　　B. 问卷调查法　　C. 观察法　　D. 职业倾向法
（5）人才招聘会较适合于招聘（　　）类型的人才。
A. 高层管理者　　B. 专业人才　　C. 热门人才　　D. 无工作经验
（6）在应聘人数众多时，为达到筛选人员的目的，一般采用（　　）方法。
A. 笔试　　B. 面试　　C. 评价中心　　D. 心理测验
（7）影响招聘效果的外部原因之一是（　　）。
A. 企业知名度　　　　　　　　　B. 企业文化
C. 外部劳动力市场供求状况　　　D. 企业发展阶段
（8）《中华人民共和国劳动合同法》规定，劳动合同期限在一年以上两年以下时，试用期不得超过（　　）。
A. 15日　　B. 30日　　C. 60日　　D. 6个月
（9）根据人员来源渠道不同，招聘分为（　　）。
A. 内部招聘　　B. 员工推荐　　C. 外部招聘　　D. 猎头公司推荐
（10）招聘的基本原则有（　　）。
A. 能级对应　　B. 因岗择人　　C. 公平公正　　D. 协调互补
2. 名词解释（每题5分，共计25分）
（1）结构化面试　（2）人力资源成本　（3）工作分析　（4）信度和效度　（5）评价中心
3. 简答题（每题10分，共计50分）
（1）招聘的主要渠道及各自的优缺点有哪些？
（2）招聘的流程有哪些？
（3）招聘中常见的几种误区有哪些？如何规避？
（4）人员素质测评在人力资源中的应用主要包括哪些方面？
（5）无领导小组讨论如何定义？优缺点分别有哪些？
4. 应用题（每题15分，共计15分）
略。

（二）综合知识笔试试题编制

综合知识笔试试题的涉及面比较广，不同组织、不同部门、不同岗位可以有不同的侧重点。综合知识笔试试题会涉及时事政治、公共关系、社交礼仪、人际交往技巧、环保知识、法律常识等方面内容。

综合知识笔试试题示例见表4-7。

表4-7　综合知识笔试试题

1. 辛亥革命发生于（　　）年。 　A. 1910　　　　　　　　　　　B. 1919 　C. 1911　　　　　　　　　　　D. 1909 2. （　　）标准是由邓小平同志提出的。 　A. 三个代表　　　　　　　　　B. 三个有利于 　C. 三讲　　　　　　　　　　　D. 三大纪律八项注意 3. 财务行政是指有关（　　）的处理与调整。 　A. 国家收支　　　　　　　　　B. 国家预算 　C. 政府税收　　　　　　　　　D. 政府支出 4. 行政组织是国家为履行（　　）而依法建立的机构实体。 　A. 社会职能　　　　　　　　　B. 国家职能 　C. 行政职能　　　　　　　　　D. 经济职能 5. 我国现在实行的政党制是（　　）。 　A. 一党制　　　　　　　　　　B. 多党合作制 　C. 多党制　　　　　　　　　　D. 中国共产党领导的多党合作制 6. 我国人民代表大会制度的核心内容和实质是（　　）。 　A. 少数服从多数　　　　　　　B. 集体行使权力 　C. 国家的一切权力属于人民　　D. 平等原则

（三）语言知识笔试试题编制

语言知识笔试试题主要是测评测评对象对文字、词汇、语法、段落等知识的理解、分析和运用能力，一般情况下教师岗、客服岗、公务员岗、秘书岗、编辑岗等岗位需要针对语言知识设计笔试试题。

语言知识笔试试题示例见表4-8。

表 4-8	语言知识笔试试题

1. 下列词语中，没有错别字的一项是（　　）。
   A. 矫健　葱笼　园满成功　难以置信
   B. 憔悴　藉贯　重峦叠嶂　谈笑风声
   C. 晒笑　殉职　杳无消息　莫忠一是
   D. 门楣　执拗　痛心疾首　顾名思义
2. 下面古诗句描写的景色不同的一项是（　　）。
   A. 诗家清景在新春，绿柳才黄半未匀。若待上林花似锦，出门俱是看花人。
   B. 杨柳阴阴细雨晴，残花落尽见流莺。春风一夜吹乡梦，又逐春风到洛城。
   C. 山明水净夜来霜，数树深红出浅黄。试上高楼清入骨，岂如春色嗾人狂。
   D. 清明时节雨纷纷，路上行人欲断魂。借问酒家何处有？牧童遥指杏花村。

（四）管理能力笔试试题编制

管理能力从根本上说是管理者提高组织效率的能力，是管理者能够准确地把握时势，并且提升组织的效率的关键，主要体现在计划、组织、领导、控制等方面。管理能力笔试试题示例见表 4-9。

表 4-9	管理能力笔试试题

1. 请问您在上学期间参加过哪些社团组织或公益活动？您在其中扮演什么角色？
2. 课堂上您对老师的讲解有所疑惑，您是采取何种方式去消除疑惑的？
3. 您来面试的过程中有没有想象过整个过程？说说您之前是如何打算应对这场面试的，包括各个阶段。
4. 举例说明您做过的一个成功计划及其实施过程。
5. 您在逛超市时，碰到了一件十分符合您审美的物品，尽管这件物品目前对您来说没有多大的实用价值，您会有什么行动？
6. 假如您现在的月收入是 8 000 元人民币，您在商场看中了一件非常符合您审美的西装，价格 7 800 元人民币，您倾向于怎么做？
7. 假如您是部门领导，设想一下您在每半月一次的会议议程中该如何去部署？（可提示回答方向：是直奔主题，还是先给下属打气？）
8. 您与下属一个月的业余沟通的频率是多少？您目前有几名下属？（待回答完后接着问。）简单说一下他们各自的优缺点。

 课程实训

结合本节学习的内容,请尝试编制一份办公室行政秘书人员笔试试题。

实训指导:

办公室行政秘书人员除了需要具备较强的专业知识外,还需要有较强的执行力、判断力、沟通力等工作能力,所以笔试试题应围绕这些能力来编制。

下面是某办公室行政秘书人员笔试试题范例,仅供参考。

办公室行政秘书人员笔试试题

一、单项选择题

(一)一般智力测验题(1~5题)

1. 3,5,9,17,(   )。
A. 29   B. 33   C. 30   D. 40

2. 现有37名人员需要渡河,只有一只小船,小船每次只能载5人,请问需要(   )次才能渡完。
A. 7   B. 8   C. 9   D. 10

3. 房子与门的关系就如水杯对(   )。
A. 水   B. 玻璃   C. 盖子   D. 盘子

4. 甲乙丙丁四个孩子在外面玩耍,其中一个孩子不小心打碎了邻居家的一块玻璃,邻居走过来问是谁打碎的玻璃。

甲:"是丙打碎的。"

乙:"不是我打碎的。"

丙:"甲在说谎。"

丁:"是甲打碎的。"

四个孩子,只有一个孩子说的是真话,其余三个说的都是假话。

请问:是谁打碎的玻璃?(   )

A. 甲　　　B. 乙　　　C. 丙　　　D. 丁

5. 一商店老板一小时内售出了两件物品，都以120元的价格售出，其中一件损失25%，另一件盈利25%，请问商店老板实际损失多少？（　　）

A. 64元　　B. 36元　　C. 16元　　D. 以上都不正确

（二）言语理解能力测验题（6～11题）

6. 下列一组词语中，书写完全正确的一项是（　　）。

A. 管窥之间　　再接再厉　　掌上明珠　　在所不惜
B. 愤不成军　　决口不题　　待价而沽　　殚见洽闻
C. 奉行故事　　鞠躬如仪　　驽马十驾　　义不容辞
D. 重足而立　　枭首示众　　上下其手　　万世留芳

7. 随着工业的发展和人口的增长，排放的废污水量也相应地（　　）增加，从而导致了许多江、河、湖、海及地下水受到严重的污染。

A. 迅猛　　B. 急剧　　C. 迅速　　D. 剧烈

8. 他对武侠小说的（　　），使他不再专心学习，以至于学习成绩有很大的退步。

A. 热爱　　B. 爱好　　C. 痴迷　　D. 迷恋

9. 下面四句话中，有歧义的一句是（　　）。

A. 天桥拐角处坐着一位老人，盘腿而坐，吹着一个小口琴。
B. 他仿佛看见父亲发怒的眼睛责备地望着他。
C. 他对你说的一番话，我看你一句都没听进去。
D. 我已经和你父亲说好了，周末咱们一块儿去。

10. 下面四句话中，没有语病的一句是（　　）。

A. 考试结束了，李杰估计自己的总分至少在560分以上。
B. 该地区的果农们彻底地解决了苹果容易烂，容易卖不出好价钱的缺点。
C. 老师的一席话，引起了我们的深思。
D. 经过全体员工一年的辛勤努力，该企业的亏损面已大幅度的下降，经济效益也比去年有明显的好转。

11. 小林认为自己的领导从来不会认为他在日常工作中不是一个兢兢业业工作的员工。

请问：小林的领导认为小林是不是一个兢兢业业的员工？（　　）

A. 不是　　　B. 是　　　C. 没表明态度　　D. 不太好说

（三）专业知识测验题（12～24题）

12. 秘书人员要具有（　　）的美德。

A. 谦虚谨慎　B. 唯命是从　C. 谨小慎微　　D. 察言观色

13. 各行各业都有其自己的职业道德，秘书人员也须加强职业道德修养，其中很重要的一条是不可（　　）。

A. 有自己的想法和创新

B. 更多地考虑自己的私人利益

C. 假借上级的名义以权谋私

D. 做好自己分内的事情，对公司的其他事情漠不关心

14. 公司召开会议时记录讲话，除了要把可有可无或重复的语句删去，尽可能做到既注重精，还要注重详，可采用（　　）记录法。

A. 纲要　　　B. 精详　　　C. 精要　　　D. 补充

15. 根据《中华人民共和国劳动合同法》的规定，发生（　　）情形时，劳动合同即可终止。

A. 试用期限届满的

B. 企业地址变更的

C. 企业被依法宣告破产的

D. 劳动者因工伤尚在医疗期不能从事工作的

16. 秘书人员不准向客人索要礼品，如对方主动赠送，应婉言谢绝，若无法谢绝的应该（　　）。

A. 收下归自己所有　　　　B. 收下后上交公司

C. 及时汇报　　　　　　　D. 先收下，后退回

17. 秘书接待工作的三项主要任务分别是：安排好来宾的工作事宜、做好来宾的生活接待工作和（　　）。

A. 安排好来宾的学习事宜

B. 安排好来宾的参观访问工作

C. 安排好来宾的培训活动

D. 安排好来宾的业余文化娱乐活动

18. 进行档案存放管理和维护档案完整与安全的活动属于档案（　　）。

A. 整理工作　　B. 保管工作　　C. 统计工作　　D. 分析工作

19. 档案部门的检索工具，按照编制的方法，其中之一是（　　）。

A. 人名索引　　B. 指南　　C. 案宗指南　　D. 案卷目录

20. 立卷类目是（　　）。

A. 案卷名册　　B. 移交目录　　C. 案卷目录　　D. 分类归卷方案

21. 根据有关规定，我国档案保管期限的档次分为（　　）。

A. 永久、定期　　　　　　　B. 永久、长期、短期

C. 永久、长期、短期、不归档　　D. 永久、长期、短期、不移交

22. 标引一份公文文稿，首先是从（　　）开始。

A. 分析主题　　B. 查表选词　　C. 审计文稿　　D. 概念组配

23. 多级上行文（　　）。

A. 在少数特殊情况下才可以采用

B. 是上行文最基本的行文方式

C. 是上行文一般使用的行文方式

D. 只有在少数十分特殊必要的情况才可以采用

24. 通用文书中指挥性文书有（　　）。

A. 命令、指示、决定、条例等　　B. 命令、指示、决定、批复等

C. 命令、指示、决定、规定等　　D. 命令、批示、决定、办法等

二、多项选择题

1. 接待工作中的握手礼仪要求（　　）。

A. 距离受礼者约一步，上身略向前倾

B. 四指并拢，拇指张向受礼者

C. 两足立正，伸出右手

D. 由年长者、身份地位高者、女性先伸手

2. 文档检索的方法主要有（　　　　）。
A. 事件主题检索法　　　　B. 部门机构检索法
C. 地区检索法　　　　　　D. 时间检索法
3. 对一般秘书部门而言，保密工作主要内容是（　　　　）。
A. 文件保密　　B. 会议保密　　C. 一般工作保密　　D. 来访保密
4. 为安排好领导参观活动，应做好（　　　　）准备。
A. 物质　　　　B. 思想　　　　C. 资料　　　　D. 保健
5. 会议名称可以由（　　　　）部分构成。
A. 主办单位名称　　　　　B. 会议主题
C. 内容及会议性质　　　　D. 会议范围

三、简答题

1. 您认为秘书人员的主要工作是什么？如果您现在已经成功地应聘上这个岗位，您打算如何做好自己的本职工作？
2. 您认为做一个合格的秘书，应该具备哪些方面素质？
3. 您工作表现很好，也因此得到了领导的赏识，但却遭到了同事的异议。这种情况下，您该怎么化解这一局面？
4. 在工作中，如果领导交给您一项工作，而您知道是错误的，您打算怎么办？

四、写作

即将到年底，公司要召开年会，现总经理让您写一份大会上的发言稿。请为他撰写一份500~800字的发言稿。

第三节　笔试的实施

一、建立笔试测评团队

笔试团队又称笔试测评小组，它负责整个笔试工作的实施，如试题设计、试题编制、监考、阅卷、费用预算等，具体可由人力资源部招聘专员、用人部门负责人和专业人员组成。小组人员的质量和数量对整个测评工作起着举足轻重的作用，合理的人员搭配和人数确定能使测评的指标体系和参照标准体系发挥预估的效用，最终达到测评目的。

（一）笔试测评小组成员需要具备的素质

笔试测评小组组长全面负责笔试测评小组的管理工作。为保证笔试的质量，笔试测评小组成员一般需具备以下素质：

（1）坚持原则，公平公正，不偏不倚；

（2）有主见，善于独立思考；

（3）有测评方面的工作经验；

（4）具有一定的文化水平；

（5）有事业心，不怕得罪人；

（6）作风正派，办事公道；

（7）了解拟招聘岗位的情况。

如果小组成员的知识和素质参差不齐，而且各种能力素质测评的方法都具有一定的技巧和微妙性，这时必须对小组成员加以培训，使之了解、熟悉或掌握各种方法和相关知识，尽量避免个人感情因素对测评工作的干扰。

（二）笔试测评小组成员培训的实施

针对笔试测评小组成员进行培训主要包含以下三方面内容。

1. 确定培训内容及方法

增强笔试测评小组成员在组织招聘过程中对于笔试的责任感和使命感，并就笔试题目开发、评分标准等工作实施培训。

2. 确定需要参加培训的人员名单

对笔试测评小组进行培训，参训人员一般包含笔试测评小组所有成员，针对笔试测评小组的培训其实也是一次针对整个项目工作的动员大会。

3. 确定培训时间及地点

企业人力资源部是笔试测评小组培训的负责部门，需要根据笔试测评小组的时间合理安排。

二、团队分工和准备

在笔试管理工作中，笔试测评小组的分工和准备工作对笔试的顺利进行有着举足轻重的作用。合理分工，一方面可以达到人尽其用的目的，另一方面可以最大限度地提高工作效率，实现整体效益最大化。

（一）笔试测评小组分工

笔试测评小组负责收集拟测评对象的相关信息，依据岗位说明书，根据招聘岗位的特征、考核需要、试题设计原则、试题类型及考查内容等，编制笔试试题。综合素质类试题由人力资源部负责设计，专业技术类试题由用人部门负责设计。外部专家负责对笔试试题的设计提供指导性意见和建议，并提供多方面的智力支持。

（二）笔试准备工作

在实施笔试测评之前，笔试测评小组应做好充分的准备工作，确保笔试按计划顺利进行。笔试准备工作包含以下四方面内容。

1. 笔试题目开发

各测试题目拟制负责人在笔试进行之前，要确保题目拟制完成并测试完毕，保证笔试题目质量。

2. 确定笔试地点

笔试测评小组负责安排笔试地点，笔试地点应尽量选择在安静、整洁、采光好的房间。

3. 通知测评对象

确定笔试时间、地点后，应及时通知参加笔试的测评对象。

4. 测评用具准备

笔试测评小组相关人员应准备好笔试所需的试卷、备用文具等。

三、笔试的实施步骤

笔试具体实施包括企业根据测评对象应具备的知识和能力拟制题目并安排测评对象进行测试、笔试测评小组有关人员根据测评对象的答题情况进行评定等内容。笔试由笔试测评小组负责组织实施，各用人部门给予协助。

笔试的实施具体可分为八个步骤，即成立笔试测评小组、小组分工准备、收集资料、编制笔试试题、组织笔试试测、实施笔试、审阅评估试卷、发布笔试成绩。

成立笔试测评小组与小组分工准备是笔试实施的先行步骤，对应本节前两部分内容，此处不再赘述，下面重点介绍后续步骤。

（一）收集资料

收集资料是为试题编制做准备，主要是收集与笔试有关的岗位信息、胜任素质以及有关试题的其他内容。

（二）编制笔试试题

根据笔试要考查的要素、测评对象特点及企业需要，确定试题的类型、内容、难易度、题量、答案等内容。

（三）组织笔试试测

在企业条件允许的情况下，在试题编制好后，选择一部分相关人员（如用人部门人员、相关专家等）进行试测，然后根据试测的反馈结果对试题作出进一步完善，以提高试题的信度和效度。

笔试试测结束后，笔试测评小组要收集测试结果并及时反馈信息，对其进行分析，重点分析判断试题难度是否适中、题型设计是否合理、考查内容是否全面等内容。

（四）实施笔试

在前期准备工作都已经完备的情况下，笔试测评小组可以组织测评对象开始笔试，包括人员组织、考场管理、试卷保管等内容。

（五）审阅评估试卷

根据测试方案，评卷人员应客观公正地展开评卷工作。试卷评阅是整个测评的尾声，也是十分重要的环节，只有客观公正地评阅试卷，才能保证测评的有效性和可靠性。笔试试卷的评阅主要分为客观题评阅和主观题评阅。

1. 客观题评阅

客观题答案具有唯一性，阅卷只与答案有关而与评卷人员无关。客观题评阅除填空题以外，均可采用机器阅卷进行。随着现代科技的发展，机器评阅客观题已被广泛应用。客观题使用机器阅卷有以下优点。

（1）节省人力、物力、财力

虽然首次使用硬件投入较多，但设备投入可以多次使用，长期来看，机器阅卷比人工阅卷更节省成本。

（2）阅卷结果正确

使用机器阅卷能避免人工阅卷可能出现的错误，只要测评对象填涂答题卡的方法合乎要求，机器阅卷的准确率可达100%。

（3）阅卷公正合理

机器阅卷参与人员少，答案唯一客观，人为干预可能性小，能在一定程度上减少徇私舞弊的现象发生。

（4）提供可靠的反馈信息

由于原始数据在阅卷时即输入计算机，只要采用科学的计算方法，就能得到一系列的统计表，从而准确评价考试质量，为笔试的实施提供可靠的反馈信息。

2. 主观题评阅

主观题主要指简答题和论文题等，主观题的评阅不够客观，评阅过程中容易受评阅人员的知识水平、情感、态度等不可控因素的影响。主观题评阅有以下三大特点。

（1）阅卷难以保证客观公正

主观题的评阅难以保证客观公正的首要原因是主观题没有标准答案供评阅人员标准化评阅。评阅人员只能参照参考标准来评分，评阅人员的灵活性很大，因此评卷结果易受评阅人员主观因素影响。

（2）提供丰富的反馈信息

主观题可以通过测评对象的作答了解测评对象的思维过程、对知识掌握的程度以及运用知识解决问题的能力等。因此，从主观题的评阅过程中可以找到测评对象缺乏的知识以及需要加强的学习部分等。

（3）耗费大量人力、物力、财力

主观题无法像客观题那样运用机器来阅卷，它更多要求专业的评阅人员来阅卷。并且一个评阅人员评阅的试卷数量不宜过多，否则评卷的疲劳以及厌倦等情绪会影响评卷质量。同时，为了尽量做到客观公正，主观题往往还要求一份试卷经多人评阅后才可定分，这更增加了阅卷成本。

（六）发布笔试成绩

评卷结束后，应该及时通知通过的测评对象进入下一轮考核，对淘汰的测评对象，在条件允许的情况下委婉地进行告知。

本章自测题

1. 简述笔试的优缺点。
2. 简述笔试的主要形式。
3. 笔试的主要题型有哪几种？
4. 简述笔试的作用。
5. 简述双向细目表的定义。
6. 简述笔试的实施步骤。

第五章　面试

 学习目标

- 了解面试的定义、特点
- 掌握面试类型和面试内容
- 知晓面试试题的类型
- 掌握面试试题的设计方法
- 熟练面试的技巧并学会运用

 引导案例

　　WK公司是一家大型的房地产公司，因项目拓展需要，公司项目营销中心拟招聘一位销售经理。招聘面试的流程共有两轮：第一轮是由人力资源部招聘经理进行初面，主要是了解应聘者的基本情况；第二轮面试由销售总监进行复面，主要考查应聘者的专业背景和能力。

　　林小明看到招聘信息后向WK公司投递简历并顺利接到面试通知，双方约定2月6日在WK公司人力资源部进行面试。林小明到达WK公司人力资源部后，由人力资源部招聘经理王经理对

林小明进行初面。面试中,王经理为消除林小明的紧张情绪,主动询问了林小明过来面试的车程、交通等情况,随后王经理让林小明做一个自我介绍。林小明自我介绍完毕后,王经理就林小明的工作经历提出了几个问题,包括在工作中遇到的困难、在工作中自己印象最深刻的事情、在工作中对自己影响最大的领导等问题。在整个面试过程中,林小明对王经理提出的问题都能很好地回答,王经理对林小明的回答也很满意。但在问到林小明上一份工作的离职原因时,林小明回答说是个人发展原因,但林小明在回答时眼神闪躲,不敢与王经理进行目光接触。王经理捕捉到这一信息,进一步追问后才了解,林小明上一份工作离职的主要原因是他无法适应新领导的管理方式,与领导理念不合于是选择离职。在面试结束前,王经理对林小明提出的疑问也做了详细解答。面试结束后,王经理礼貌地感谢林小明来参加面试,并表示将在两天后电话通知林小明面试结果。

  王经理和销售总监在评估了林小明初步面试的结果后,认为林小明各方面条件还不错,可以进行进一步了解。于是王经理在2月8日致电林小明,邀约他过来参加复面,与销售总监进行面谈。在复面中,销售总监具体询问了林小明在过往工作中的销售业绩情况和销售专业能力,并让林小明介绍在过往工作中如何拓展销售渠道的实际案例。在面试过程中,销售总监表情严肃,并一直对林小明提出的方法持否定和怀疑的态度,销售总监想通过压力面试,了解林小明的抗压能力、临场应变能力和思维能力。最终,林小明成功通过复面,顺利入职WK公司。

  请思考,如果您是王经理或销售总监,您将如何对应聘者进行面试?

第一节　面试概述

一、面试的定义

面试是企事业单位最常用的、必不可少的人员素质测评手段之一。调查表明，99%的企事业单位在招聘中都会采用这种方法。现今，用人单位对于职工的实际工作能力和发展潜力越来越重视。因此，面试在人员招聘、选拔、配置等环节都有非常重要的作用。

狭义的面试，是指面谈，即面对面进行口试，是一个你问我答的过程。它是测评主体在面试过程中对测评对象的语言与行为表现进行客观评价，以此确定测评对象与特定岗位的素质标准的匹配度。广义的面试，是指测评主体通过与测评对象直接交谈，或者置测评对象于某种特定情景中进行观察，以此完成对其适应岗位要求的条件进行测评的过程。

一般来说，面试是一种动态的信息沟通过程，它是在特定时间、特定空间和特定情境下，测评主体通过测评对象的口头回答，来评定其行为特征、语言表达能力、分析推断能力等能力的素质特征。

二、面试的特点

与其他人员素质测评形式相比，面试具有评价直觉性、交流互动性、对象单一性、内容灵活性、信息复合性等特点。

（一）评价直觉性

其他测评大多具有理性逻辑判断或评价标准，而面试却具有直觉性的特点。它不仅依赖测评主体的逻辑推理能力、辩证思维能力、社会实践经验等，也包含测评主体第六感的成分。

（二）交流互动性

面试是测评主体与测评对象面对面进行的，他们之间的接触、交谈、信息反馈是相互的，面试的直接性提高了双方沟通的效果与面试可信性，同时弥补了笔试呆板的不足，更能了解到人性化和个性化的信息。

（三）对象单一性

面试有单独面试和小组面试之分。其中，在小组面试中，为加强面试的公平性，测评主体会要求测评对象限时进行自我介绍，然后对测评对象进行逐个提问测评，即使面试的形式是小组讨论、案例分析或辩论式，测评主体也会逐个对测评对象的言行进行测评。

（四）内容灵活性

面试中测评主体通过语言或体态发出刺激信息，测评对象接收信息后经过对信息进行解码，以语言或体态的形式对信息进行反馈。测评主体针对测评对象的基本信息、回答问题的情况以及测评需要，可以不断地调整问题的形式和内容。

（五）信息复合性

心理学家曾对交谈中语言或体态传递信息的效果进行过相关研究。研究结果表明，语言占7%，声音占38%，体态占55%。由此可见，同等条件下，以测验问卷形式测评素质，所收集与利用的信息只有7%，而面试却可达到100%。

面试的结果是测评主体通过提问、观察、交流、分析、第六感官感觉后综合得出的，这种测评收集了测评对象的语言形式信息和非语言形式信息，增加了信息的复合性，提高了面试的可信度。

三、面试的类型

（一）根据面试内容的构成方式划分

根据面试内容的构成方式划分，可以分为结构化面试和非结构化面试。

1. 结构化面试

又称为模式化面试，是指依照提前准备的内容、程序、评分标准、分值结构等进行面试的形式。该类型的面试结构严密，面试程序性强，评分模式固定。在面试过程中，测评主体需要根据事先拟定好的面试提纲逐项对测评对象进行测评。如国家公务员录用面试、竞争上岗面试等都将其作为一种主要方法。

2. 非结构化面试

这类面试通常没有必须遵循的模式、程序和框架。由于没有既定的结构，测评主体可以进行跟踪式提问，也可以根据现场情景拟定问题。另外，非结构化面试中很少有对回答作出评价的规范化标准，所以要求测评主体必须在面试的过程中从总体把握面试效果。非结构化面试具有很强的灵活性，但也具有效度不高的缺点。

（二）根据面试中提问的类型来分

根据面试中提问的类型来分，可以分为情景面试、行为描述面试、演讲法面试和压力面试。

1. 情景面试

是将测评对象置于某一具体情景中，根据测评对象在该情景中的言行等来观察其各方面能力的一种面试方法。如测评对象在情景中属于人事专员，某天有30个员工集体提出辞职，该测评对象应该做什么工作等。

2. 行为描述面试

是指测评主体对测评对象有关以往行为的回答来推断其未来某一段时期内工作态度、工作潜能和工作绩效的一种面试方法。在这种面试中，测评主体主要是提出一些与工作相关的问题，如"请问您在大学期间最喜欢的课程有哪些？""在以前的工作中，您是怎么拓展销售渠道的？"等。

3. 演讲法面试

是指测评对象根据测评主体的提问导向，结合已有的知识和经验，运用语言、肢体动作、神情等向测评主体表达自己观点的一种面试方法。

4. 压力面试

指的是由测评主体有意识地对测评对象施加压力，就某些问题或事件做一连串提问，并对其做追踪式提问，直至其无法对答。压力面试主要观察测评对象在特殊压力下的反应情况、思维敏捷程度和应变能力。

（三）根据实施面试时测评对象的人数来分

根据实施面试时测评对象的人数来分，可以分为一对一面试和小组面试。一对一面试即测评主体对测评对象单独进行面试。小组面试即很多测评对象在一起进行的面试，这样可以使测评主体在专业、地域及其他方面对测评对象进行比较测评，使择优时有较大的选择余地。

（四）根据实施面试测评的人数来分

根据实施面试时测评主体的人数来分，可以分为单人面试和多人面试。单人面试即测评主体与测评对象单独进行的面试。多人面试即有多个测评主体，一个或多个测评对象的面试，多人面试可以从不同的角度了解测评对象，全面剖析测评对象。

四、面试的内容

一般来说，面试的内容包括知识方面、实践经验方面、工作态度方面、个人兴趣和爱好方面、仪容仪表仪态方面、个人能力方面等。

（一）知识方面

在面试中会涉及所掌握的专业技能、所接受的专业培训以及课外学习到的相关知识等，以考查测评对象知识的广度与深度。

（二）实践经验方面

测评主体会根据测评对象的简历或岗位申请表的结果提出问题，查询测评对象的教育背景、工作经历和工作成果等，以考查测评对象的主动性、思维力、岗位胜任力等。

（三）工作态度方面

工作态度测评主要是针对测评对象的经历进行考查，通过了解工作态度，可以了解测评对象是否热爱工作，是否具有求知欲，考查其对现有岗位的求职欲望。

（四）个人兴趣和爱好方面

通过阅读的课外书籍，爱好的体育项目和娱乐项目，消费生活方式等可以了解测评对象的兴趣爱好。

在面试中，主要是向测评对象了解与工作有关的问题，介绍组织概况、空缺岗位，讨论岗位薪酬福利问题等，并就测评对象的疑问进行解答。

（五）仪容仪表仪态方面

仪容仪表仪态主要是指测评对象的着装、外表装饰、举止、礼仪及精神状态等。如酒店职员、保安、公关人员、演员等岗位对仪容仪表仪态的要求是非常高的。

（六）个人能力方面

个人能力方面主要包括分析、判断、综合概括能力和综合运用能力，人际沟通能力和团队合作能力，反应能力和应变能力，自我管理能力和自我控制能力、口头表达能力等。

1. 分析、判断、综合概括能力和综合运用能力

通过面试测评测评对象是否抓住问题的本质，分析是否全面，以及对众多概念、论点的概括是否全面得体，分析测评对象是否具备运用综合知识解决问题的能力。

2. 人际沟通能力和团队合作能力

面试中会涉及测评人际沟通能力的问题，如工作中遇到的最难相处的人是怎样的，您是如何和他（她）相处的等问题，通过这些问题，可以了解测评对象的适应能力和沟通能力。此外，良好的沟通是团队合作的基础，可以通过情景问题来测评测评对象的团队合作能力。

3. 反应能力和应变能力

通过测评对象回答问题的准确性、迅速性来考查测评对象对问题的反应是否敏捷，回答是否得当，可以测试出测评对象对于突发事件的处理能力。

4. 自我管理能力和自我控制能力

通过压力面试、情景面试等，从测评对象的工作经历、教育经历、背景询问中了解其自我管理能力和自我控制能力。

5. 口头表达能力

通过测评对象回答问题时的语言体态，可以了解测评对象的口头表达能力等方面的内容。

五、面试的步骤

（一）面试的准备工作

面试的准备工作主要包括以下四个方面。

1. 明确面试的目的

应明确面试的目的是什么，最终要达到什么效果等。厘清了这些问题，考官才能对应试者作出客观公正的评估。

2. 制定面试实施方案

面试方案应包括面试时间及地点的安排、面试方法的确定和面试问题的设计等内容。

3. 资料的准备

包括测评对象资料，如个人简历、求职申请表等；企业资料，如企业简介、面试考官的名片等；评价表，如面试评分表、加权评定表等。

4. 确定面试考官，面试考官的准备工作

首先，要回顾岗位说明书。面试考官要明确了解拟招聘岗位的任职资格条件，而任职资格条件的确定主要依据岗位说明书。其次，要阅读应试者的个人简历及相关资料。面试考官在面试正式开始前的3~5分钟，应快速浏览应试者的个人简历及相关资料，有助于考官对应试者有初步了解，还可以在应试者资料中及时发现问题，方便面试时双方进行沟通。

（二）面试实施

在面试阶段，考官应把握好面试进度，有条不紊地实施面试。面试可以分为五个步骤，包括开始阶段、导入阶段、核心阶段、应试者提问阶段以及结束阶段。

1. 开始阶段

考官与应试者第一次接触，为了消除应试者的紧张情绪，为面试创造友好轻松的氛围，考官可开启一些轻松的、与面试不甚相关的试题，如天气情况等。

2. 导入阶段

在这一阶段，考官应提问一些比较通用的、应试者比较熟悉并且可能有所准备的问题，如"请您用1分钟时间简单介绍一下自己。""请简单谈一下您的教育经历。"等。

3. 核心阶段

即对应试者进行岗位胜任能力测评，可提问一些行为性问题、情景模拟性问题等，并根据应试者的回答对其各项岗位胜任能力作出评价，如您在哪方面的优势可以胜任该职位等。

4. 应试者提问阶段

考官提问完后，在结束面试之前应给予应试者提问的机会，如"请问您还有什么要补充的吗？""对我们公司或您的求职岗位，还有什么需要了解的吗？"等。

5. 结束阶段

在结束面试时，不管录用与否，考官均应礼貌地感谢应试者前来参加面试，并将下一步的面试程序告知应试者，如面试结果将在一周内公布，我们会以邮件的方式通知您等。

第二节　面试试题的编制

一、面试试题的特点

面试试题的特点包括针对性、代表性、延展性、时效性等。

（一）试题的针对性

面试试题应根据面试的目的，围绕岗位需求、测评对象的状况以及面试本身的特点来设计。

（1）面试针对岗位进行招聘或选拔的，所有试题设计要紧密围绕岗位胜任素质确定面试的具体要求，应充分体现不同部门不同岗位工作要求的不同特点，突出岗位需求的经常性、稳定性、经典性的内容。

（2）面试试题要考虑到测评对象群体的状况，包括测评对象群体的教育经历、专业背景、工作经历等，以达到有针对性选拔的目的。

（3）与笔试相比，在面试中一般不会设计太多纯知识性的问题，而是更侧重考查拟招聘岗位所需的能力、潜力、个性特征等。

（二）试题的代表性

试题的代表性是指面试试题应在某一方面具有一定鉴别性，在面试中题目既要有一定难度，又要有一定鉴别力，能够将同一测评要素上处于不同水平的测评对象区分开，以达到准确测试某一特定素质的目的。

（三）试题的延展性

试题的延展性原则是指面试题目的形式及内容应具有一定的灵活性。面试题目应给测评对象留有创新的空间，调动其积极性，也要形成面试所需要的融洽氛围，各面试题目之间要相互联系、相互印证，形成面试的有机整体。

（四）试题的时效性

面试题目的选取应是现实生活中富有意义的热点或社会问题，应具有一定的时效性，如在国家公务员面试中会有部分的时事选题。

二、面试试题的类型

（一）按面试试题的答案分类

面试试题的类型按答案可分为开放式问题和封闭式问题。

1. 开放式问题试题

开放式问题没有固定的答案，可以让测评对象充分发挥自己的水平。如对这一种做法，您有什么看法类的问题，测评对象应开阔思路，条理清晰，逻辑性强，有说服力，充分展现各方面的能力。

2. 封闭式问题试题

封闭式问题即让测评对象简单的回答是与否即可，涉及的范围比较小。如"您毕业于××大学，是吗？"等问题。

（二）按面试试题的题型分类

按面试试题类型可分为导入型题目、行为型题目、智能型题目、意愿型题目、情景型题目、反应型题目、投射型题目、连串型题目和压迫型题目等。每种题型都有其特点和作用。招聘人员在编制试题时，应根据拟招岗位、测评对象实际情况合理地选择题目类型，题目类型具体见表5-1。

表 5-1　　试题题型分类与示例

题目类型	特点	面试试题示例
1. 导入型题目	导入型题目是作为面试的开场白使用，可以营造一个和谐、缓和的面试氛围	您到这里需要多长时间？ 您住在哪里？
2. 行为型题目	行为型题目是针对测评对象实际经历的事件，来考查其处理问题的方式	您是如何成功的带领团队高效工作的？
3. 智能型题目	智能型题目通过分析测评对象对某个问题的分析判断，来考查其知识的广度和分析能力	您如何看待办公室政治的问题？
4. 意愿型题目	意愿型题目通过了解测评对象对某些事情的个人态度来考查测评对象的个人偏好或工作动力	您喜欢跟强势的领导工作还是喜欢跟民主的领导工作，为什么？
5. 情景型题目	情景型题目通过观察测评对象对一个假设情景中的问题回答，来判断其行为模式或实践经验	某日，经理出差，您忽然接到税务局的通知，要来进行税务稽查，此时又联系不上经理，您会如何处理这件事？
6. 反应型题目	反应型题目考查测评对象在面对压力的情况下情绪稳定性与应变能力	领导开会时发言明显出错，您会采取什么方式提醒他？
7. 投射型题目	投射型题目保护面试的意图，让测评对象不受其他社会因素的影响	您如何评价原来的领导？他让您感觉很舒服的特点是什么？有哪些是你难以接受的吗？
8. 连串型题目	连串型题目就某一问题而引发的一系列问题——发问，主要考查测评对象的反应能力以及思维的逻辑性和条理性	您在过去的工作中做得最成功的一件事情是什么？其成功的因素有哪些，现在重新分析一下，是否还有需要改进的地方？
9. 压迫型题目	压迫型题目主考官会故意制造一种紧张的气氛，给测评对象一定压力，还带有一定的挑战性，以观察测评对象在压力情况下的反应，进而测定其反应能力、自制力、情绪稳定性等	您的工作阅历与专业跟我们的职位有一定的差距，您录用的可能性不是很大，对此，您会怎么想？

三、面试试题的设计

（一）面试试题的编制要求

怎样才能设计出一套科学全面的面试试题，从而客观地考查出测评对象的各项素质水平呢？尽管因测评对象的不同，面试试题也千变万化，但企业招聘人员在编制面试试题时都有一些最基本的要求，具体体现在以下五个方面。

1. 试题内容要体现面试目标

面试试题应以招聘目标和录用计划为依据进行编制。不同岗位对测评对象具体的素质要求不同，录用要求也不尽相同，相应的面试目标也就不同。面试应针对岗位要求进一步考查测评对象的工作经验、能力水平及发展潜力等情况，试题内容如果不明确、不具体就无法达到面试目标。

2. 试题根据具体情况要有区别

由于测评对象的背景、经历、岗位等不同，因此不能采取千篇一律的试题，应从不同角度设计一组试题，在面试时方便进行有选择的提问。

（1）针对岗位所需要的专业知识、能力素养，可设计基本相同的问题，以便考查测评对象与岗位的匹配度，同时也可对不同测评对象进行比较。

（2）针对测评对象的背景、经历等方面内容，应采取有区别的问题，进行针对性考查以便更好了解测评对象。

3. 试题应使测评对象的回答具有可评价性

为从面试试题中考查出测评对象的观察能力、分析能力、思考能力以及语言表达能力等素质，设计的试题应使测评对象的回答具有可评价性，以达到鉴别、甄选的目的。试题的编制不能太过直接，因为此类试题得到的往往是正面的回答和评价，从而无法考查测评对象的实际情况。题目应能在实际操作中考查测评对象的素质。

4. 试题材料应具有新颖性、启发性

试题应避免简单重复，应注意试题的材料、视角、观念、表述和形式上的新颖性，以便考查出测评对象的真实水平。

试题更要富有启发性，使测评对象摆脱紧张的心理状态，发挥其自身能力素质。

5. 试题编制其他要求

面试试题除应满足上述基本要求外，还应满足以下要求：

（1）试题语言应当精练、明确、易懂，使测评对象能够快速准确地理解提问；

（2）试题应尽可能与测评对象的实际工作生活接近，使测评对象从容回答，从而了解其真实的想法；

（3）试题要有开放性，能够激发测评对象的思路，问题的目的不是为难测评对象，而是给测评对象展示其素质的机会；

（4）试题的编制要注意政策法规，尽可能规避测评对象的个人隐私问题。

（二）面试试题设计的步骤

一份面试试题的质量高低能够充分展现企业人力资源部的面试工作水平。一份高质量的面试试题，须遵循一定的设计思路。一般来说，面试试题设计须经过下列五大步骤，如图 5-1 所示。

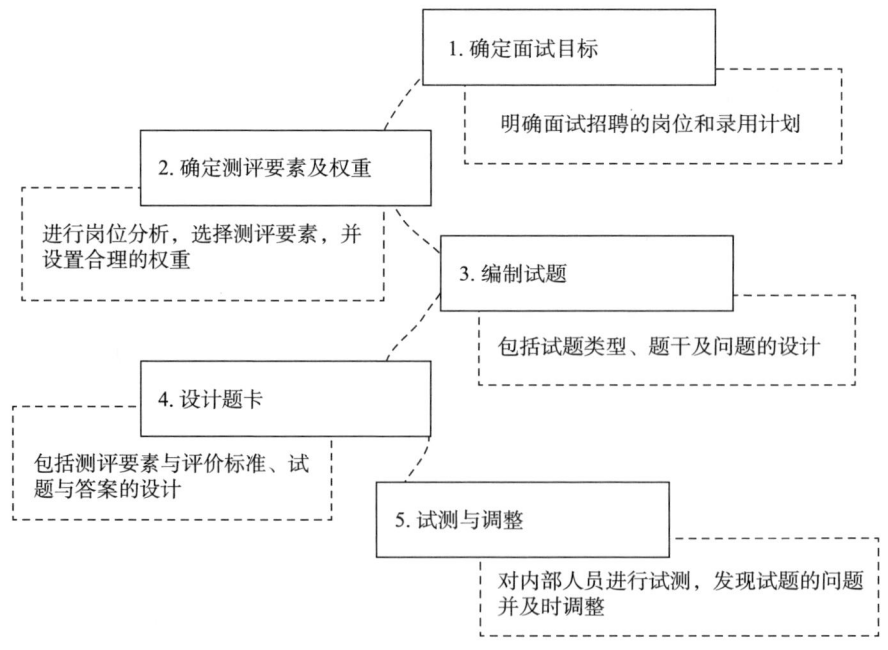

图 5-1　面试试题设计的五大步骤

1. 确定面试目标

首先，面试人员应明确某次面试的目标，明确企业招聘的岗位和录用计划，以此指导面试试题的设计。

2. 确定测评要素及权重

（1）确定测评要素，即须针对工作岗位进行分析，明确胜任岗位需要的能力和素质，在所有需要考查的要素中，选择适合用面试来考查的要素。

在企业面试实践中，企业招聘人员通常会选择运用胜任素质模型来分析和确定岗位测评对象的测评要素。该模型不仅会给出岗位任职者应具备的胜任素质，还会对胜任素质特征的行为表现进行分级定义。这为考官评价测评对象在面试过程中的行为表现及其蕴含的素质水平提供极大的方便性和科学性。

（2）确定测评要素权重。测评要素的权重反映了每一个测评要素在整个测评要素体系中的地位、作用及其重要程度，其大小会影响考官对整个面试过程的把控，进而影响面试评分结果。

一般来说，可运用问卷调查法、经验加权法、德尔菲法、比较加权法等方法对各测评要素权重进行评估计算。

3. 编制试题

（1）确定题型。

（2）编制题干和问题。收集能够表现测评对象胜任素质的情景，例如岗位工作内容、岗位工作任务执行过程中出现的热点、难点问题等，对这些信息进行加工，提取事件的关键信息形成题干，整理成题目。

针对事件所编制的面试试题，应紧扣情景，可以按照四个要素STAR进行设计，具体见表5-2。

表5-2　　　　　　　　　　STAR要素

要素	阐释	试题设计要点
S情境（Situation）	关于任务、问题背景的具体描述	◆ 具体事件、前提背景、机会和障碍、完成本事件的人员构成、测评对象所承担的角色等

续表

要素	阐释	试题设计要点
T 目标（Target）	测评对象在特定情境中要达到的目标和需要完成的任务	◆ 收集信息，分析问题，明确事件的目标和测评对象如何把握任务的关键点，了解测评对象的工作经验和综合素质，分析其能否胜任岗位
A 行动（Actions）	测评对象针对上述情境所采取的行动或未采取的行动	◆ 了解测评对象采取的行为，所采取的行为如何帮助其完成工作，进一步了解其工作风格、性格、能力
R 结果（Results）	已采取或未采取行动的结果	◆ 关注测评对象采取行动后任务完成的结果及其成因

4. 设计题卡

试题的设计应保证客观性，为使考官能在面试时进行组合试题的选择，最好是针对测评要素设计题卡，题卡的编制主要包括测评要素与评价标准、试题与答案、使用方法三方面内容。其中，测评要素与评价标准是为了区分答题结果、甄选出不同表现水平的测评对象，将各个测评要素进行行为表现的具体化，并给出分级评价的界定，以方便评分工作。

面试试题的答案是比较复杂的，有的有标准答案，有的没有标准答案，还有的只需测评对象作出回答即可。因而编制的题卡中，要针对这些情况分别说明答案的类型，如参考答案、答案要点、可接受答案等。

表 5-3 是信息获取能力示例题卡，供读者参考。

表 5-3　　　　　　　　信息获取能力示例题卡

测评要素	信息获取能力	权重	视不同岗位、不同测评要素体系而定
行为表现	1. 掌握信息传输的渠道 2. 准确快速建立信息查找策略 3. 不断关注信息的最新动态 4. 有效地筛选、提炼信息	提问试题	您接管了一个新的营销区域或一个新的客户群体，公司要整合这个区域内的全部客户信息，以便有针对性地策划营销方案。在这种情况下，您会怎样收集信息

续表

答题要点	1. 熟练利用三种以上常规渠道，如组织内部资料、网络搜索、调查统计等 2. 能够准确把握信息收集的任务及用途 3. 能对任务进行分析，如客户信息包括客户需求、使用产品反馈、采购计划等 4. 能充分利用各种资源，如人际网络、非正式渠道等
追问提示	1. 您如何判断什么是自己想要的信息 2. 您会采取哪些途径收集信息，这些途径有何作用 3. 面对海量信息收集工作，您将如何安排下去
评价标准	好：高效利用多渠道收集信息，准确把握任务 中：基本把握任务，保证信息获取的准确 差：只能收集少数信息，分辨不清信息收集的任务和用途

5. 试测与调整

试题设计好以后，要对其质量进行鉴别，即对该试题的鉴别力、难度、形式等内容进行判断。先在企业内部选择一些员工进行试测，再针对试测过程中出现的问题进行调整与改善。

（三）面试试题效度的评价

面试试题的效度是指通过试题所测评到的结果与实际考查要素相符合的程度。如果面试试题能够达到既定的面试目的，则试题具有高效度。对面试试题效度的评价，主要从以下六个方面进行，具体如图5-2所示。

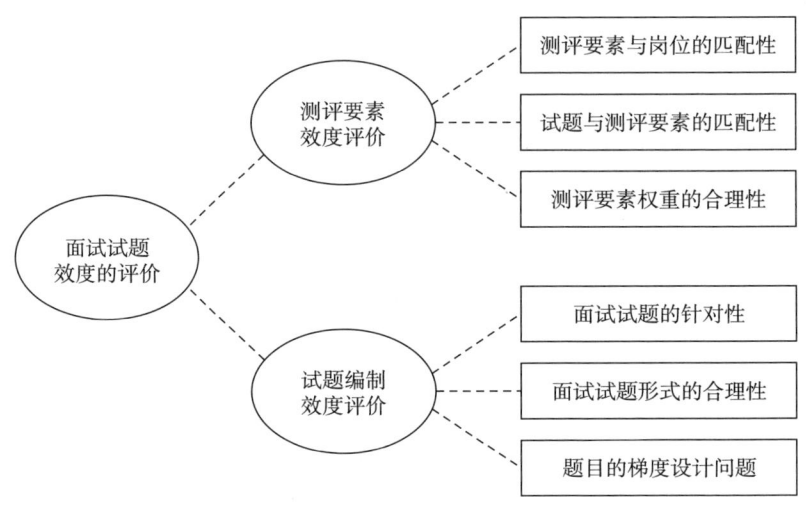

图 5-2 面试试题效度的评价

1. 测评要素效度评价

（1）测评要素与岗位的匹配性。测评要素是决定面试试题效度的关键，面试测评要素与岗位相匹配，试题才具有高效度。测评要素与招聘岗位的匹配性不够，或测评要素在要求上过于宽泛，会给面试官的判断增加难度，从而降低面试试题的效度。

在选定的测评要素中，如果缺乏与岗位相匹配的行为特征要素，会使测评对象的心理素质、职业道德等潜质不能很好地反映，而这些潜质恰恰是影响个人绩效的主要内在原因，这也是面试试题效度评价的另一重要方面。

（2）试题与测评要素的匹配性。试题问题的设定能否恰当体现相对应的测评要素的本质和要求，直接决定面试试题的效度。因此，两者的匹配性应是面试试题设计的关键点之一。

影响试题效度的因素主要包括题目概念化、题目内涵大于测评要素、题目内涵小于测评要素、题目内容与测评要素不对称等问题。招聘人员在设计面试试题以及面试官在面试过程中提问时，均需注意上述问题。

（3）测评要素权重的合理性。测评要素权重是影响面试试题效度的一个非常关键的因素。要素权重的分配，体现了测评要素间的轻重关系，同时规范着面试官的评分工作。要素权重分配合理，则面试官可以把握不同测评要素在面试中的重要程度，保证面试结果的公正性，提高面试试题的效度。

2. 试题编制效度评价

（1）面试试题的针对性。如果面试试题能结合具体的岗位特点，针对岗位职责和要求，选取关键性的情景和工作中的主要问题来进行面试试题设计，则面试试题具有高效度。同时，针对不同岗位的测评对象，采用不同的试题才能有较好的区分度，从而保证面试试题的效度。

（2）面试试题形式的合理性。面试试题的形式是决定面试试题效度的另一关键因素。形式单一、缺乏内在联系、缺少层次感的试题不具有高效度；试题类型变化不大，测评对象通过准备即可掌握答题技巧，难以考查测评对象的真实水平。相反，题目新颖、类型丰富多变才能保证面试试题的效度。

（3）题目的梯度设计问题。企业面试的终极目的在于甄选出适合本企业、适合本岗位的测评对象。所以，通过试题来区分测评对象的素质水平非常重要。面试试题有较好的区分度，在试题难度设计上应有一定的梯度，使不同水平的测评对象都有展示的空间，从而使考官对测评对象的评判拉开档次，以保证面试试题的高效度。

（四）面试试题的编写重点

面试试题的设计依据是拟招聘岗位的岗位说明书和测评对象的个人简历。不同岗位对工作能力、知识水平等的要求不同。因此，面试试题考查的内容也不同。按面试岗位的不同，下面具体介绍四种面试试题的编写。

1. 管理岗位面试试题

管理人员应具备组织管理能力、人际沟通能力、个人内在能力、决策分析能力、团队领导能力、情绪控制能力等多种能力素质，面试的试题应主要测试管理人员是否具备以上能力。管理岗位面试试题举例如下：

（1）管理人员应具备哪些基本素质？

（2）您最近读过哪些管理类书籍？

（3）如何面对下属员工的集体辞职？

（4）如何提升组织内部的士气？

（5）您觉得该如何培养下属员工？

2. 销售岗位面试试题

销售人员应具备较强的营销能力、谈判能力、说服能力和应变能力等多种能力素质。销售岗位面试试题举例如下：

（1）您知道产品和品牌的区别吗？

（2）请说一说在拓展一个客户的过程中，您会怎样进行？

（3）请您用3分钟时间推销一件产品给我。

3. 行政岗位面试试题

行政人员要喜欢与人交往，反应敏捷，工作主动，具备一定的专业技能。行政岗位面试试题举例如下：

（1）您对行政部门是怎样理解的？

（2）您认为行政部门的核心职能有哪些？

（3）您认为人力资源部在组织结构中的位置如何？

（4）两个或多个部门主管因为工作有交叉问题发生争执，您会怎么办？

（5）请您说一件您的同事很不道德的事情，您为什么认为那种行为不道德？

4. 财务岗位面试试题

财务人员的素质构成主要包括生理与心理素质、知识经验素质和能力与技能素质三个方面。另外，基础财务岗位和投资融资岗位对各种能力的要求不同，测评的重点也有所不同。财务岗位面试试题举例如下：

（1）您是如何看待财务这一专业的？

（2）诚实、细心、聪明、学习能力强、能吃苦，您认为哪一项对于财务人员最重要？

（3）您如何看待财务人员应该遵守的各项职业操守？

（4）您发现一笔业务经费不符合规定，公司因此会受到损失，但是会计主管坚持要您通过这笔业务经费，您会怎么办？

第三节　面试的技巧

一、面试提问技巧

在面试过程中，对测评对象适当适时地进行提问，可以更加全面地了解测评对象。下面介绍五种提问技巧。

（一）提问的顺序

一般来说，对于提问的顺序，基本上应遵循先易后难、先具体后抽象、事件发生先后顺序的原则，这样做有助于测评对象缓解紧张情绪，清晰明了地回答问题。

（二）问题简明有力

测评主体向测评对象提问时，应注意语速、节奏等方面的细节，如采用连串式提问，应注意语句的停顿和问题的清晰明了。

（三）提问语气自然亲切

在提问时，尽量使用自然亲切的语气，以缓解测评对象的紧张情绪，使其尽可能发挥出正常甚至更好的水平。如"请您简单地介绍一下××事件发生时的背景。""请问当时参与××事件的成员有多少？"等。

（四）声东击西获取信息

若发现测评对象对某一问题欲言又止或者持不想说态度，则可以尝试提问其他相关问题来实现提问的目的，从而达到获取相关信息的目的。

(五)问题有针对性

在面试中提问并不是在所有情况下都适用,提问要注重有效性,其目的是获取更多测评对象的信息,或查明测评对象提供信息的真实性。下面列举了三种实用提问的情形:

1. 当测评对象描述某行为事件时,用"我们"来作为行为事件的主体,为明确测评对象在该事件中的角色、行为和成果,需使用提问面试。

2. 当测评对象描述某行为事件时,为查询该事件的正确性及测评对象在该事件中的作用,需要进行提问,以防测评对象借用他人的外衣来"包装"自己。

3. 当测评主体在测评对象的回答中所获得的信息不能准确反映其素质状况时需要提问,如观点性信息、理论性信息、意愿性信息等都不能准确地反映测评对象的行为特征和素质水平。

二、面试观察技巧

通过面试观察可以了解应试者的言谈举止、仪表形态甚至一些细节,并据此推断此人的性格特征和做事风格。在使用面试观察技巧时,应当注意以下三个问题。

(一)坚持面试观察的四个原则

坚持面试观察的四个原则,即目的性原则、全面性原则、客观性原则和典型性原则。

1. **目的性原则**

目的性是指在测评前要明确面试的测评目的、测评要素、测评标志、测评权重、测评标准等,面试实施的过程中要紧紧围绕面试的目的进行,这有利于测评主体迅速准确地捕捉测评对象的素质特征。

2. **全面性原则**

全面性是指测评主体应从测评对象的整体言行反应中系统完整地测评测评对象的某类素质,它要求测评主体不但要从一般性问题中考查测评对象的素质水平，还要求测评主体创造条件激发测评对象的潜在能力。

3. **客观性原则**

客观性是指在面试的实施过程中，测评主体本着实事求是的原则，不要带任何主观意志，根据测评对象的实际表现进行测评。

4. **典型性原则**

典型性是指测评主体应捕捉测评对象真正能够从本质上揭示其素质的行为，以提高测评效度。

（二）避免以貌取人

容貌与人的内在素质没有必然联系，但是在面试时难免会有先入为主的情况发生，未见面情况下就会想象某人身高多少、体型怎样、长得是否出众等外貌特征。任何人见面都是先看清楚对方的相貌后才会问话，在对话中才能听到声音，鉴于听、问、观在时间上具有滞后性，往往在测评对象未开口前便把其与先前见到的某类人归于一类。因此，以貌取人的现象经常发生。

（三）充分发挥感官的综合效应与直觉效应

面试是集问答、视觉、听觉与大脑分析于一体的，它是各类感官有共鸣同感的综合效应，其中以直觉效应尤为明显。因此，测评主体应在获得有效证据的支持下，充分发挥直觉的作用。

三、面试倾听技巧

通过面试倾听，不仅可以了解到测评对象的表达能力，而且可以捕捉到更多关于测评对象的个人信息及经历。

（一）完整准确地接受和理解信息

在面试时测评主体要全神贯注的记录或记忆测评对象的回答，完整准确地接受信息，避免根据某一点信息就对测评对象作出评价。测评主体对收集到的信息正确解码、暗中回顾并整理出重点，这有利于面试中提问环节的正常进行。

（二）端正坐姿，保持安静，适时询问问题

在面试时测评主体是组织代表，代表组织形象，在倾听时端正坐姿，可以使测评对象有受到尊重的感觉，有利于测评对象正常发挥，这对维护企业形象也有重要作用。

在测评对象回答问题时，测评主体应保持安静，不带任何情绪地倾听，针对测评对象的回答在适当的时机打断谈话来询问问题，以改善对话的质量和效能，而非当场表达自己的看法。此外，在打断测评对象时测评主体要有意识地思考何时打断以及何时保持中立。

（三）准确快速区别测评对象的内在素质

做到从言辞、音色、音质、音调和音量等方面区别测评对象的内在素质。测评对象讲话快慢、音量大小、音色柔和度、用词风格等都会反映其内在素质，因此，应该注意从其言辞、音色、音调等方面区分其内在素质。

四、面试去伪技巧

在面试中，每位测评对象都希望给测评主体留下好的印象，有些测评对象会有说谎的行为，那么如何判断事实与谎言呢？我们可以通过说话的方式及小动作来判断。

通过测评对象的语言可以判断事实与谎言。另外，测评主体还可以通过测评对象的非语言行为判断事实与谎言。语言行为和非语言行为及其判断内容见表5-4。

表5-4　测评对象语言行为及非语言行为信息及其判断内容

判断角度		具体内容
语言行为信息	正常的	描述发生过的事情用"我"，而不是"我们"或没有主语 说话很有信心，能够连贯一致地描述事件过程 讲述的内容明显与其他一些已知事实一致

续表

判断角度		具体内容
语言行为信息	可疑的	讲述内容啰唆、重复，很难一针见血 举止或言语明显迟疑 倾向于自我夸大 语言非常流畅，但听起来像背书
非语言行为信息	目光接触	友好、真诚、自信、果断
	不做目光接触	冷淡、紧张、害怕、说谎、缺乏自信
	摇头	不赞同、不相信、震惊
	打哈欠	厌倦
	挠头	迷惑不解、不相信
	微笑	满意、理解、鼓励
	咬嘴唇	紧张、害怕、焦虑
	跺脚	紧张、不耐烦、自负
	双臂交叉在胸前	生气、不同意、防卫、进攻
	抬一下眉毛	怀疑、吃惊
	眯眼睛	不同意、反感、生气
	鼻孔张大	生气、受挫
	手抖	紧张、焦虑、恐惧
	身体前倾	感兴趣、注意
	懒散地坐在椅子上	厌倦、放松
	坐在椅子边缘上	焦虑、紧张
	摇椅子	厌倦、自以为是、紧张
	驼背坐着	缺乏安全感、消极
	坐得笔直	自信、果断

五、面试分析技巧

在面试中，需要结合测评对象的履历和面试中的内容对其进行分析，分析时可采用以下方法。

（一）透过现象看其内部素质

在分析测评对象时，应该遵循"透过现象看本质"这一观点，在掌握测评对象在面试过程中所展现出的表象的同时，分析其内部素质。

（二）反复比较分析

反复比较分析主要是综合测评对象的履历、面试过程及其在不同阶段的表现进行全面的分析，以识别其真实的理论水平和工作能力。

（三）重点分析法

对测评对象所取得的有代表性的成绩进行重点分析，识别其真实水平和能力。在进行重点分析时，测评主体首先应掌握测评对象所在岗位的胜任素质特征，以做到在分析时能够有的放矢。

六、面试评价技巧

面试经过问、听、察、析、判，最后需归结到评，为提高评的效率和效果，可以采取以下三种方法。

（一）选择适当的标准形式

面试测评的标准一般由项目、指标和标度三个要素组成。其中，项目规定所测素质的内容、范围、性质等，指标则表示所测素质的形式、特征、标志等，标度则规定所测素质的级别、差异、水平等。在进行面试测评前，测评主体必须制定统一科学的标准形式，并将该形式对全体测评主体进行培训，使其在进行评价时有统一标准。

（二）分项测评与综合测评相结合

面试过程中，需要测评的内容与测评主体所接收到的信息是比较多的，为了提高评价的准确性，需要进行分项测评。但是测评对象的整体性和行为反应也会展示信息的辐射性，所以测评主体还应设计一个综合印象评分项目。通过分项测评和综合测评相结合，可以提高面试效果。

（三）纵察横观比较评价

纵察是指在面试过程中，对同一测评对象在前后不同问题上的行为表现进行观察比较。横观是指在面试过程中，对不同测评对象在同一项目上的不同行为反应进行比较。通过纵察横观可以使面试中模糊的、难以揭示与把握的素质进行清晰化。

本章自测题

1. 与其他人员素质测评形式相比，面试有哪些主要特点？
2. 简述什么是结构化面试。
3. 简述面试的内容和步骤。
4. 面试试题有哪些类型，分别有哪些特点？
5. 简述面试试题编制的要求。
6. 如果您是一位面试考官，您如何判断求职者是否存在说谎行为？

第六章　心理测验

学习目标

- 了解心理测验的类别
- 了解人格的相关理论
- 了解成就测验
- 掌握人格测验工具的使用
- 掌握能力测验、能力倾向测验的使用
- 熟悉职业锚的运用
- 熟悉职业适应性测验
- 熟悉职业价值观测验

引导案例

DW 是一家连锁便利店，分店遍布全国各个城市。总部人力资源部负责每家分店经理的招聘。当新便利店营业时，一位人力资源部职员需要出差到新店所在地为其招聘一名经理，然后这位新店经理被赋予为该店雇用员工的责任。

一位人力资源部职员吴某最近为一家新开业的分店挑选了

小胡作为经理。在开始经营的前6个月，店铺中员工流动率高达150%。助理经理岗位已经换了4批人员，一般的销售员工平均只干了两个月。吴某被派往当地调查该问题。

吴某让小胡描述他在挑选员工时所用的应聘方法，小胡回答说："我的招聘标准是依据我个人对每个求职者的面试感觉。我向所有的求职者提问某些基础问题，比如他们是否接受周末工作并且是否愿意加班等。除此之外，我也不是按事前确定的问题顺序去提问。在面试之前，我会先反复分析求职者的简历与申请表格，以便熟悉他们的背景和经历。通过这些信息，我确定他们是否符合工作的最低标准，然后我才开始对那些至少满足最低标准的人进行面试。在面试过程中，我试着确定该求职者是不是喜欢与别人一同工作的性格外向的人。当面试助理经理时，我也会观察他是否有领导能力。"

然后吴某问小胡，他是如何确定哪一位求职者可以被雇用的，小胡做了如下回答："求职者给我的第一印象是相当重要的。一个人如何介绍自己、如何开口谈论以及他的服饰都很重要，并且确实对我的最终决策有一些影响。然而，可能最有影响的因素是与求职者目光的接触，当与某个人目光接触时，那就是他在聆听并且是诚恳的信号。微笑、握手、两脚平放地面的笔直的坐姿也都是我作出决策的重要因素。如果一个求职者最终被雇用，他必须对这份工作感兴趣。"

吴某现在必须对小胡的招聘实践作出评价以确定它们是不是影响员工流动问题的关键因素。假如你是吴某，你该如何提出意见？可以结合本章内容进行回答。

第一节 心理测验概述

一、心理测验的定义

心理测验又称心理测评，是指通过运用心理学原理，了解人的能力水平和人格特征等内容的测验方法。美国心理测验学家阿纳斯塔西（Anna Anastasi）于1961年提出，心理测验实质上是行为样本的客观性和标准化的测量。

正如上述阿纳斯塔西的定义，心理测验的实质是通过对测评对象少数行为的测量，来推断其某一领域全部行为及其内在心理特质水平。在一次测验中不可能对测评对象的全部心理特征相对应的行为领域进行测量，所以只能通过有代表性的行为样本来推论整体，即它是对行为样本客观性和标准化的测量。一般来说，心理测验主要包含行为样本（代表性）、客观性和标准化三个要素。

（一）行为样本（代表性）

抽取行为样本，是指人们对事物的特质进行考查时，往往无法对这类事物的所有行为特征逐个进行测评，而是选择抽取这类事物中具有代表性的、典型的一部分进行测评，从而推论该事物的普遍特质。同理，心理测验也是通过仔细选择个体行为样本，对它们进行测评。比如测评领导者的管理能力，只需要使用一组有代表性的题目即可完成测评。

（二）客观性

客观性是指心理测验结果反映测评对象实际情况的程度。心理测验的客观性主要体现在测验的题目、方法和分数等方面的标准化。

（1）心理测验的题目、指导语、测验环境与过程等均经过标准化，尤其是测验题目是在预测的基础上，经过题目难度和项目区分度的统计后最终确定的。

（2）心理测验的评分和计分方法经过了标准化，所以它对行为样本反应的量化是客观的。

（3）心理测验最终分数的转换和解释经过了标准化，其对结果的推论是客观的。

需要注意的是，行为样本的代表性程度、心理测验的标准化程度、心理测验的信度和效度等都会影响到测验的客观性。

（三）标准化

标准化是指心理测验的编制、实施、评分、计分和测验结果解释应遵循统一的科学程序。要做到心理测验的标准化应实现三个关键点，即测验题目标准化，测验实施过程、评分和计分标准化，以及选择有代表性的常规模型。

在测验中需保证测验条件适用于所有测评对象，以保证心理测验的准确性和客观性。测验条件一般包括测验的指导语、施测环境与过程、施测内容、评分和计分方法、解释系统等，为保证测验条件的一致性，测验编制者在编制完成新的测验后要附上详细说明。

二、心理测验的类别

目前被应用的心理测验有数千种，依据不同的分类标准可以划分不同的心理测验类别。

（一）根据时限划分

按照测验的时限划分，心理测验的类型有速度测验和难度测验。

1. **速度测验**

速度测验是在限定时间内，完成简单但数量多的题目，它测试的是反应速度。

2. **难度测验**

难度测验是不限定时间，包含了几种不同难度的题目，并使其由易到难进行排列，它测试的是测评对象解题的最高能力。

（二）根据内容划分

按照测验的内容划分，心理测验的类型有人格测验、能力测验和职业兴趣测验。

1. 人格测验

人格测验，是指针对人格特征形成的一项标准化的测量工具，它依据人格理论，从具体的几个方面对测试对象的人格特征依次测评，体现在人格测验中的就是各个测量指标。

2. 能力测验

能力测验又称认知测验，是指对个人或组织的特定能力作出测评。这种能力可以是当前所存在的实际能力，也可以是将来可能存在的潜在能力；可以是常规的普通能力，也可以是某种特殊能力，如数学、语言、美术等方面的特殊能力。

3. 职业兴趣测验

职业兴趣测验，是指用于明确一个人的职业兴趣方向以及职业兴趣序列的一项测试。它可以通过测评分析出一个人最感兴趣并最可能从中得到满足感的工作，该测试是将个人兴趣与那些在某项工作中较成功的员工的兴趣进行比较，从而得出的最终结论。

（三）根据目的划分

根据测验的目的划分，心理测验的类型有描述性测验、诊断性测验、预测性测验、配置性测验等。

1. 描述性测验

描述性测验是指描述个人或团体的认知或品性等。

2. 诊断性测验

诊断性测验是指诊断个人或团体的某一方面的素质水平。

3. 预测性测验

预测性测验是指预测个人或团体将来的表现、潜能及能达到的素质水平。

4. 配置性测验

配置性测验是指根据对个人或团体素质特征的描述，实现人、财、物、岗等方面的合理配置。

（四）根据要求划分

根据测验的要求划分，心理测验的类型有最佳行为测验和典型行为测验。

1. 最佳行为测验

最佳行为测验是要求测评对象尽可能有最好的回答和反应，这主要与认知过程有关，并且要有正确答案。

2. 典型行为测验

典型行为测验是要求测评对象按照自己的日常行为习惯来回答，没有标准答案。一般来说，人格测验就属于典型行为测验。

（五）根据实施对象划分

根据测验的实施对象划分，心理测验的类型有个人测验和团体测验。

1. 个人测验

个人测验每次仅对一位测评对象进行测评，这有利于测评主体对测评对象的言行等有较多观察与控制的机会，但个人测验不易于大量施测，对测评主体的素质有较高的要求，且花费较多时间。

2. 团体测验

团体测验是指在同一时间内对多名测评对象进行测验，这种测验方法易于大量施测，节约成本，但由于同一时间内多名测评对象参与测评，不易控制测评对象的行为，容易产生测量误差。

（六）根据编制过程中的规范性划分

根据测验编制过程中的规范性划分，心理测验的类型有标准化测验和非标准化测验。

1. 标准化测验

标准化测验又称为心理量表，是指当心理测验按照标准化程序进行编制时的测验。它在编制程序、测验施测、分数评定、结果解释等方面都要实现标准化，一般由能力素质水平较高的心理学专业人员编制。

2. 非标准化测验

非标准化测验是指测评主体根据需求而编制的测验，这种测验只能粗略地用于对测评对象的心理个别差异进行分类或分等级，不能准确地在一个分数量尺上鉴定测评对象的素质水平。

三、心理测验在人员素质测评中的应用

不同类型的心理测验在人员素质测评中应用越来越广泛。

（一）和工作有关的个性特征的测量

每种工作岗位都需要合适的人员去任职，所以对人员的个性要求有所不同。如营销岗位要求性格外向、社交能力突出，而对于财务岗位则要求具有心细、计算能力突出等特点。可以通过心理测验这些测量工具，明确人员的性格特点，将人员的个性特征进行互补匹配，从而更好地实现团队合作和沟通。

（二）职业兴趣测量

职业兴趣测量是心理测验在人员素质测评中的主要应用之一，我国早先引用了部分国外先进的职业兴趣测量，根据我国实际情况进行二次修改之后被很多企业和测评机构所应用，主要是对员工的职业生涯规划和员工的可持续发展有着重要参考价值。

（三）工作能力测量

这种心理测验越来越趋向应用于员工实际工作能力发展潜力的测验，通过测验可以挖掘员工的潜能，所以这种测验的指标包含逻辑推理能力、发展创新能力、分析能力及感知能力等。

（四）态度、价值观等方面的测量

通过对员工进行满意度、工作价值观、企业文化及工作适应度等的调查，从员工角度，了解企业发展和管理中存在的弊端，可以更好地帮助企业管理者深入了解员工的真实想法，从而对员工进行高效管理，降低企业的人才流失率。此外还可以提高管理者意识，降低决策失误概率。

第二节　人格测验

一、人格的内涵

人格一词源于希腊语"Persona"，美国心理学家奥尔波特将人格这样定义：人格是个体内在心理物理系统中的动力组织，它决定一个人对环境独特的适应性。英国心理学家艾森克认为，人格是个人的性格、气质、智力和体格相对稳定而持久的组合，它决定着个人适应环境的独特性。

我们认为，人格是指个体在行为上的内部表现，是个体在适应环境中的感情、能力、气质、价值观等方面的内部综合表现。人格可以离开人的肉体，离开人所处的物质生活条件而独立存在于人的精神文化维度里。人格一般具有整体性、稳定性和可变性、共同性和独特性、生物性和社会性等特点。

1. **整体性**

人格是一个有机整体，组成人格的各个方面不是孤立的，人格中的各因素是相互联系的，任何因素的改变都会引起其他因素的变化。

2. **稳定性和可变性**

人格具有稳定性，具体表现为人格特征有跨时间的持续性和跨情景的一致性。跨时间的持续性是指人格具有相对稳定性，不会在短时间内有很大变化。跨情景的一致性指同一个人的人格特征在不同的情境下，在一定程度上会保持不变。人格的稳定性是相对的，人格的特征会随环境和时间的变化而变化，这使得人格具有可变性。

3. 共同性和独特性

人格具有共同性，它是某一群体、某个阶层或某个民族在特定的群体环境、社会环境和自然环境中形成的共同心理特征。人格具有独特性，每个人都有与他人区分开来的人格特征，世上没有两个人的人格是完全相同的。人格的独特性表现为人们在需求、动机、价值观、能力、气质、性格等方面的差异性。

4. 生物性和社会性

人格是在人的自然生物特性的基础上发展起来的，这是人格的生物性，生物性对于人格发展的趋势和方向有影响。人格的生物性不能对人格的发展趋势和方向起决定性作用，而个体的社会历史文化背景对人格的发展起决定性作用，这体现为人格的社会性。

二、人格的理论

从心理学的角度，人格理论是用来描述或解释人格结构、人格发展动力、人格发展条件及阶段的一套正规的假设系统或框架。现代有关人格的理论主要包括人格特质理论、人格类型理论和人格整合理论。

（一）人格特质理论

特质是一个人的人格维度，它是依据人们在某一特征上所表现出的程度进行分类的。人格特质理论是以人格特质具有跨时间的持续性和跨情景的一致性为研究假设的，认为人格存在一些特质维度，且人们之间的差异就在于这些维度的不同表现程度，强调人的个别差异和个体的整体功能。特质研究者主要研究对人格的描述和预测行为，侧重于预测测评结果在某一范围内，个人会有什么典型行为表现，而不是解释个体为什么会有这样的行为表现。

人格特质理论一般包括奥尔波特人格论、卡特尔特性理论、艾森克三因素模型、大五人格理论等。在此简单介绍前两种特质理论。

1. 奥尔波特人格论

美国心理学家奥尔波特的人格论,将人格分为支配性、自我拓展性、持久性、外向性、自我批评性、自我背弃性、群体性、利他性、社会智力水平、对伦理的兴趣、对经济的兴趣、对艺术的兴趣、对政治的兴趣、对宗教的兴趣共 14 项一般人格特征,并与人的生理心理基础方面的 7 项特征合并成 21 个项目,制成心理图示评定量表,在量表的每一项都区分为 11 个等级并给出答案。

2. 卡特尔特性理论

卡特尔特性理论发展了奥尔波特人格论,将人格特征分为表面特征和根源特征。其中,根源特征是相当稳定和持久的人格基本特征,包括乐群、智力、稳定性、好力量、兴奋、毅力、大胆、敏感、怀疑、幻想、世俗、焦虑、激进、独立、自律、紧张共 16 个项目,根据一个人在这些项目上的不同水平,可以判断这个人的整体人格特征。

(二)人格类型理论

人格类型理论是群体间人格差异的描述指标,是可以通过人的行为直接观察到的。该理论认为人格可以划分为几种不同类型,且各类型之间相互独立、相互分离,如外向型和内向型。人格类型理论一般包括单一类型理论、对立类型理论、多元类型理论等。

单一类型理论认为人格类型是依据某一群体是否有某一特殊人格来确定的,如美国心理学家弗兰克·法利提出的 T 型人格理论。对立类型理论认为人格类型包含了某一人格维度中的两个相反方向,如内向型人格和外向型人格。多元类型理论认为人格类型是由几种不同质的人格特征构成的,如气质类型学说、性格类型学说等。

此外,在 20 世纪 60 年代,霍兰德以自己的职业咨询经验为基础提出了一种关于职业选择的人格类型理论。这是一种在特质—因素理论基础上发展起来的人格与职业类型相匹配的理论。

人格类型理论的理论观点主要包括以下四个内容:

(1)职业选择是个人人格的反映和延伸,人格包括价值观、动机和需要等,是决定一个人选择职业的重要因素。

(2)大多数人的人格类型可以归为六种人格类型中的一种,分别为现实型、研究型、艺术型、社会型、企业家型、传统型。

(3)现实中,同时也存在与上述六种人格类型相对应的六种工作性质,分别为现实性的、调查研究性的、艺术性的、社会性的、开拓性的以及常规性的。

(4)人格类型理论的实质在于个人的人格特征与职业类型的适应。适宜的职业环境中,个人可以充分施展自己的技能和能力,表达自己的态度和价值观,并且能够完成那些令人愉快的使命。

(三)人格整合理论

人格特质理论和人格类型理论分别从不同角度描述了人格结构,英国心理学家艾森克提出了以人格结构层级说和三维度人格类型说为主要内容的人格整合理论。他认为,人格是行为群体和行为构建而成的层级结构。最低层次是无数的特定反应可以直接观察到的特定行为;中层次是习惯性反应,是对反复固定的行为倾向的特定反应;高层次是特质,是习惯性反应的有机组合;最高层次是类型,它是一系列相关特征的有机组合,具有高度普遍的特征,对人类行为有广泛影响。

通过对人格问卷数据的因素分析和研究,艾森克确定了人格类型的三个基本维度:根据内外倾向维度,人格可分为外向型和内向型;根据情绪稳定维度,人格可分为情绪型和稳定型;根据心理变态倾向维度,人格可分为精神紊乱型和精神整合型。

三、人格测验的特征维度

由于人格是多维度和多层面的,测验的方法非常多,但是各种方法可以从以下这些两极性的维度上进行描述和比较,这就是人格测验的特征维度。人格测验的特征维度有以下五项。

（一）测评对象作答的封闭式与开放式

此维度是指测评对象自由回答的程度。封闭式指的是测评对象要按照规定的方式作答，他们回答的自由程度比较小，如问卷式量表；开放式指的是对回答的内容没有严格规定，测评对象自由作出反应，如情境测量。

（二）测验刺激的明确性与模糊性

明确性是指在测验中呈现给测评对象的刺激是一种明确的刺激。模糊性则是指在测验中呈现给测评对象的刺激是一种比较模糊的刺激，如完成一个句子的测验："一些人_____。"

（三）测验形式的言语性与非言语性

有些测验的材料及被测评的反应都使用言语的方式，如人格问卷。有些则使用非言语的方式，如罗夏克墨迹测验。

（四）测验目的的伪装性与非伪装性

伪装性是指测评对象从测验名称和测验指导语中，并不能够知道这是一个测验人格特征的测验。非伪装性指的是测验不带有伪装性，从名字上就可以看出它是测验人格特征的，如艾森克个性问卷。

（五）单相性与多相性

单相性指的是仅仅能够反映一种人格特征的人格测验。多相性指的是反映多种人格特征的人格测验。

除了上述五种维度，人格测验的特征维度还包括结果解释的定性分析与定量分析、临床解释与统计解释、随意与非随意、意识与潜意识、意识与行为、标准参照和常模参照、特质测量与整体测量等。

四、人格测验的工具

人格测验工具在生活和工作中的应用越来越普遍，每个测验工具都有其自身的假设前提和理论基础，且测验维度也不同，即使是同一个名称的测验维度在不同测验工具里的含义也可能有差别，所以个人或企业在测验时要依据测验目的和测验因素有针对性地选择测验工具。

常用的人格测验工具包括卡特尔人格因素测验、明尼苏达多项人格测验、大五人格测验等。

（一）卡特尔人格因素测验

卡特尔人格因素测验是通过让测评对象回答一系列问题，测算出16个因素的特征，根据这些特征测验人的人格特征和职业倾向。

根据测评测评对象16个因素的结果，分析测评对象在性格内外特性、心理健康状态、学习与适应新环境的成长能力、专业有成就的性格因素、创造能力的性格因素五个方面的表现。

1. 卡特尔人格因素测验操作步骤

（1）测评主体在测验前与测评对象进行简短的沟通，说明坦诚回答对测评对象的好处，防止测评对象因某种动机的驱使故意曲解题意。

（2）引导测评对象理解问卷说明，保证测评对象对说明有深刻的认识，对测验持合作态度，从而实现测验的真正价值。

（3）引导测评对象做几个例题，通过例题使测评对象掌握答题的方法和要求，使测评对象对测验感到轻松和易于胜任，并进一步解除测评对象对测验题目的戒备心理。

（4）测验前由测评对象在问卷上填好姓名、年龄、文化程度、测验日期等栏目后开始答卷，并在规定的时间内完成。

（5）测评对象按说明认真迅速地完成答卷，并在规定的时间内提交问卷。

（6）测评对象答完问卷后，测评主体要检查问卷有无漏答或一题多答的情况，如有不合乎要求或情理之处，要立即请测评对象对问卷进行补充作答。

（7）对符合要求的问卷进行计分，得出测验所需的各项数据。

（8）全面分析测验数据，并根据测验目的写出针对性报告。

2. 卡特尔人格因素测验操作注意事项

（1）卡特尔人格因素测验通常以问卷的形式来操作，问卷包括187道问题，每道问题仅有3种可供选择的答案。

（2）问卷测验法行为样本数量较多、范围较广、规模较大。

（3）问卷测验法测验的是测评对象的潜在行为，测验结果可靠性更强。

（4）问卷测验法在操作时间上耗费较少，且经济实用。

（5）问卷测验法受认知能力的影响，文化水平较低、理解力较差的人答卷结果往往不尽如人意。

（6）操作时测评主体须设法取得测评对象的信任，使测评对象觉得测验对他本人有益而无害，否则测验结果不真实。

（二）明尼苏达多项人格测验

明尼苏达多项人格测验由明尼苏达大学教授哈瑟韦和麦金力制定，共有566道题目，其中16道是重复性题目，用以检验测评对象反应的一致性和回答问题是否认真。明尼苏达多项人格测验有10个临床量表，可以得到10个分数，代表10种人格特质，还有4个与效度相关的量表，用以考查测评对象的作答态度。该量表适用于16岁以上的成年人，要求具有小学以上文化程度。

1. 明尼苏达多项人格测验操作步骤

（1）调整测验的心态

测评主体应告知测评对象，明尼苏达多项人格测验只测验性格类型，而不同性格类型没有好坏之分，测验结果也将对其他人严格保密。这样做是为了帮助测评对象放松心情，最大限度地摆脱工作、家庭等外部环境的压力，尽量展现真实的自我。

（2）答卷

测评主体应告知测评对象尽管按照自己的理解答题，也可以跳过模棱两可的问题不答，但是不能与其他人讨论，测评主体也不回答任何与测验相关的问题。做完量表暂不计分。

（3）明尼苏达多项人格测验内容基本介绍与定位

测评主体将明尼苏达多项人格测验的测验目标、基本思路和主要内容告知测评对象，并指导其按照明尼苏达多项人格测验的要求进行自评。

（4）答卷计分并比较

测评主体指导测评对象计分，将测验结果与自评结果相比较，并且对两者的差别及其成因作出解释。

（5）了解及确认性格类型

测评主体指导测评对象阅读明尼苏达多项人格测验提供的性格类型描述，帮助其明确自己的性格类型。

2. 明尼苏达多项人格测验的操作注意事项

（1）测评主体第一要务是要对明尼苏达多项人格测验作较充分介绍，须确保测评对象在没有工作、生活等外部环境的压力，始终处于轻松自如状态下施测，也要避免测评对象受到量表本身可能含有的设计倾向的诱导，以确保测评对象展现自我的本来面目。

（2）测评主体须指导测评对象正确实施每一个步骤，准确理解明尼苏达多项人格测验的测验结果。明尼苏达多项人格测验量表的分值代表了测评对象对自身性格类型的清楚程度，而非其占有某种性格特征的完全程度或者表现强度。

（3）明尼苏达多项人格测验提供的性格类型描述仅供测评对象确定自己的性格类型之用，其中描述的各种行为表现应该从性格动力学或者气质理论的角度予以理解。

（4）明尼苏达多项人格测验是否有效取决于施测过程中是否规范有序地执行每一个环节，更取决于测评主体是否专业。

（5）测评主体要做的最重要的一点就是引导测评对象确定自己的性格类型。

（6）明尼苏达多项人格测验旨在帮助人们了解自我的本来面目，即个人与生俱来的性格。

（7）后天的种种环境压力和客观条件可能会影响甚至彻底逆转个人的行为表现，对自己性格最有发言权的只有测评对象自己。

（三）大五人格测验

大五人格测验是建立在五大因素模型上的性格量表，它结合了人格心理学和组织行为学的最新研究成果，建立在因素分析基础上。大五人格测验目前已被广泛应用于性格研究领域，对职场中的人员性格问题进行阐述，了解测评对象五个方面的人格特质。

大五人格测验的操作要点即需要明确人格的五个维度和明确大五人格特点。

1. 明确人格的五个维度

所谓大五是指人的个性可以从五个维度进行评估，即情绪稳定性（N）、外向性（E）、开放性（O）、宜人性（A）、责任感（C）。

（1）情绪稳定性（N）：冷静、忧郁、镇定、神经质、消极等。

（2）外向性（E）：健谈、果断、有活力、热情、活跃等。

（3）开放性（O）：富有想象力、有洞察力、聪明、有修养、直率、创造性、思路开阔等。

（4）宜人性（A）：友好、合作、真诚、愉快、利他、有感染力等。

（5）责任感（C）：有责任心、有条理、坚韧不拔、公正、拘谨、克制等。

2. 明确大五人格特点

（1）这些因素是人格分析的维度，并不是指人格类型。人们在大五维度上呈不同程度的分布。大多数人的测验结果居于高分和低分之间。

（2）人格特征形成于少年初期，并在接下来的45年甚至更长时间内处于稳定状态。

（3）人格因素及其具体特征是有遗传性的，至少部分受到遗传因素的影响。

（4）这些因素在史前或许具有适应性价值。

（5）即使在截然不同的语言体系中，这样的因素划分也具有普遍意义。

（6）了解个体人格因素的差异有助于洞察人性，帮助病患者找到更好的治疗方案。

除此之外，还有其他较为常用的人格测验工具，如艾森克人格测评问卷，它主要用来测验人们在内外倾向、情绪稳定和心理变态倾向三个方面的表现程度。问卷采用是非题形式，从精神质、内外倾向、神经质和效度四个维度设计量表，根据测评对象各个量表分数特征分析其人格特征。此外还有个性测评量表，它从支配性、影响性、稳定性和服从性四个维度设计量表，根据测评对象各量表的得分综合分析测评对象的人格特征。

第三节　能力测验

一、能力测验概述

能力是指成功完成一项活动所需的主观条件。能力是一种人格心理特征，直接影响活动的效率，能够促使活动顺利完成。能力总是和人们完成某些活动联系在一起。空间想象力、创造力、逻辑力等都是能力的一部分，没有这些，我们无法完成相应活动。

能力通常分为一般能力和特殊能力。一般能力是指观察、记忆、思考、想象等能力，通常称为智力，是完成任何活动不可缺少的能力，也是能力中最重要、最普遍的一部分。特殊能力是指人们从事特殊职业或专业需要的能力。如音乐中所要求的听觉能力。任何专业活动都需要一般能力和特殊能力，两者的发展是相互促进的。

能力测验主要分为三种类型，分别是成就测验、智力测验和能力倾向测验。成就测验围绕具体的应用领域中测评对象对知识的掌握程度进行测验；智力测验是关于个人的一般心智功能的各种测验的总称，主要是用于个人工作潜力的测验；能力倾向测验是对个人不同能力水平和观测未来从事某种工作能力的测验。

二、成就测验

（一）成就测验的概念

成就测验，简单来说，就是我们生活中所说的考试。成就测验的设计是围绕具体领域测评对象对于相关知识和技能掌握程度开展的。

成就测验应用的领域相当广泛，且逐渐标准科学，但是它考查的重点偏向知识和技能方面，对于人员素质的全面性考查的作用有待商榷。

（二）成就测验的功能

成就测验主要应用于教育领域。实际上，成就测验有四种教育用途，即反馈、评价、科学研究及人才选拔与安置。

1. 反馈

成就测验的分数可以调整教师的教学活动。在教学阶段开始前进行成就测验，可以让教师了解学生对这一教学阶段学习任务的准备情况，为修订教育目标和教学计划提供依据。教学过程中的成就测验，可以使教师了解学生的知识和技能掌握程度，诊断学生的学习困难，及时发现教与学中存在的问题，从而调整教学内容，改进教学方法。某一教学阶段结束后的成就测验，可以让教师了解教育目标是否已经实现，了解学生应用和迁移知识技能的能力，为制定新的教育目标提供依据。

2. 评价

成就测验不仅可以用来评价学生，还可以用来评价教师、学校或地区的教学质量。然而，我们应该注意到，在评价中必须参考许多其他信息，而不仅仅是看测验成绩。

3. 科学研究

成就测验在教育理论的研究和发展中起着重要作用。良好的教育制度、教学材料和教学方法都应该通过教育效果来体现，并在一定程度上通过成就测验的结果来检验教育效果。许多改革做法的有效性必须通过某些成就测验来检验。

4. 人才选拔与安置

成就测验经常被用作选拔工具，如各种入学考试、招聘考试等，以确定一个人是否达到从事某一活动所要求的最低熟练程度，并将人员分类安置在适当的位置。

（三）成就测验的分类

成就测验根据不同分类方式可以分成不同种类。

1. 按反应方式分

成就测验从反应方式上可以分为实践测验和纸笔测验。实践测验需要特定的操作，如表演话剧、调试机器等。纸笔测验是指在纸上呈现规范化试题，测评对象按题意通过手写方式回答的一种测验，可分为再认式测验和回忆式测验两大类。再认式测验就是把一些学习过的内容，重新呈现出来，让测评对象识别，如判断题、多项选择题等。回忆式测验是指所学的内容不在测评对象面前，要测评对象回忆，写一个答案，如填空题、简答题、论述题等。

2. 按编制方法分

成就测验从编制方法上可分为标准化测验和教师制定测验。标准化测验由专门机构编写，测验内容和常规模型样本较为常见，而教师制定测验往往被不同的教师、课程、班级或教学单位所使用，其内容范围和常规模型的样本较窄。

3. 从用途上分

成就测验从使用角度可以分为形成性测验和总结性测验。形成性测验是将教育过程与评价结合起来，衡量学生在教学过程中的进步。它是教学活动的有机组成部分，通过对学生在学习过程中的表现进行评价，指导学生决定是学习下一个模块还是继续复习。总结性测验是在学习模块或课程结束时进行测验，以衡量学生是否达到了教学目标。它将考试成绩作为最终结果，目的是对学生的学习作出最终评估。

三、智力测验

(一) 智力的构成和衡量

1. 智力及其构成

智力是指人们认识问题、理解问题和解决问题的基本能力,具体包括言语理解能力、观察能力、记忆能力、思维能力等。

根据美国心理学家瑟斯顿提出的因素分析法,人的智力基本由7种要素构成,即语文理解能力、数字能力、空间知觉能力、知觉速度能力、语言流畅能力、记忆能力、推理能力。

2. 智力水平的衡量

智力水平的实质就是一个人的智力与其同龄人相比所处的位置。用来衡量智力水平的量数称为智商,即人们在智力测验中获得的分数。智商有两种计算方法,一种为比率智商,另一种为离差智商。

(1) 比率智商

个人在16岁之前,智力水平随着年龄的增长而提高,呈上升趋势。其智力水平可用比率智商来表示,即其心理年龄(MA)与实足年龄(CA)的比值,计算公式如下:

$$IQ = \frac{MA}{CA} \times 100$$

例如,运用比纳—西蒙智力量表测量儿童的智力水平,若一个8岁的儿童完成了10岁组的题目,说明其心理年龄是10岁,实足年龄为8岁,则其智力水平可用比率智商来衡量,即为 $IQ = \frac{10}{8} \times 100 = 125$。

(2) 离差智商

个人的智力水平在16岁之后渐趋稳定。韦克斯勒在编制成人智力量表时,首次采用离差智商来衡量人们的智力水平。其计算公式如下:

$$IQ = 100 + 15 \times \frac{X - \bar{X}}{\sigma}$$

其中，X 是测评对象的实际得分；$\bar{X}$ 是同龄组的平均分；σ 为同龄组的标准差。

例如，运用韦克斯勒智力量表测量某年龄组的智力水平，某人的得分为 75 分。而该组的平均分为 70 分，标准差为 15 分。则其离差智商 $IQ = 100 + 15 \times \frac{75 - 70}{15} = 105$。

离差智商不仅适用于计算成人的智商，也适用于计算儿童的智商。

（二）智力测验的常用工具

常用于企业人员智力测验的工具是韦克斯勒成人智力量表和陆军甲/乙种测试。

1. 韦克斯勒成人智力量表

韦克斯勒成人智力量表由 11 个分测验组成，其中的常识、背诵数字、词汇、算术、理解、类同 6 个分测验构成言语分量表，填图、图画排列、积木图案、拼图、数字符号 5 个分测验构成操作分量表。所有分测验的分数都要转化成标准差为 3、平均数为 10 的标准分数。

2. 陆军甲/乙种测试

陆军甲/乙种测试经过改进，成为企业专门用来选拔员工的重要工具。

（1）陆军甲种测试，由 8 个分测试组成，包括指使测试（照令行事测试）、算术测试、常识测试、异同测试（区分同义词及反义词）、字句重组测试、填补数列测试、类比推理测试和理解测试。

（2）陆军乙种测试，是非文字测试，由 7 个分测试组成，包括迷宫测试、立方体分析测试、X—O 测试（增补数列测试）、译码测试、数字比对测试、图画补缺测试和几何图形分析测试。图 6-1 给出了 X—O 测试的一种题型。

X	X	X	X	X	X	X			
X		X		X		X		X	
X	O	X	O	X	O	X	O	X	O
X	X		X	X		X	X		X

图 6-1 X—O 测试题

（三）智力测验题示例

一、言语理解能力测试题

1. 美国通俗文化已经欧洲化了。这在 25 年前是不可想象的，那时很少有人在吃饭时喝酒，没有人喝进口矿泉水，没有比美国人花钱看英式足球比赛更令人吃惊的了。这种思想的产生是因为一则报道：美国高速公路及运输协会官员已经采纳了一项开发全国第一条州际综合自行车路线系统的议案。

下列哪一个推论被上文所支持？

A. 长距离的自行车路线在欧洲被使用

B. 喝进口的矿泉水比喝进口酒更奢侈

C. 美国文化已经受益于对国外思想的开放

D. 大多数欧洲人通常使用自行车

E. 美国对欧洲文化的影响在过去 25 年中已经占据了史无前例的比例

2. 经过破译敌人密码，已经知道了"香蕉苹果大鸭梨"的意思是"星期三秘密进攻"，"苹果甘蔗水蜜桃"的意思是"执行秘密计划"，"广柑香蕉西红柿"的意思是"星期三的胜利属于我们"。那么，"大鸭梨"的意思是：

A. 秘密　　B. 星期三　　C. 进攻　　D. 执行　　E. 计划

3. 请将下列 4 段文字中的 2 段结合成文，以说明这样一个事实：参加考试的女学生们全都及格了。

a. 有一些女学生和男学生一样顺利地通过了考试；

b. 参加考试的女学生多于男学生；

c. 半数以上的学生都及格了；

d. 考试不及格的是男生还是女生呢？是占少数的一种（性别的）学生。

A. b d B. c d C. a d D. b c E. b a

4. 要想精神健康，人们必须自尊。人们要保持自尊仅仅通过不断赢得他们尊重的其他人的尊重，他们要赢得这种尊重只有通过合乎道德地对待这些人。下列哪一个结论可以从上文得到？

A. 精神健康的人将被别人合乎道德地对待

B. 精神健康的人将合乎道德地对待他们尊重的人

C. 精神健康的人为了被别人合乎道德地对待必须有自尊

D. 人们能够期望被别人合乎道德地对待只有看他们是否尊重别人

E. 自尊的人很少合乎道德地对待那些他们尊重的人

二、数字能力测试题

1. 一本书的价格降低了50%。现在，如果按原价出售，提高了多少？

A. 25% B. 50% C. 75% D. 100% E. 200%

2. 火车守车（车尾）长6.4米，机车的长度等于守车的长加上半节车厢的长，车厢长度等于守车长加上机车长。火车的机车、车厢、守车共长多少米？

A. 25.6 B. 36 C. 51.2 D. 64.4 E. 76.2

3. 小张、小李、小王、小刘共买了144个苹果。小张买的苹果比小李多10个，比小王多26个，比小刘多32个。小张买了多少个苹果？

A. 73 B. 63 C. 53 D. 43 E. 27

4. 小明有12枚硬币，分别为1分、2分和5分，共3角6分。其中有5枚硬币是一样的，那么这5枚一定是：

A. 1分的 B. 2分的 C. 5分的

三、图形知觉能力测试

1. 数数右图中有多少个三角形。

A. 5 B. 7 C. 9

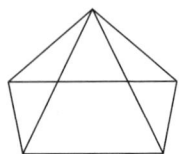

D. 11　　E. 13

2. 找出与众不同的一个。

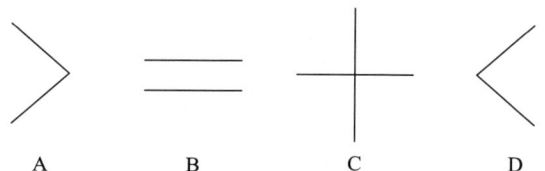

3. 找出与众不同的一个。

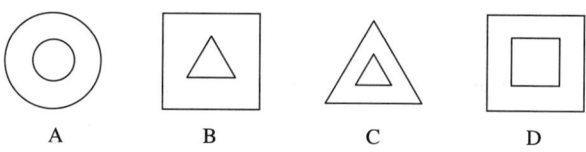

四、推理能力测试

1. 下面的变速箱包括 4 个能互相啮合的齿轮和两条传送带。若有 48 个齿的大齿轮顺时针旋转 10 圈的话，这一装置底端轮子上的指针将按照什么方向旋转？旋转的角度是多少？

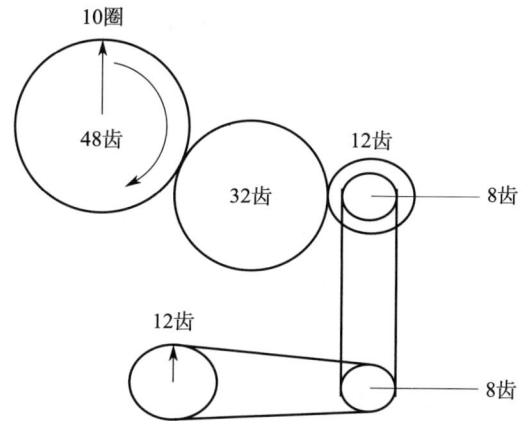

2. 你在甲地招聘员工，那里的人不是绝对的说谎者，就是绝对的诚实者。有一位测评对象走进来，他看上去是一位诚实者。他说，下一位女测评对象告诉他，她是一位说谎者。他说的是实话吗？

3. 如果所有的甲都是乙，没有一个乙是丙，那么，一定没有一个丙是甲。这句话是：

A. 对的　　B. 错的　　C. 既不对也不错

4. 小明比小强大，小红比小明小。下列陈述中哪一句最正确？

A. 小红比小强大　　　　B. 小红比小强小

C. 小红与小强一样大　　D. 无法确定

参考答案

一、1. A　2. C　3. A　4. B

二、1. D　2. C　3. C　4. C

三、1. D　2. B　3. B

四、1. 上述装置底端的轮子上的指针按照顺时针方向旋转，角度为26圈+240度。

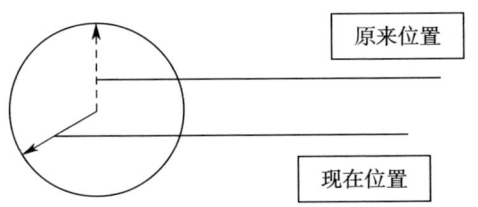

2. 他在说谎，因为没有一个说谎者会说自己是说谎者。

3. B　　4. D

四、能力倾向测试

能力倾向是指个人具有的潜在能力，即其能力发展的可能性。在人员素质测评中，能力倾向测试应用最为广泛，主要包括一般能力倾向测试和特殊能力倾向测试。

（一）一般能力倾向测试

一般能力倾向测试是由美国劳工部就业保险局设计的综合性职业倾向测试。

本套测试由15个分测试构成，其中11种是笔试，4种是操作测试。能力倾向测试可以通过不同测试项目的组合，测试出个人的9种能力倾向，即智能、言语能力、数理能力、书写知觉能力、空间判断能力、形状知觉能力、运动协调能力、手指灵活度、手腕灵活度。

（二）特殊能力倾向测试

特殊能力倾向测试主要包括文书能力测试、机械能力测试、创造力倾向测试等。

1. 文书能力测试

文书能力测试主要强调知觉反应的速度和动作的敏捷性，但实际工作除了需要这两种能力以外，言语表达能力和数字能力也很重要。其著名的测评工具主要包括明尼苏达文书测试、一般文书能力测试、计算机操作能力测试三种。

2. 机械能力测试

机械能力测试起源于工业或军事测试中的特殊能力倾向测试。研究发现，在机械能力方面一般存在着性别差异，男性通常在空间和机械理解方面占优势，而女性则在手部灵巧度与知觉辨别方面占优势，并且这种差异与年龄成正比，与文化程度也有一定的关联。

明尼苏达大学的帕特森及其同事对机械能力作了严格的分析，编制出明尼苏达机械拼合测试、空间关系测试、书面形式拼板测试三个测试工具。研究表明，在测量三维空间的立体视觉和操作能力方面，这个测试是有效又有用的工具之一，信度指数为 $0.80 \sim 0.89$。

3. 创造力倾向测试

创造力是指个人在解决问题的过程中，发散性思维的流畅程度、变通程度和独创程度，是个人具备的推陈出新的能力，是个人的一种思维方式和能力类型。创造力强的人一般具有独立性强、不肯雷同、知识面广、逻辑性强、想象力丰富等特征，面对疑难时，他们能轻松应对，并能专心致志地去完成自己要做的工作。

用来测试创造力的工具很多，包括吉尔福特创造力测试、威廉斯创造力倾向测评量表等。

（三）能力倾向测试题

下面主要列出尽职尽责能力、计划能力、控制能力、口头表达能力、文字表达能力、主动能力、适应能力、创造能力这 8 种倾向的测评问卷示例，供读者参考。

尽职尽责能力倾向测评问卷

一、指导语

请仔细思考下列问题，回答"是"或者"否"。

二、完整测试问卷

1. 在学业或生活上，为了达到目的，您习惯于面对困难并解决困难吗？
2. 您能否尽可能避免个人的偏见和冲突以免影响学习？
3. 如果做错事情，您会承认错误并从中吸取教训吗？
4. 您能面对问题并且努力去解决它，而不让它继续困扰着您吗？
5. 有私人问题时，您仍然能够集中精力学习吗？
6. 有紧急事件发生时，您能不惊不慌、平心静气地解决问题吗？

三、评分与解释

每题答"是"得 1 分，答"否"得 0 分。

1. 分别统计尽职尽责能力倾向的能力分数，将它归入"强""中""弱"三类。满分为 6 分，得 1 分为弱，3～4 分为中等，5～6 分为强。
2. 记下重要性分数，即判断尽职尽责能力倾向的重要性，认为最重要的计 3 分、重要的计 2 分、不重要的计 1 分。
3. 将尽职尽责能力倾向的能力分数和重要性分数相加，就得到需要发展分数。
4. 请检查自己在尽职尽责能力倾向上的需要发展分数，不同的需要发展分数代表该项能力倾向的优劣：2 分表示尽职尽责能力倾向发展很好；3 分表示尽职尽责能力倾向发展较好；4 分表示尽职尽责能力倾向发展一般；5 分表示尽职尽责能力倾向发展较差；6 分表示尽职尽责能力倾向发展很差。

评分表

能力倾向	能力分数			重要性分数			需要发展分数
	1	2	3	1	2	3	
	强	中	弱	不重要	重要	最重要	
尽职尽责能力倾向					·		

计划能力倾向测评问卷

一、指导语

请仔细思考下列问题，回答"是"或者"否"。

二、完整测试问卷

1. 在学习和生活上，您会进行长远规划的设计吗？
2. 对于学习，您是否至少在一个星期以前就筹划完善，知道什么时候该做什么吗？
3. 您熟悉计划的技巧吗？
4. 当您被指定学习某一专业课程时，在开始学习前您能详细规划自己的学习方法吗？
5. 您常常在规定时间内完成学习任务吗？

三、评分与解释

每题答"是"得1分，答"否"得0分。

1. 分别统计计划能力倾向的能力分数，将它归入"强""中""弱"三类。满分为5分，得1~2分为弱，3~4分为中等，5分为强。
2. 记下重要性分数，即判断计划能力倾向的重要性，认为最重要的计3分、重要的计2分、不重要的计1分。

接下来的工作及评分表同"尽职尽责能力倾向测评问卷"。

控制能力倾向测评问卷

一、指导语

请仔细思考下列问题，回答"是"或者"否"。

二、完整测试问卷

1. 您现在的学习是否符合您所列的日程表和计划？
2. 您知道如何更好地执行学习计划吗？
3. 您是否定期检查学习成效？
4. 您有提醒自己在一定时间内要完成学习的计划吗？

三、评分与解释

每题答"是"得1分，答"否"得0分。

1. 分别统计控制能力倾向的能力分数，将它归入"强""中""弱"三类。满分为4分，得1分为弱，2~3分为中等，4分为强。

2. 记下重要性分数，即判断控制能力倾向的重要性，认为最重要的计3分、重要的计2分、不重要的计1分。

接下来的工作及评分表同"尽职尽责能力倾向测评问卷"。

口头表达能力倾向测评问卷

一、指导语

请仔细思考下列问题，回答"是"或者"否"。

二、完整测试问卷

1. 您花费很多时间用于说话和聆听吗？
2. 当您陈述问题时，别人能正确地理解您的意思吗？
3. 当您表述很重要的事情时，您能够清楚明确地表达您的意思吗？
4. 您能够让同学听懂如何完成交付给他的学习任务吗？
5. 从已得到的"反馈"中，您已经知道倾听者确实知道您所说的内容吗？
6. 当您倾听别人说话时，您能够集中精力吗？

三、评分与解释

每题答"是"得1分，答"否"得0分。

1. 分别统计口头表达能力倾向的能力分数，将它归入"强""中""弱"三类。满分为6分，得1分为弱，3~4分为中等，5~6分为强。

2. 记下重要性分数，即判断口头表达能力倾向的重要性，认为最重要的计 3 分、重要的计 2 分、不重要的计 1 分。

接下来的工作及评分表同"尽职尽责能力倾向测评问卷"。

文字表达能力倾向测评问卷

一、指导语

请仔细思考下列问题，回答"是"或者"否"。

二、完整测试问卷

1. 您现在的学习或者工作需要写备忘录吗？
2. 对于比较复杂的问题，您曾经写过超过 10 页的作文吗？
3. 在学习以外，您经常写作吗？
4. 当您写作时，您对文章的语法、逻辑性、清晰程度、说服力、可读性有信心吗？
5. 如果您是一位技术专家，您现在能写一篇让外行人也读得懂的报告吗？

三、评分与解释

每题答"是"得 1 分，答"否"得 0 分。

1. 分别统计文字表达能力倾向的能力分数，将它归入"强""中""弱"三类。满分为 5 分，得 1～2 分为弱，3～4 分为中等，5 分为强。
2. 记下重要性分数，即判断文字表达能力倾向的重要性，认为最重要的计 3 分、重要的计 2 分、不重要的计 1 分。

接下来的工作及评分表同"尽职尽责能力倾向测评问卷"。

主动能力倾向测评问卷

一、指导语

请仔细思考下列问题，回答"是"或者"否"。

二、完整测试问卷

1. 在目前的学习中，学习的方法大部分是您自己选择的吗？
2. 您是否随时主动学习，是不是被要求或者被指挥才会主动学习？

3. 学习遇到困难时，在求助老师和同学之前，您是否尝试自己解决？

4. 您是否热心参加集体活动？

5. 您是"今日事今日毕"的人吗？

三、评分与解释

每题答"是"得 1 分，答"否"得 0 分。

1. 分别统计主动能力倾向的能力分数，将它归入"强""中""弱"三类。满分为 5 分，得 1~2 分为弱，3~4 分为中等，5 分为强。

2. 记下重要性分数，即判断主动能力倾向的重要性，认为最重要的计 3 分、重要的计 2 分、不重要的计 1 分。

接下来的工作及评分表同"尽职尽责能力倾向测评问卷"。

适应能力倾向测评问卷

一、指导语

请仔细思考下列问题，回答"是"或者"否"。

二、完整测试问卷

1. 当您遇到与您的意见或者计划相反的意见时，您愿意倾听别人的看法吗？

2. 您对可能影响您学习的新趋势保持警觉吗？

3. 您会承认错误而改变对其他观念、方法、人的看法吗？

4. 您会试着去了解"渐进求变"的优点而尽力去求其实现吗？

5. 您处理问题时，是否能够不受先入为主的观念的影响？

6. 受批评时，您认为那是学习和改进的机会吗？

三、评分与解释

每题答"是"得 1 分，答"否"得 0 分。

1. 分别统计适应能力倾向的能力分数，将它归入"强""中""弱"三类。满分为 6 分，得 1 分为弱，3~4 分为中等，5~6 分为强。

2. 记下重要性分数，即判断适应能力倾向的重要性，认为最重要的计 3 分、重要的计 2 分、不重要的计 1 分。

接下来的工作及评分表同"尽职尽责能力倾向测评问卷"。

创造能力倾向测评量表

一、指导语

这是一份帮助您了解自己创造能力的练习。在下列句子中，如果您发现某些句子所描述的情形很适合您，则请在题后表格里"完全符合"的选项内打"√"；如果某些句子只是在部分时候适合您，则在"部分符合"的选项内打"√"；如果某些句子对您来说根本是不可能的，则在"完全不符"的选项内打"√"。

每一题都要做，不要花太多时间去思考；所有题目都没有"正确答案"，凭您读完每一句的第一印象作答；虽然没有时间限制，但尽可能地争取以较快的速度完成，越快越好。

根据自己的真实感受作答，在最符合自己的选项内打"√"；每一题只能打一个"√"。

二、完整测试问卷

问题	完全符合	部分符合	完全不符
1. 在学校里，我喜欢试着对事情或问题做猜测，即使不一定猜对也无所谓			
2. 我喜欢仔细观察我没有见过的东西，以了解详细的情形			
3. 我喜欢变化多端和富有想象力的故事			
4. 画图时我喜欢临摹别人的作品			
5. 我喜欢利用旧报纸、旧日历及旧罐头盒等废物来做成各种各样好玩的东西			
6. 我喜欢幻想一些我想知道或想做的事情			
7. 如果事情不能一次完成，我会继续尝试，直到完成为止			
8. 做功课时我喜欢参考各种不同的资料，以便得到多方面的了解			
9. 我喜欢用相同的方法做事情，不喜欢去找其他新的方法			
10. 我喜欢探究事情的真相			
11. 我喜欢做许多新鲜的事情			
12. 我不喜欢交新朋友			
13. 我喜欢想一些不会在我身上发生的事情			

续表

问题	完全符合	部分符合	完全不符
14. 我喜欢想象有一天能够成为艺术家、音乐家或诗人			
15. 我会因为一些令人兴奋的念头而忘却其他的事情			
16. 我宁愿生活在太空站,也不愿生活在地球上			
17. 我认为所有问题都有固定答案			
18. 我喜欢与众不同的事情			
19. 我常常想要知道别人正在想什么			
20. 我喜欢故事或电视节目所描写的事情			
21. 我喜欢和朋友在一起分享我的想法			
22. 若一本故事书的最后一页被撕掉了,我就自己编一个故事,把结局补上去			
23. 我长大后,想做一些别人从来没想过的事情			
24. 尝试新的游戏和活动,是一件有趣的事情			
25. 我不喜欢受太多规则限制			
26. 我喜欢解决问题,即使没有正确答案也没关系			
27. 有许多事情我都很想亲自去尝试			
28. 我喜欢唱很少有人知道的新歌			
29. 我不喜欢在班上同学面前发表意见			
30. 当我读小说或看电视时,我喜欢把自己想成故事中的人物			
31. 我喜欢幻想 200 年前人类生活的情形			
32. 我常想自己编一首新歌			
33. 我喜欢翻箱倒柜,看看有些什么东西在里面			
34. 画图时,我很喜欢改变各种东西的颜色和形状			
35. 我不敢确定我对事情的看法都是对的			
36. 对于一件事情先猜猜看,然后看看是不是猜对了,这种方法很有趣			
37. 玩猜谜之类的游戏很有趣,因为我想知道结果如何			
38. 我对机器感兴趣,也很想知道机器里面的样子,以及它是怎样转动的			
39. 我喜欢可以拆开来玩的玩具			

续表

问题	完全符合	部分符合	完全不符
40. 我喜欢想一些新点子，即使用不着也无所谓			
41. 一篇好的文章应该包含许多不同的意见和观点			
42. 为将来可能发生的问题找答案，是一件令人兴奋的事情			
43. 我喜欢尝试新的事情，只是为了知道会有什么结果			
44. 玩游戏时，我通常是有兴趣参加，而不在乎输赢			
45. 我喜欢想一些别人常常谈论的事情			
46. 当我看到一张陌生人的照片时，我喜欢去猜测他是怎样的一个人			
47. 我喜欢翻阅书籍及杂志，但只想大致了解一下			
48. 我不喜欢探寻事情发生的各种原因			
49. 我喜欢问一些别人没有想到的问题			
50. 无论在家里还是在学校，我总是喜欢做许多有趣的事情			

三、评分方法

本量表共 50 题，包括冒险性、好奇性、想象力、挑战性四项。

冒险性包含 1、5、21、24、25、28、29、35、36、43、44 这 11 道题。其中 29、35 题为反向题目。得分顺序分别为，在正向题目中完全符合计 3 分，部分符合计 2 分，完全不符合计 1 分；在反向题目中，完全不符合计 1 分，部分符合计 2 分，完全符合计 3 分。

好奇性包含 2、8、11、12、19、27、33、34、37、38、39、47、48、49 这 14 道题。其中第 12 题为反向题。计分方法同冒险性部分。

想象力包含 6、13、14、16、20、22、23、30、31、32、40、45、46 这 13 道题。其中第 45 题为反向题。计分方法同冒险性部分。

挑战性包含 3、4、7、9、10、15、17、18、26、41、42、50 这 12 道题。其中 4、9、17 为反向题。计分方法同冒险性部分。

计算自己的最后得分，得分高则说明创造能力强，得分低则说明创造能力弱。

第四节 职业兴趣测验

一、兴趣与职业

兴趣是个人积极探究某种事物的认识倾向。个人对有兴趣的事物往往会特别注意，积极探究，并带有情绪色彩和向往的心情。兴趣是以一定素质为前提，在实践中逐步发展起来的，它在人们的职业活动中具有重要意义。

兴趣影响个人的职业定向和职业选择。求职时个人常常考虑自己对工作是否感兴趣。兴趣一般分为有趣、乐趣、志趣三个发展阶段。即一开始有趣，逐渐产生乐趣，然后与奋斗目标结合，发展为志趣，表现出方向性和意志性的特点，个人坚定地追求某种职业并为之尽心竭力。

不同职业需要的兴趣特征也不同，比如，将擅长技能操作的人的兴趣转移到理论知识研究上，他会感到很茫然。如果个人选择了自己毫无兴趣的工作，工作很难激发他的求知欲和探索热情，无法充分调动整个身心的积极性，无法施展才华和发挥潜力，从事这份工作就不能取得成功。

如表 6-1 所示为典型的兴趣倾向、类型及其匹配职业。

表 6-1　　　　兴趣倾向、类型及其匹配职业

兴趣倾向	兴趣类型	匹配职业
从事领导工作和组织工作	喜欢掌管一些事情，受到众人尊敬和获得声望，他们在企事业单位中起着重要作用	行政人员、企业管理干部、学校领导、辅导员等
从事研究人的行为工作	对人的行为举止和心理状态感兴趣，喜欢讨论人的问题	心理学、政治学、思想政治教育研究、教育及行为管理工作等
从事科学技术工作	对分析、推理、测试等活动感兴趣，常参与理论分析，喜欢独立地解决问题和通过实验做出新发现	生物学、化学、工程学、物理学、地质学工作等

续表

兴趣倾向	兴趣类型	匹配职业
从事有规律的工作	喜欢常规的、有规则的活动，习惯于在预先安排好的程序下工作	邮件分类、图书管理、档案管理、办公室工作、统计工作等
从事抽象性和创造性的工作	对需要想象力和创造力的工作感兴趣，大多喜欢独立工作，对自己的学识和才能颇为自信，乐于解决抽象的问题，并且急于了解周围的世界	社会调查、经济分析、各类科学研究工作、新产品研发等
从事具体的工作	希望能很快看到自己的劳动成果，愿意从事制作能看得见、摸得着的产品的工作，并从完成的产品中得到满足	室内装饰、园林、美容、理发、手工制作、机械维修等
从事操作机器的技术工作	对运用一定技术、操作各种机械、制造新产品或完成其他任务感兴趣。喜欢使用工具，特别是大型的、马力强的先进机器，喜欢具体的东西	飞行员、驾驶员、机械制造、建筑、煤炭开采等

二、职业锚

（一）职业锚的概念

职业锚是由美国麻省理工学院斯隆商学院的施恩教授提出的，是指人们在选择和发展自己的职业道路时通常有一个核心范围，并乐于在该范围内找到适合自己的工作。

职业锚是指当个人不得不作出工作选择的时候，他无论如何都不会放弃的自己职业中的那些至关重要的东西或价值观。职业锚是个人内心深处对自己的看法，它是人类对自己的价值观、能力、动机等经过自省后形成的，对个人的职业生涯有指导、约束和稳定的作用。国内外大多数企业都运用职业锚作为员工职业发展、职业生涯规划的主要参考点。

职业锚适用于社会上的一般人员，但要求具有一定的工作经验。职业锚是在工作实践中习得的，是通过工作经验的积累产生并形成的，因此它不适合在校的中专生、高中生或大学生（有过丰富社会实践工作经验的人除外)。

职业锚作为一种先进的管理工具，目前已运用到企业人力资源管理日常工作中，员工的职业锚开发和管理是一个动态过程，需要员工个人和企业人力资源管理部门根据情况适时调整。职业锚适用于人力资源管理日常工作中的具体内容见表 6-2。

表 6-2　　职业锚适用于人力资源管理日常工作中的具体内容

项目	内容
编制岗位说明书	在企业中，员工尝试不同工作岗位的机会比较少，缺乏尝试的机会显然对员工寻找自己的职业锚非常不利。人力资源管理者应编制岗位说明书，使员工可以通过岗位说明书充分了解企业内部各岗位的详细情况，了解自己的发展机会，以便尽快找到自己的职业锚
建立多重职业生涯发展阶梯	在企业中建立多重职业生涯发展阶梯，尽量使每种职业锚的员工都能够找到自身职业生涯发展的方向，最终使员工能够找到在企业中的"系留点"
根据员工职业锚对其进行职业生涯管理	要发挥职业锚理论在人力资源管理中的效用，就要了解员工不同的职业锚类型，有效识别个人职业抱负和职业成功标准。一个企业的发展需要不同类型的职业锚支持。人力资源管理部门要注意结合组织目标，引导员工形成不同的能满足组织发展需要的各种职业锚，形成一个合理的职业锚体系
搭建科学合理的绩效考核体系	人力资源管理者应注意从职业锚角度考虑，考核应适当加强对能力的评价，尤其是对其能力提高程度和提高方向的评价。在实际的考核过程中，员工会不断地发现自己的优势与不足，对自己的能力及各方面的认识也会逐步提高和清晰起来，对自己正确地找到自己的职业锚并提高自身能力有很大的帮助
建立合理有效的人才内部流动制度并适时进行动态调整	企业应有合理的内部人才流动机制，也就是员工可以在多重职业生涯发展阶梯里横向、纵向地选择适合自己的发展阶梯，使员工能及时合理的流动，在企业内部找到一个实现自我价值的职业锚，从而避免了人才的流失

(二) 职业锚的特点

(1) 职业锚在某种程度上由人们的实际工作所决定，而不只是取决于潜在的才干和动机。人们工作经验的产生，演变和发展了职业锚。

（2）职业锚是人们在工作实践中，依据自省和已被证明的才干、动机、需要和价值观，现实地选择和准确地进行的职业定位，不是人们通过各种测试得到的能力、才干、动机和价值观。

（3）职业锚是人们自我发展过程中的动机、需要、价值观、能力相互作用和逐步整合的结果。

（4）职业锚是个人稳定的职业贡献区和成长区。但这并不意味着个人将停止变化和发展。

（5）职业锚本身也可能变化，人们在职业生涯的中、后期可能会根据变化的情况，重新选定自己的职业锚。

（三）职业锚的作用

对于个人而言，在进行职业生涯规划和定位时，可以运用职业锚理论思考自己具备的能力，确定自己的发展方向，审视自己的价值观是否与当前的工作相匹配。只有个人的定位和要从事的职业相匹配，才能在工作中发挥自己的长处，实现自己的价值。

职业锚在个人与组织的事业发展过程中发挥着以下重要作用。

1. 个人选择职业发展道路

（1）职业锚能够清楚反映个人的价值观和才干，也能够反映个人进入成年期的潜在需求和动机。

（2）个人抛锚于某一职业中工作的过程，实际上就是个人自我真正认知的过程，认清自己具有怎样的能力和才干，需要什么。

（3）通过对职业锚的认识，找到自己长期稳定的职业贡献区，从而确定自己未来的主要生活与职业选择。

2. 确定职业目标，发展个人职业角色形象

（1）职业锚清楚地反映出个人的职业追求与抱负。如技术或功能型职业锚的员工，其职业志向与抱负在于专业技术方面的事业有成、有所贡献。

（2）根据职业锚可以判断个人达到职业成功的标准和职业成功要求的环境，从而确定职业目标及职业角色。

3. 有助于提高个人的工作技能及职业竞争力

（1）职业锚是个人经过长期寻找形成的职业工作定位，是个人的长期贡献区。职业锚形成后，个人变回相对稳定地从事某类职业，从而积累工作经验和知识。

（2）随着个人工作经验和知识的丰富和积累，个人知识面不断扩张，个人的职业技能将不断增强，个人职业竞争力也随之增加。

（四）职业锚的确定方法

职业锚的类型确定通常采用以下方法来实现。

1. 职业锚问卷法

通过职业锚问卷来确定职业生涯规划和自我了解，能够协助组织或个人进行更理想的职业规划和职业生涯发展规划。

2. 职业锚访谈法

通过访谈的方式来帮助员工识别出指导和制约自身职业选择的因素，从而明确自身的职业定位。

（五）职业锚的类型

施恩教授根据实际研究的情况，将职业锚由最初的五种类型发展到目前的八种类型。

1. 技术或功能型

该类人员往往不愿意选择带有一般管理性的职业，他们希望从事那些能够展示自己技能并保证自己技能可以不断增长的工作。

2. 管理型

该类人员表现出管理人员的强烈愿望，职业经历也往往使得他们相信自己具备被提升到那些一般管理性职位上去所必需的能力及价值取向，他们将承担较高责任的管理职位视为最终目标。有资格获得管理职位的人应具备三方面的能力，即分析能力、人际沟通能力、情感能力。

3. 自主独立型

该类人员希望随心所欲地安排自己的工作方式、工作习惯和生活方式，追求能施展个人才能的工作环境，最大限度地摆脱组织的限制和制约。他们宁愿放弃提升或工作发展的机会，也不愿放弃自由与独立。

4. 安全稳定型

该类人员追求工作中的安全感与稳定感，他们会因为预测到安全和稳定而感到高兴放松。他们比较注重财务安全，稳定感包括诚实、忠诚，以及完成上级交代的任务，即使在较高的职位上也不会关心职位的名称或工作内容。

5. 创造型

该类人员有建立或创造某种完全属于自己的东西（如署有自己名字的产品、公司、技术等）的需求，反映了自己的成就性财富。

6. 挑战型

该类人员喜欢解决看上去无法解决的问题，战胜强硬的对手，克服困难障碍等。对他们而言，参加工作的原因是工作允许他们去战胜各种不可能。他们需要新奇、变化和困难，如果事情非常容易，他们马上变得非常厌烦。

7. 生活型

该类人员喜欢将生活的各个方面整合为一个整体，喜欢平衡个人、家庭和职业的需要。因此生活型的人甚至可以牺牲自己的职业的一些方面，如放弃职位的提升来换取三者的平衡，他们将生活成功定义得比职业成功更广阔。相对于具体的工作环境和工作内容，生活型人员更关注自己如何生活、在哪里居住、如何处理家庭事业以及怎样自我提升等。

8. 服务型

该类人员一直追求他们认可的核心价值，如帮助他人、改善他人安全、通过新产品消除疾病等。他们一直追求这种机会，这意味着即使变换公司，他们也不会接受不允许他们实现这种价值的变动或工作提升。

三、职业兴趣测验的方法

了解职业兴趣测验的方法有很多,总体说来主要有兴趣表达法、行为观察法、能力测验法和兴趣问卷法四种。

(一)兴趣表达法

这种方法直接要求测评对象回答自己的职业兴趣是什么。但由于有些人的自我认知不清晰,有些人不清楚自己的兴趣是什么,所以这种直接表达兴趣的方法有时不是很准确。

(二)行为观察法

这种方法通过观察测评对象参与活动的种类、数量、倾向和在各种情境中的行为来了解其职业兴趣。这种方法与事实记录法类似,一般情况下费时费力,不适宜用于大规模的人员素质测评。

(三)能力测验法

这种方法通过测验测评对象掌握某种职业的词汇及相关知识的多少来推断其对某职业的兴趣高低。这种方法对于职业词汇及相关知识的设计要求较高,从而可以有效地测验测评对象的兴趣倾向。此方法比较适用于选拔性人员素质测评。

(四)兴趣问卷法

这种方法通过纸笔测验的形式来测验测评对象的职业兴趣倾向。这种方法节约成本和时间,适用于对群体施测,并且其信度和效度比较容易保证,在选拔性人员素质测评和配置性人员素质测评中运用广泛,如霍兰德职业兴趣测验量表,斯特朗—坎贝尔兴趣问卷等。

四、职业适应性测验

在职业适应性测验时,需要首先了解个人的需求和动机。

不同学者对需求理论有不同的研究，其中较著名的是马斯洛的需求层次理论。美国心理学家马斯洛认为人的需求像阶梯一样，从低到高，按层次逐级递升，分别为生理需求、安全需求、情感和归属需求、尊重需求、自我实现需求。对个人的需求测验可以按照马斯洛的需求层次理论来进行。

动机测验是指运用具有针对性的测验方法来测验测评对象从事某一职业或做某件事情时的动机及其动机的强弱程度。其中麦克利兰认为个体在工作情境中主要有三种重要的动机或需要：成就需要，即争取成功并希望做到最好的需要；权力需要，即影响或控制他人并且不受他人控制的需要；亲和需要，即希望建立友好亲密的人际关系的需要。

下面阐述三种有代表性的职业适应性兴趣测验。

（一）斯特朗—坎贝尔兴趣测验

该测验调查最新版本中的项目包括325个，有264个量表，其中包括6个一般职业主题量表、23个基本职业兴趣量表、207个具体职业兴趣量表、2个特殊量表和26个管理指标量表。该测验适用于初高中学历以上的测评对象。

（二）库德职业兴趣测验

库德职业兴趣测验由一系列题目构成，每三个题目为一组，它要求测评对象根据自己的实际情况必须在每一组中选出一个自己最喜欢的和一个自己最不喜欢的选项内容，要求必须对每组测试都进行选择，该量表采用的是"强迫选择"技术量表。

（三）霍兰德职业兴趣测验

霍兰德职业兴趣测验的假设是人可以分为六大类，即现实型、研究型、社会型、传统型、企业型、艺术型，同时职业环境也可分成相应的六大类，他认为人格与职业环境的匹配度是形成职业满意度和成就感的基础。

以下提供的是简化版霍兰德职业兴趣测验示例。简化版测试题并不影响职业兴趣倾向结果的准确性，只是无法得到自己的职业能力评测报

告。请结合自己的情况,根据第一印象回答每一题"同意"或"不同意"。本次测试共60题:

1. 我讨厌跟各类机械打交道。

   A. 同意　　　　　　　B. 不同意

2. 我喜欢成为人群中的焦点。

   A. 同意　　　　　　　B. 不同意

3. 听别人谈"家中被盗"一类的事情,很难引起我的同情。

   A. 同意　　　　　　　B. 不同意

4. 和别人谈判时,我总是很容易放弃自己的观点。

   A. 同意　　　　　　　B. 不同意

5. 我喜欢亲自动手制作一些东西,并能从中得到乐趣。

   A. 同意　　　　　　　B. 不同意

6. 我很难做好那种需要持续集中注意力的工作。

   A. 同意　　　　　　　B. 不同意

7. 我总是主动地向别人提出自己的建议。

   A. 同意　　　　　　　B. 不同意

8. 我希望能经常换不同的工作来做。

   A. 同意　　　　　　　B. 不同意

9. 我喜欢参加各种各样的聚会。

   A. 同意　　　　　　　B. 不同意

10. 遇到难以解答的问题时,我常常放弃。

    A. 同意　　　　　　　B. 不同意

11. 对于急躁、爱发脾气的人,我仍能以礼相待。

    A. 同意　　　　　　　B. 不同意

12. 我总留有充裕的时间去赴约会。

    A. 同意　　　　　　　B. 不同意

13. 我办事很少思前想后。

    A. 同意　　　　　　　B. 不同意

14. 我讨厌修理自行车、电器一类的工作。

A. 同意　　　　　　　　B. 不同意

15. 如果掌握一门手艺并能以此为生，我会感到非常满意。

A. 同意　　　　　　　　B. 不同意

16. 我是一个沉静而不易动感情的人。

A. 同意　　　　　　　　B. 不同意

17. 在工作中我喜欢独自筹划，不愿受到别人的干涉。

A. 同意　　　　　　　　B. 不同意

18. 和一群人在一起的时候，我总想不出恰当的话来说。

A. 同意　　　　　　　　B. 不同意

19. 我讨厌学数学。

A. 同意　　　　　　　　B. 不同意

20. 当我开始做一件事情后，即使遇到再多的困难，我也要执着地干下去。

A. 同意　　　　　　　　B. 不同意

21. 我喜欢把一件事情做完后再做另一件事情。

A. 同意　　　　　　　　B. 不同意

22. 有些人太霸道，以致有时我明明知道他们是对的，也要和他们对着干。

A. 同意　　　　　　　　B. 不同意

23. 我小时候经常把玩具拆开，把里面看个究竟。

A. 同意　　　　　　　　B. 不同意

24. 我喜欢在做事情前，对此事情作出细致的安排。

A. 同意　　　　　　　　B. 不同意

25. 和不熟悉的人交谈对我来说毫不困难。

A. 同意　　　　　　　　B. 不同意

26. 我经常不停地思考某一问题，直到想出正确的答案。

A. 同意　　　　　　　　B. 不同意

27. 在实验室里独自做实验会令我寂寞难耐。

A. 同意　　　　　　　　B. 不同意

28. 我曾渴望当一名汽车司机。

A. 同意　　　　　　　B. 不同意

29. 我喜欢经常请示上级。

A. 同意　　　　　　　B. 不同意

30. 我的动手能力很差。

A. 同意　　　　　　　B. 不同意

31. 我喜欢需要运用智力的游戏。

A. 同意　　　　　　　B. 不同意

32. 我爱幻想。

A. 同意　　　　　　　B. 不同意

33. 我喜欢把一切安排得整整齐齐、井井有条。

A. 同意　　　　　　　B. 不同意

34. 我喜欢做戏剧、音乐、歌舞、新闻采访等方面的工作。

A. 同意　　　　　　　B. 不同意

35. 当接受新任务后，我喜欢以自己的独特方法去完成它。

A. 同意　　　　　　　B. 不同意

36. 我喜欢当一名教师。

A. 同意　　　　　　　B. 不同意

37. 我更喜欢自己下了赌注的比赛或游戏。

A. 同意　　　　　　　B. 不同意

38. 我有文学艺术方面的天赋。

A. 同意　　　　　　　B. 不同意

39. 在集体讨论中，我往往保持沉默。

A. 同意　　　　　　　B. 不同意

40. 每次写信我都一挥而就，不再重复。

A. 同意　　　　　　　B. 不同意

41. 与言情小说相比，我更喜欢推理小说。

A. 同意　　　　　　　B. 不同意

42. 我喜欢使用榔头一类的工具。

A. 同意　　　　　　　　B. 不同意

43. 当我工作时，我喜欢避免干扰。

A. 同意　　　　　　　　B. 不同意

44. 当我一个人独处时，会感到更愉快。

A. 同意　　　　　　　　B. 不同意

45. 我喜欢不时地夸耀一下自己取得的成就。

A. 同意　　　　　　　　B. 不同意

46. 如果待遇相同，我宁愿当商品推销员，而不愿当图书管理员。

A. 同意　　　　　　　　B. 不同意

47. 我乐于解除别人的痛苦。

A. 同意　　　　　　　　B. 不同意

48. 音乐能使我陶醉。

A. 同意　　　　　　　　B. 不同意

49. 对别人借我的和我借别人的东西，我都能记得很清楚。

A. 同意　　　　　　　　B. 不同意

50. 我喜欢按部就班地完成要做的工作。

A. 同意　　　　　　　　B. 不同意

51. 我愿意从事虽然工资少但是比较稳定的职业。

A. 同意　　　　　　　　B. 不同意

52. 我曾经渴望有机会参加探险。

A. 同意　　　　　　　　B. 不同意

53. 对于社会问题，我通常持中立的态度。

A. 同意　　　　　　　　B. 不同意

54. 我喜欢抽象思维的工作，不喜欢动手的工作。

A. 同意　　　　　　　　B. 不同意

55. 我喜欢在人事部门工作。

A. 同意　　　　　　　　B. 不同意

56. 我喜欢阅读自然科学方面的书籍和杂志。

A. 同意　　　　　　　　B. 不同意

57. 大家公认我是一名勤劳踏实、愿为大家服务的人。
A. 同意　　　　　　　　B. 不同意

58. 我的理想是当一名科学家。
A. 同意　　　　　　　　B. 不同意

59. 看情感影片时，我常常禁不住眼圈红润。
A. 同意　　　　　　　　B. 不同意

60. 我很容易结识同性朋友。
A. 同意　　　　　　　　B. 不同意

五、职业价值观测验

价值观是支配个体行为的总指挥，是个体行为和态度的基础。在同等条件下，不同价值观的人会表现出不同的行为和态度。通过职业价值观测验，可以了解自己的职业价值观倾向，这对个人选择、个人能力提升等有重要作用，可以使个人在处理问题上更加成熟、理智和客观。

价值观的类型有不同的划分。美国社会学家罗克奇提出目的性价值观和工具性价值观两类价值系统。德国教育学家斯普兰格认为，人的价值观有理论型、经济型、审美型、社会型、权力型和宗教型六种类型。此外还有格雷夫斯的七等级价值观、日本学者的九类职业价值观等。

（一）罗克奇两类价值系统

1. 目的性价值观

目的性价值观是指个人存在的最终目的，包括个人价值和社会价值，如个人存在的最终价值是为了得到真挚的友情，是为了创造和谐社会。目的性价值观是用来表示个人存在的理想化终极状态和结果。

2. 工具性价值观

工具性价值观是指达到目的性价值观的手段或行为模式，主要包括道德和能力两个方面。

（二）斯普兰格六类型价值观

1. 理论型

表现为能冷静客观地观察事物，具有实验性的、理性的和批判性的爱好，对于实用性和功利性缺乏兴趣，如大多数的理论家、哲学家等。

2. 经济型

表现为强调事物的实用性，凡事以有效和实惠为尺度进行评价，如大多数的实业家等。

3. 审美型

表现为以美为最高人生意义，喜欢从优雅、优美、对称和恰当的角度评价事物的价值，如艺术家等。

4. 社会型

表现为利他与仁慈，该类型的人在生活中表现出关爱、宽容、富有同情心、无私等品德，如教育工作者、慈善工作者等。

5. 权力型

表现为重视个人权力、影响力和声望，有支配和命令别人的欲望，但不愿被人所控制，如行政管理人员等。

6. 宗教型

该类型的人是理想信念主义者，如神学家等。

本章自测题

1. 如何理解心理测验？
2. 心理测验有哪些类别？
3. 人格测验有哪些特质维度？
4. 简述成就测验的功能。
5. 简述职业锚的特点。

第七章　评价中心

 学习目标

- 了解评价中心的未来趋势
- 了解评价中心的相关概述
- 掌握无领导小组讨论的题目编制步骤
- 熟悉无领导小组讨论的优缺点
- 掌握公文筐试题的编制步骤
- 熟悉公文筐的优缺点

 引导案例

国内某大型企业U公司，正在进行一年一度的总经理绩效考核和评估工作，以此来确定新一年度的人事岗位。作为公司排名前列的华中大区，总经理人选却迟迟未定，近两年已经换了好几人。今年初，和公司合作的猎头公司先后向U公司推荐了10人，但真正被董事会看好的也仅有一个人。该人选姓张，34岁，拥有国际MBA学历，有3年海外工作经验，也曾经在U公司最强劲的国内市场竞争对手公司当过两年的市场总监，8月份来到U公司，

之后被委以华南大区营销副总经理之职。

张副总上任3个多月，董事会明显感觉到了他的专业能力和高效执行力。比如，销售团队的组建与培训体系的建设初见成效，通过校招引进的大学生很快走上市场销售第一线，表现得令人满意，并且老员工的状态也明显回升，这一点充分印证了他作为营销管理高手的专业能力和管理能力。

作为U公司的董事长和掌门人，卢总裁显然不会忘记前几任华中大区总经理或离或辞的教训。因此，他不愿再看到所谓的众望所归，也不想再听到众口一词的夸赞，他更想听听基层员工的声音，听听第三方的声音，特别是专业人才"质检"机构的声音。

于是，一方面，他让公司人力资源部按既定的程序对华中大区中高层管理干部进行考核，另一方面，他想起了四年来一直保持紧密合作关系的第三方测评机构，希望借助专业的人才测评技术，给U公司一个理由和依据来判断是否为张副总晋级，避免重陷以往先凭印象选拔高管、再用实践检验真伪的用才误区。

第三方测评机构认为，首先要站在U公司的企业竞争战略层面上，去清楚地把握和界定华中大区总经理应担负起的岗位职责、领导方向和战略目标，需要结合U公司的企业文化，挖掘华中大区总经理候选人在价值取向、职业动机等"冰山以下"的深层次、潜在的因素。

基于这样的评价思维，第三方测评机构顾问组与U公司高管及人力资源部进行了充分的沟通和交流，明确并共同修订了U公司企业竞争战略目标导向下华中大区总经理的岗位职责。在此基础上，第三方测评机构结合U公司的企业竞争战略需要，从以下七项关键指标上构建华中大区总经理的胜任力素质模型，分别是战略思维、决策能力、影响力、组织协调能力、统筹规划能力、沟通能力和成就导向。

因为建立起了这套评价"标尺",第三方测评机构的评价方式就显然是有理有据,顺理成章了。接着,第三方测评机构应用了半结构化面试、BEI访谈、案例分析、公文筐测试、心理测评等测评方法实施测评。

通过测评结果,结合第三方测评机构所进行的半结构化面试、BEI访谈、案例分析、公文筐测试等测试方法的相互印证,第三方测评机构基本上对张副总这个候选人有了如下的评判:虽然候选人的组织协调能力和成就导向表现相对突出,并具有较强的责任心,但其担任总经理一职所需要的战略思维、决策能力、影响力、统筹规划能力、沟通能力均明显偏弱,基本上仅能够胜任目前的营销副总经理岗位。鉴于U公司华中大区总经理身处竞争最激烈、市场地位最重要的战略要塞,U公司非常需要华中大区总经理具有很好的战略思维、影响力、超强的组织协调能力和统筹规划能力,而不是寻找一个执行者、实施者,更不需要一个思想上相对保守、能力上难孚众望的领导者。基于此,第三方测评机构认为,对应于总经理这一岗位,候选人目前的综合素质离胜任条件还有一定程度的差距。建议可以先作为重点培养对象,在实际工作中经历更多的挑战与实际考验后,再根据其实际工作表现,结合其与U公司的企业文化、核心价值观的适应性来作出进一步的适当的人事决策。

U公司董事会接到第三方测评机构的报告后,专门召开会议进行了讨论,董事会结合人力资源部对华中大区基层员工进行深入访谈所作的报告,印证了第三方测评机构顾问组评估报告的严谨性、科学性和客观性。

请仔细阅读材料,分析第三方测评机构在此发挥了哪些作用?

第一节　评价中心概述

一、评价中心的概念

评价中心是一种包含多种测评技术和方法的综合测评系统。它针对不同的岗位设计，采用不同的测评技术和方法，通过对岗位工作的分析，了解岗位的工作内容和职务素质，并创设一系列与工作岗位高度相关的模拟情景，然后将测评对象纳入模拟情景中，要求其完成主持会议、处理公文、商务谈判、处理突发事件等多种典型的管理工作。测评主体按照各种技术和方法的要求，观察和分析测评对象在模拟情景压力下的心理和行为表现，测量和评价测评对象的能力、性格等素质特征。

根据评价中心的概念，评价中心的内涵包括如下四点内容。

（一）多种测评技术和方法的综合运用

单独的心理测试、面试或工作情景模拟测试都不能称为评价中心，评价中心必须是多种测评技术和方法的综合运用。

（二）以目标岗位工作分析为出发点

评价中心设计具有很强的针对性，在设计评价技术时要以分析获得的目标岗位的工作内容和职务素质要求为出发点。

（三）情景模拟的设置与目标岗位工作具有高度的相关性

评价中心一般包括一组情景模拟测试，情景模拟的设置必须与目标岗位工作具有高度的相关性，才能体现出情景模拟测试的作用。

（四）由多名测评主体共同评价

每一位测评对象都要由数名测评主体经过多次讨论作出评价，以保证结果的公平性和公正性。

二、评价中心的特点

与传统的人员素质测评相比,评价中心具有综合性、动态性、全面性、针对性、预测性、可靠性、有效性的特点。

(一)综合性

评价中心是多种测评技术和方法的综合运用,并根据具体情况的不同,每次的测评组合应用多种不同的测评方法和手段。

(二)动态性

评价中心多采用动态的测评手段,测评对象在动态的模拟情景中执行任务,测评主体对其动态的实际行为进行评价。此种方法往往比自陈报告测试的结果更加准确。

(三)全面性

评价中心有多个测评主体对测评对象进行评价,除了对测评对象实际工作能力进行评价外,还可以考查其性格、品质和能力等素质特征,能从多个角度对测评对象进行考查,考核结果较公正。

(四)针对性

评价中心评价指标体系的设计是从岗位的工作分析出发,根据不同层次、不同类别人员的岗位要求和必备素质,有针对性地设计不同的模拟情景。

(五)预测性

由于评价中心采取的是与实际情况非常相似的模拟,在测试过程中不容易伪装,测评对象的表现比较接近真实的情况,因此对测评对象在未来工作中的表现有较强的预测性。

（六）可靠性

由于评价中心往往采用多种测评技术和方法对测评对象进行多次评价，并由多个测评主体进行评价，减少了测评对象发挥失误或测评主体评价偏差而导致评价结果失真的可能性。

（七）有效性

评价中心不仅在评价测评对象的过程中收集信息，而且测试后会请测评对象说出测试时的想法和处理问题的理由，通过定性和定量的分析，提高评价中心的有效性。

三、评价中心的形式

评价中心的主要形式包括无领导小组讨论、公文筐测验、管理游戏、角色扮演、演讲、案例分析、事实判断七种。

（一）无领导小组讨论

无领导小组讨论是指将数名测评对象集中起来组成小组，要求他们就某一问题开展不指定角色的自由讨论，测评主体通过对测评对象在讨论中的言语行为及非言语行为进行观察，对他们作出评价的一种测评形式。无领导小组讨论是评价中心应用较多的一种方法。

此方法在本章第二节中会重点介绍。

（二）公文筐测验

公文筐测验又称为公文处理练习，是一种情景模拟测评方法。公文筐测验要求测评对象在一定时间内处理与应聘或现任岗位相关的文件和信息，并作出处理决策。这些文件包括报告、信函、备忘录、请示等，信息内容涉及人事、财务、工作决策等。

此方法在本章第三节中会重点介绍。

(三)管理游戏

管理游戏是评价中心常用的方法之一。在管理游戏中小组成员置身一个模拟环境,面临一些管理中常常遇到的问题,必须合作才能较好地解决问题。有时会引入一些竞争因素,测评主体在测评过程中,观察测评对象的行为,评价其各方面的素质。

企业一般也借用管理游戏,提升管理人员的职业素养,不断开发相应的工作部门,通过管理游戏,可以开发管理人员的领导能力,锻炼团队意识,促进团队合作。

管理游戏作为社会性比较强的游戏,在经过严格的设计和组织之后,要求测评对象遵守游戏规则,通过团队协作的方式解决问题、完成任务。

1. 管理游戏的特点

管理游戏的特点见表7-1。

表7-1　　　　　　管理游戏的特点

管理游戏的优势		管理游戏的劣势
趣味性强	突破时间限制	成本较高
便于理解	与实际工作情况相似	评分难度大
培养性高	效度较高	游戏操作困难
考查面广	突破空间限制	游戏费时较长

2. 管理游戏的步骤

管理游戏主要分为以下三个步骤。

(1)实施前准备

1)人力资源部选取管理游戏面试小组成员,主要包括人力资源部经理、人员素质测评专家等。

2)测评可行性分析。对本次测评活动所采用的管理游戏进行讨论,提高游戏选择的合理性,并对游戏可行性进行分析,判断管理游戏是否便于操作。

3)确定测评主体的分组。按照测评需求、测评对象专业水平等,对测评主体进行合理的安排与搭配。

4）确定评分标准。管理游戏测评小组成员制定合适的评分标准，以便在测评活动结束时进行评分。

5）购买测评所需用品。根据管理游戏的实际需求编制购买清单，主要包括购买奖品和游戏道具等。

6）前期宣传工作。人力资源部负责海报、横幅等宣传道具的制作，提高宣传力度。

7）对测评小组成员进行培训。人力资源部向测评小组成员讲解管理游戏测评的要求，对测评过程中可能产生的问题进行模拟。

8）布置测评场地。管理游戏场地布置主要包括游戏道具的布置、在场地内悬挂横幅等。

（2）管理游戏的实施过程

1）宣读游戏规则。将测评对象集中在测评场地内，对其宣读游戏规则和评分标准，并对游戏进行简要介绍，最后介绍测评对象的分组、测评主体及奖品设置。

2）进行管理游戏。

3）分小组总结。各个小组选出代表，对游戏的过程、结果等情况进行总结，并得出合理结论，评价团队成员表现。

（3）测评结果反馈、运用

在测评结束后的一定时间内，测评主体完成对测评对象的打分，测评主体撰写成绩评估报告。

（四）角色扮演

角色扮演是指企业通过精心设计管理场景，让测评对象扮演其中的角色来模拟完成工作情境中的一些活动，以实现评价其胜任能力的一种测评方法。

通过角色扮演可以对测评对象的行为特征进行评价，以测评其各方面的素质特征及各种潜在能力，所以说角色扮演具有测评功能。通过角色扮演可以发现测评对象行为上存在的问题，有助于测评对象了解自己，对存在的缺点及时作出有效修正。所以说角色扮演具有培训和完善个体素质的功能。

角色扮演主要适用于管理潜能的预测以及管理人员的选拔，主要考核测评对象的人际沟通能力、表达能力、应变能力、突发事件处理能力、团队合作能力、压力承受能力、自信心等。

1. 角色扮演考查重点

角色扮演是一种情景模拟活动，在角色扮演过程中，测评主体主要从以下几个方面对测评对象进行考查。

（1）角色适应性。测评对象是否能迅速地判断事件的形势并进入角色情境，按照角色规范的要求采取相应的对策。

（2）角色扮演中的表现。包括测评对象在角色扮演过程中所表现出来的行为风格、人际交往技巧、突发事件处理能力、思维敏捷性等。

（3）其他。包括测评对象在扮演指定角色处理问题的过程中所表现出来的决策、解决问题、指挥、协调、控制等管理能力。

2. 角色扮演的优缺点

角色扮演的优缺点见表7–2。

表7–2　　　　　　　　　　角色扮演的优缺点

优点	缺点
具有高度的灵活性，特定的模拟环境和主题有利于增强测评的效果	对设计人员的设计能力要求较高。设计人员设计能力低，易使设计出现简单化、表面化、虚假人工化现象
有利于增加角色之间的情感交流，培养其沟通、自我表达、相互认知等社会交往能力	在测评过程中，可能出现测评对象参与意识不强，没有完全进入角色的现象，从而影响测评结果的准确性
为测评对象提供了获取多种工作生活经验及锻炼的机会，提高其反应能力和心理素质	对某些测评对象来说，在接受角色测评时，表现出刻板的模仿行为和模式化行为，而不是反映他们自身的特征
通过模拟后的指导，可以使测评对象及时认识到自身存在的问题并进行改善	模拟环境并不能代表现实工作环境的多变性，而且扮演中的问题分析仅限于个人，不具有普遍性

3. 角色扮演的运用程序

角色扮演的运用分为准备阶段、实施阶段、结果评估及运用阶段三个阶段。其中，准备阶段是其他两个阶段的前提，实施阶段和结果评估及运用阶段是角色扮演的重点，并且角色扮演结果评估及运用阶段有利于改进角色扮演的运用效果，角色扮演的运用程序具体包括如下三个方面。

（1）准备阶段

首先是设定角色扮演的主题并提供素材，其次是选派经验丰富的主试人，然后选择合适的时间和地点（使测评对象能够正常充分地展现其素质水平），之后准备角色扮演的道具、辅助材料等，再确定评分标准，最后是编制预算。

（2）实施阶段

首先是向测评对象详解角色扮演的具体操作方法并为其分配角色，其次是利用相应道具和辅助材料进行角色扮演，然后是测评主体仔细观察、及时记录、归纳测评对象的行为，之后是根据评分标准对所归纳的测评对象的行为进行打分，最后综合讨论后的评分，根据综合评分得出测评对象最终得分。

（3）结果评估及运用阶段

首先是测评主体应从满足本单位人员需求的角度出发把握信息价值，评估角色扮演的实施结果，其次是根据实施结果对角色扮演的运用进行完善，最后是分析角色扮演中出现的问题，提出相应的整改措施。

（五）演讲

演讲是指企业在进行人员素质测评时，规定测评对象可根据测评主体的提问导向，结合自身的情况和观点，使用演讲的形式向测评主体表达自己的意愿和观点，以让测评主体认为其合乎测评要求标准为目的的一种现实信息交流活动。演讲是测评对象与测评主体面对面交流信息的一种手段，兼具答辩与一般演讲的特点。演讲既可以是即兴的，也可以是有所准备的。

测评对象的临时反应能力、语言表达能力、人际交往能力等可以被清晰地了解到,但是如果测评对象较多则费时较长,不宜采取这种形式。

1. 演讲的主要测评要素

演讲的主要测评要素包括以下四个方面。

(1)测评对象的素质。主要考查测评对象的思想素质、道德品质、知识水平以及心理素质。

(2)测评对象的能力。主要考查测评对象的思维能力、信息搜集能力以及语言表达能力。

(3)测评对象的形象。主要是对测评对象仪表和言谈举止进行测评。

(4)演讲的内容。主要考查测评对象对演讲的内容是否熟悉,对专业知识是否能活学活用,以及演讲的内容是否贴近现实生活而非照搬书本知识,是否具有说服力。

2. 演讲的特点

(1)演讲的优势。能够更方便直接地观察了解测评对象的口语表达、逻辑思维等各方面能力,信息量大、观察面广、灵活,并且可操作性强。

(2)演讲的劣势。过于强调口头功夫,对实际能力考查不够,在实际操作中如果能结合情景面试、笔试等方法进行综合测评则会取得更好的效果。

(六)案例分析

测评主体向测评对象提供一些在实际工作中常常发生的书面案例,要求他们解答案例中的问题并写出分析报告,或者要求测评对象在小组讨论中作口头发言。

案例分析的操作相当方便,可以和其他测评形式组合使用,对测评对象的一般能力和特殊能力进行测评。但是案例分析的缺点比较明显,是由测评主体主观打分的,人为因素居多,难以有完整统一的客观化标准。

(七)事实判断

事实判断是通过给测评对象提供某一问题的少量信息,要求测评对象对问题进行全面分析，测评对象可以通过问测评主体一些问题来获得更多信息。事实判断的目的是测评测评对象收集信息的能力，特别是从那些不愿意或不能提供所有信息的人那里了解事实、作出正确决定的能力。事实判断可应用于高层管理人员的测试。

四、评价中心实施步骤

评价中心实施步骤可分为选择评价中心要测评的素质、分析企业可用资源、设计或选择测评方法的组合、培训并协调测评项目相关人员、制定详细的测评日程表、制定详细的实施方案、监督并评估执行的过程七个阶段。

（一）选择评价中心要测评的素质

通过工作分析和胜任素质模型，确定评价中心所要测评的素质（包括既定岗位所需要的具体胜任素质，尤其是那些运用其他测评方法未能得到彻底测评的素质，以及那些非常重要的素质），这是实施评价中心的核心工作。

在运用评价中心时，所确定的测评素质不宜太多，以7~9项为宜。否则，会造成评价中心太复杂，实施起来费时费力。

（二）分析企业可用资源

确定需要测评的素质之后，评价中心的设计者需要了解并分析企业能够提供的各种资源，包括人、财、物等。这些资源对于评价中心的设计有着很大的制约作用，评价中心所需要的资源支持能否得到满足与保障，将直接影响到某些素质能否得到测评及测评结果的准确性，还会影响到评价中心的复杂程度和测评时间的长短。

（三）设计或选择测评方法的组合

评价中心本质上就是多种测评技术和方法的有机组合，设计评价中心的主要问题就是选择可行的技术和方法，对需要测评的素质进行有效测评。

这里所说的"可行的技术和方法"具体体现在三个方面：一是这些技术和方法适合用来测评相关素质；二是这些技术和方法能够购买到或设计出来；三是这些技术和方法能够被合理地使用。

（四）培训并协调测评项目相关人员

1. 与所有参与人员进行沟通

评价中心的参与人员包括测评对象、测评主体及一些其他参与人员。

对于测评对象，要事先向其提供一些关于评价中心技术的简介和测评指导语，包括有哪些类型的测评、所需时间、生活安排以及对他们的纪律要求等内容。

对于参与人员，需要与其就评价中心的每一个细节进行深入交流，以便使其能够理解此次测评的目的和意义，从而很好地配合主要测评主体实施测评。

2. 培训测评主体

对测评主体培训的基本目的在于，让测评主体掌握如何根据既定的标准和要求对测评对象的表现作出客观判断和评价。对测评主体培训的内容具体体现在以下四个方面。

（1）评价中心的各项政策和规定，包括测评对象的详细资料和信息的使用限制。

（2）测评方法和技术的使用，测评主体应熟练掌握在每项测评的过程中所要观察的维度和典型行为表现。

（3）所要测评的要素及具体的维度，以及测评要素与行为表现之间的关系。

（4）测评及评分的具体过程，以及处理、整合数据资料的各种方法与技巧。

（五）制定详细的测评日程表

评价中心的测评日程依具体需要来定。一般来说，基层管理岗位的测评可能需要1天时间。中高层管理岗位需要2~3天；若与培训相结合，可能需要 5~6 天。表 7-3 是某企业制定的评价中心实施日程表，供读者参考。

表 7-3　　　　　　　　某企业评价中心实施日程表

	日程安排	第一天	第二天	第三天
上午	7：30—8：15	早餐、休息	早餐、休息	早餐、休息
	8：15—8：45	开会、致辞	1. 将所有的测评对象分成若干小组，进行管理游戏 2. 测评主体观察测评对象的计划能力、解决问题能力、人际交往能力和沟通能力	角色扮演——观察测评对象换位思考能力、反应能力、领导技巧、使用信息的方式
	8：45—10：00	介绍日程安排		
	10：00—10：15	个人自我介绍		休息、分组
	10：15—11：15	关于评价中心的定向培训		就前一天晚上准备的材料进行讨论，各组达成一致意见
	11：15—11：30			各组派一个人汇报讨论结果
中午	11：30—13：15	午餐、休息		
下午	13：15—13：30	心理测试——测量认知能力	无领导小组讨论——测评主体观察测评对象的自信心、说服能力、决策灵活性	了解关于演讲的主题和要求
	13：30—14：30			演讲——测评主体在另一个房间对小组其他测评对象作出评价
	14：30—14：45			
	14：45—15：00	模拟面试——评价目标、动机和职业计划	公文处理测验——观察测评对象压力下的决策能力、记忆能力、组织能力和授权能力	回顾总结
	15：00—15：30			测评对象互相总结
	15：30—17：30			测评对象离开，测评主体对评分结果进行讨论
	17：30—18：00	休息，测评主体讨论	休息，测评主体讨论	

续表

日程安排		第一天	第二天	第三天
晚上	18：00—19：15	晚餐、休息		
	19：15以后	自由活动	测评对象在自己房间内阅读一份资料，为明天的讨论做准备，并写出书面建议	—

（六）制定详细的实施方案

在实施评价中心之前，需要指派一人专门负责所有的实施细节，并制定出详细而完备的实施方案，包括安排场地、准备资料和材料、拟订评价标准和决策规则等。

（七）监督并评估执行的过程

评价中心的正常运行，需要专人负责监督和评价，及时发现问题以便进行及时的调整。在监督的过程中，需要做详尽的记录。

第二节　无领导小组讨论

一、无领导小组讨论的概念

无领导小组讨论是一种集体面试的方法，采用情景模拟的方法对测评对象进行集体面试，是评价中心中经常使用的一种人员素质测评技术。无领导小组讨论将测评对象分成一个或几个小组，每组一般有4~6人，在所有测评对象地位平等的情况下，就某一颇有争议或棘手的问题展开自由讨论，让测评对象在规定时间内进行自由讨论。

在整个无领导小组讨论的过程中不指定谁是领导，测评对象讨论问题时的地位是平等的。当然也不指定测评对象的座位，而是让所有测评对象自行安排、自行组织发言次序并展开讨论。在测评对象进行辩论的过程中，测评主体并不参与，只是在讨论前向测评对象介绍一下讨论的问题及讨论规则。测评主体通过观察每位测评对象在讨论过程中的表现，对他们作出准确评价。

二、无领导小组讨论的特点

无领导小组讨论在实际工作中使用时，有其优点和缺点。

（一）无领导小组讨论的优点

1. 可以测试出笔试和单一面试不能测试的能力或素质。
2. 能观察到测评对象之间的相互作用。
3. 能依据测评对象的行为对其进行更加全面的评价。
4. 能使测评对象无意中暴露自己的特点。
5. 能给予测评对象平等的表现机会，有利于测评对象进行良好表现。
6. 能对竞争同一岗位的测评对象的表现同时进行横向比较，节约测试时间，测评效率高。
7. 应用范围广泛，可以应用于管理、技术和其他专业领域。

（二）无领导小组讨论的缺点

1. 对测试题目的要求较高。
2. 对主要测评主体的评分技术要求较高，主要测评主体需要接受专门培训。
3. 对测评对象的评价易受主要测评主体主观偏见的影响，从而导致对测评对象评价结果不一致。
4. 测评对象有表演或伪装的可能性。
5. 一个测评对象的表现取决于其他测评对象的相对表现。

三、无领导小组讨论的功能

无领导小组讨论的主要功能有区分功能、评定功能和预测功能三个方面。

（一）区分功能

在一定程度上，区分不同测评对象的能力素质差异。比如，无领导小组讨论可以不同程度地区分测评对象的表达能力、沟通能力、领导能力等。在讨论的过程中，能力突出的测评对象将会脱颖而出。

（二）评定功能

可以评价和鉴别测评对象某些方面的能力、素质和水平，并参照某一岗位的相关素质要求，按照标准评价测评对象的素质是否能胜任此项工作。

（三）预测功能

可以在一定程度上预测测评对象的能力倾向和发展潜力，预测测评对象在未来岗位中的表现和成功的可能性。

四、无领导小组讨论的分类

根据不同的划分标准，无领导小组可以分为不同类型。

（一）根据讨论背景的情境性划分

根据讨论背景的情境性划分，可以将无领导小组讨论分为无情境性无领导小组讨论和有情境性无领导小组讨论。

无情境性无领导小组讨论一般是让测评对象就一个开放的问题展开讨论，阐述自己的观点，并试图说服他人。有时也会要求测评对象在规定的时间内得出一个一致结论。

有情境性无领导小组讨论是将测评对象置于某假设情境中让其进行

讨论，让他们从情境所要求的角色的角度去思考某个问题，寻找解决问题的思路和方法。

（二）根据是否给测评对象分配角色划分

根据是否给测评对象分配角色划分，可以将无领导小组讨论分为不定角色无领导小组讨论和定角色无领导小组讨论。

不定角色无领导小组讨论是指在讨论过程中，没有给测评对象分配一个固定的角色。在此种讨论中，测评对象仅仅阐述自己的观点或充当小组中的一个与其他人没有任何差别的成员。

定角色无领导小组讨论是指在讨论过程中，给每个测评对象分配一个固定角色，这个角色与他在日常生活中的角色不同。测评对象要履行这个给定角色的责任，完成所规定的任务。

（三）根据测评对象在讨论过程中的相互关系划分

根据测评对象在讨论过程中的相互关系划分，可以将无领导小组讨论分为竞争型无领导小组讨论、合作型无领导小组讨论、竞争—合作型无领导小组讨论。

竞争型无领导小组讨论是指在某些讨论情境中，每个小组成员代表其自身利益，小组成员之间的目标是相互冲突的，并且往往存在着某些机会或资源的争夺。

合作型无领导小组讨论是指小组成员之间需要相互配合来共同完成某一项任务，每一个小组成员的成绩都依赖于与其他成员合作完成这项任务，同时也取决于他们在合作完成这项任务的过程中所作出的贡献。

竞争—合作型无领导小组讨论是指在讨论的过程中，既包含了竞争的因素，又包含了合作的因素，测评对象在这种无领导小组讨论实施过程中，既要相互竞争又要相互合作才能达到讨论目标。

（四）根据无领导小组讨论的情境与拟任岗位的相关性划分

根据无领导小组讨论的情境与拟任岗位的相关性划分，可以将其分为与工作相关情境的无领导小组讨论和与工作无关情境的无领导小组讨论。

与工作相关情境的无领导小组讨论是指给测评对象设定一种与拟任工作或岗位相关的情况，让其置于此情境中进行讨论。

与工作无关情境无领导小组讨论是指给测评对象设定一种与工作无关的情境，这种情境往往是虚设的，任何人都很难在现实中接触到的情境。

（五）根据无领导小组讨论的结果要求划分

根据无领导小组讨论的结果要求划分，可以分为须得出一致结论的无领导小组讨论和无须得出一致结论的无领导小组讨论。

须得出一致结论无领导小组讨论是指小组成员在最后必须达成一致意见，并能给予充分的理由解释。讨论结束时，派一名代表汇报讨论结果，其他成员可以给予适当补充。在规定的时间内，如果还没有得出统一的意见，那么小组中每个成员的成绩都会相应地减去一定的分数。

无须得出一致结论的无领导小组讨论，是指小组成员不需要得出一致意见，每个测评对象仅代表自身的利益，对自己的观点给予充分的理由解释。

五、无领导小组讨论题目编制

无领导小组讨论的题目编制过程主要分为两部分，首先要了解题目编制的基本原则，然后进行题目编制的具体步骤。

（一）题目编制原则

1. 联系工作内容原则

要求从实际工作中选取典型的话题和案例，供测评对象讨论，设置的条件也要尽可能与实际工作条件在一定程度上保持一致，以期达到最佳预测效果。

2. 难度适中原则

若题目太简单，测评对象容易失去兴趣，发挥不了应有的水平，难以准确考查其知识和技能。如果题目太难，测评对象会花费大量时间思考才能进入状态。另外，如果题目太难还会给测评对象带来压力，导致其比平时更加激进或消极，不能真实呈现其平日应有的行为和状态。

3. 具有一定冲突性原则

设计的题目要能够引起争论。争论的目的并不在于双方要在争论中分出胜负，而在于让测评主体更好地观察测评对象的真实行为。当然冲突不能太大，否则测评对象很难达成一致。

（二）题目编制的具体步骤

1. 选择题目类型

无领导小组讨论的题目可以分为开放型问题、两难型问题、排序选择型问题、资源争夺型问题以及实际操作型问题。进行题目选择时，要结合岗位特点及该岗位直接上级领导的建议，选择本次无领导小组讨论的题目类型。这五种题目类型具体内容如下。

（1）开放型问题

1）答案范围可以很广很宽泛。

2）考查测评对象思考问题的全面性、针对性，力求思路清晰、观点新颖、见解独到。

例如：你认为好的领导应具备哪些基本素质？

（2）两难型问题

1）在两种互有利弊的答案中选择一个，并陈述理由。

2）考查测评对象语言表达能力、分析问题能力及说服能力。

例如：你认为在企业中，好的领导是应该注重公平，还是应该注重效率？

（3）排序选择型问题

1）从若干个备选答案选择几个，并根据其重要性进行排序。

2）考查测评对象是否能够抓住问题的实质，并进行有力证明。

例如：你要去野外露营，请从登山鞋、瑞士军刀、火种、背包、食物、手表、手电筒、睡袋、急救箱中选择五种必备的工具，并按重要性进行排序。

（4）资源争夺型问题

1）测评对象以指定的角色或身份设法从有限的资源中获得更多份额。

2）考查测评对象反应的灵敏性、分析问题能力、概括与总结能力。

例如：一笔1万元的奖金如何在各部门之间进行合理分配？

（5）实际操作型问题

1）测评对象运用给定的材料或工具设计出指定的物体或方案。

2）考查测评对象主动解决问题能力。

例如：用4根火柴棒摆一个平行四边形，增加3根火柴棒使其变成三角形。

2. 编制初稿

题目类型确定后，就要开始收集材料和案例。在收集过程中要尽可能占有较多的相关信息，然后进行初稿的编制。

在编制题目时，需要工作团队的良好合作。编制题目时，个人的思维难免会有局限性，只有集思广益，才有可能启发获得更多的灵感。要挑选员工组成一个编制小组，从不同渠道收集信息，经过几次讨论后，不仅相互之间可以启发思路，而且比较容易形成一致目标，达到更好的效果。

在收集资料时，首先，可以与人力资源部沟通。收集岗位的基本信息，明确相关岗位人员应具备的素质要求。其次，与上级沟通。只有企业该岗位的上级最熟悉该岗位的信息，可以采用深度访谈的方法，事先拟定提纲，之后有根据地收集关于该岗位日常工作的信息，保证重要信息不被遗漏。最后，可以通过互联网和图书馆等工具和资源库进行信息收集。

3. 调查可用性

初稿设计好后，可以通过互联网或公司内部资源库等渠道，调查是否已有过相似题目，以避免测评对象事先做过此种题目，致使讨论时无法表现出临时状态，这对其他测评对象来讲有失公平。

4. 向专家咨询

专家的人选一般是心理学专家或测评专家，也可以是部门主管。向专家咨询的好处是可以消除题目设计中的常识性错误，减少试测次数。向专家咨询主要是咨询题目是否与实际工作相联系；能否观察出测评对象的能力；如果是资源争夺问题或两难式问题，则咨询重点是案例是否能均衡。另外，还可以咨询题目的设置是否合理，是否需要继续修改和完善。

5. 试测

初稿送请专家审阅后，需要进入试测的关键环节。之前的工作都是关于理论方面的设计，要使题目能够真正应用于实践，必须经过实践的检验。试测对象的选定可以是部门层次较低的员工，也可以是刚入职的大学生。在选好试测对象后，主要测试题目的难度和材料的平衡性。

题目的难度可以从试测对象能否在合理的时间范围内，准确理解设计者所出题目上反映出来。如果绝大多数人在规定的时间内对材料理解基本到位，就可以认定题目难度适中；如果绝大多数试测对象没有经过认真阅读，很快就理解材料，则说明题目的难度较低；如果绝大多数试测对象在规定的时间内对材料理解不到位，则说明材料难度过大。

材料间的平衡性也是试测时应注意的重要问题。如果材料不平衡，测评对象在读完材料后，产生的观点基本一致，则会导致矛盾冲突不够激烈，测评对象表现不够充分的现象。

6. 反馈，修改，完善

试测结束后，工作人员要收集试测结果和反馈信息，并对其进行分析和研究。收集信息主要参考试测对象的意见、评分者的意见和统计分析的结果。

试测对象的意见是案例修改和完善的重要依据。材料是否难以理解、是否能够引起足够的争论等其他一些建议，可以从侧面反映一些问题，直接用于讨论材料的修改。

评分者的意见可以用来完善评分表和评分指标。由于评分者对试测对象直接进行观察和评价,他们的建议有较高的参考价值,应作为案例修改的重要依据。

统计分析决定测试的效果,主要是分析信度和效度,如果达到了设计要求,就可以考虑成稿;如果未达到设计的要求,则需作出修改或修正。

修改完成后,如果有必要可以再次进行试测,重新作出修改,使题目更加完善。

六、无领导小组讨论的实施步骤

无领导小组讨论的实施步骤可划分为四步,分别是准备阶段、实施阶段、评估阶段以及总结反馈阶段。

(一) 准备阶段

(1) 进行岗位分析,编制并确定讨论题目,确定考评维度,准备相关资料。

(2) 安排适当的测评实施环境。

(3) 组织、安排试测对象。

(4) 选择并培训评估人员。

(二) 实施阶段

1. 开始阶段

主持人介绍整个测评程序,宣读指导语、讨论题目和注意事项。

2. 个人发言

测评对象初步阐明自己的观点,摆明自己的态度和立场。

3. 自由讨论

测评对象个人发言完毕后,小组自由讨论,测评对象不但要继续阐明自己的观点,还要评价别人的观点,最后达成一致意见。

4. 讨论结束

评估人员撰写评定报告,内容包括此次讨论的整体情况、讨论问题的内容等。

（三）评估阶段

（1）评估要客观公正，以事实为依据，避免带有主观色彩。
（2）前后评分标准应一致。

（四）总结反馈阶段

无领导小组讨论结束后，需要特别注意总结和反馈工作，并与测评对象进行及时沟通。

七、无领导小组讨论的考查要素

无领导小组讨论的考查要素主要包括举止仪表、表现能力、思维分析能力、个性特征、动机与岗位匹配性、应变能力、言语表达能力七个方面。

（一）举止仪表

考查测评对象的体格外貌、穿着举止、精神状态等。

（二）表现能力

考查测评对象在团队中所表现出的能力，主要有语言和非语言沟通能力、说服能力、影响力、人际交往的意识与技巧、团队合作精神等。

（三）思维分析能力

考查测评对象在处理实际问题时的理解能力、分析能力、想象力、逻辑推理能力和创新力等。

（四）个性特征

考查测评对象的动机特征、自信心、独立性、灵活性等特点，还包括考查测评对象思考分析问题时是从大处着眼还是关注细节等。

（五）动机与岗位匹配性

考查测评对象对岗位的选择是否源于对事业的追求，是否有奋斗目标，是否积极努力、兢兢业业、尽职尽责等。

（六）应变能力

考查测评对象在实际情景中，解决突发性事件的能力和是否能够快速妥当解决棘手问题的能力等。

（七）言语表达能力

考查测评对象言语表达的流畅性、清晰性、组织性、逻辑性和说服性等。

 课程实训

结合本节内容的学习，请4～6人为一组，就下边的无领导小组试题进行测试。

实训指导：

无领导小组讨论将测评对象分成一个或几个小组，每组一般由4～6人组成，所有测评对象在地位平等的情况下，就某一颇有争议或棘手的问题在规定时间内展开自由讨论。

无领导小组讨论试题

在这个测试环节里，假设你是本企业的客户服务部经理，企业的工作流程是这样的：客户下订单交付定金，客户的订单信息将传送到客户服务部，由客户服务部完成后续的送货、安装、收取剩余货款、调试、跟踪等工作。

现在，客户服务部收到一份空调订单，在后续工作中出现了如下状况。

首先，你们的送货车在路上出现了故障，以致空调送到客户家的时间比客户要求的时间晚了半天。在空调安装的过程中，又因为客户的居室构造额外多花费了半天时间，安装过程中工人的一些不礼貌行为引起了客户家人的反感。空调安装完毕之后，客户发现空调的噪声太大，为此他拒绝支付剩下的货款。作为生产厂商，你们知道自己的空调产品声音是可以忍受的，但客户不这样认为，他强硬地提出退货。你们的送货员百般劝说和解释，客户就是不付款，而且矛盾还有扩大趋势。现企业指定你来解决此事。在你出面前，你的上级给你下达的要求如下：

　　（1）不能退货。

　　（2）最多少收_____元人民币。

　　（3）防止事态扩大蔓延。

　　你会采取怎样的策略呢？请每个测评对象分别拟出一个方案，所有测评对象都有15分钟的时间做讨论准备。

测试说明

一、对测评对象的要求

1. 每个测评对象对上面的问题独自思考15分钟。

2. 4~6人为一组，用45分钟的时间展开自由讨论，测评对象各抒己见，最后形成一个统一的小组意见交给主考官。

3. 每个小组选择两位成员进行情境模拟：一位扮演客户经理，另一位扮演客户，模拟表演客户经理上门处理这起纠纷的过程，时间为10分钟。

4. 每个小组派一位代表向主考官及其他考官进行理由陈述，其他小组成员可以作补充。

二、考评要素

结合客户服务部经理这一岗位的工作内容特设置了上述工作情境，现拟定的考评要素包括沟通协调能力、关系建立能力、决策能力和应变能力等。

三、评分标准（略）

四、测试程序

（1）主考官任主持人并宣讲具体事宜。

（2）分发案例资料。

（3）测评对象阅读并思考相关问题（约15分钟）。

（4）小组自由讨论。

（5）小组制作出统一的方案并交给主考官。

（6）小组方案陈述。

五、讨论结束

（1）主考官发言：感谢大家的积极参与和配合，非常感谢！

（2）主考官及其他考官对测评对象进行综合评价。

第三节　公文筐测验

一、公文筐测验的概念

公文筐测验，又叫公文处理，是一种情景模拟实验，它是指对测评对象规定某一特定时间，要求其在该时间内对一系列文件材料进行处理，并以此来考查测评对象的计划、组织、预测、沟通、决策和问题解决能力等多方面的管理潜质。

在公文筐测验中，要求测评对象以管理者的身份，模拟真实工作情景中的想法和行为习惯，在规定的条件下，对各类公文材料进行处理，形成公文处理报告。处理完毕后，一般还要求测评对象填写行为理由问卷，说明处理的理由、原则及依据，对于不清楚的地方或想深入了解测评对象时，考官可以与测评对象进行深入面谈，澄清模糊的地方及想了解的内容。

通过观察测评对象在规定条件下，处理公文过程中的行为表现以及分析测评对象的处理理由说明，可以评估其计划、组织、预测、沟通、决策和问题解决能力等多方面的管理潜质。

二、公文筐测验的特点

（一）公文筐测验的优点

1. 考查内容广泛

任何背景知识、业务知识、操作经验以及能力要素都可以涵盖于文件之中，借助测评对象对文件的处理来实现对测评对象素质的考查。

2. 表面效度高

公文筐测验所采用的文件与应聘岗位实际日常工作中常见的文件十分类似，有的文件甚至完全相同。因此，公文筐测验可以有效地评价测评对象处理实际问题的素质。

3. 应用范围广

由于公文筐测验考查的内容范围广泛，并且表面效度高。因此，公文筐测验具有广泛的实用性，是众多考试测验中普遍使用的一种。

4. 综合性强

公文筐测验的文件涉及日常管理、人事、财务、市场、公共关系、政策法规等企事业单位的各项工作，可以对中高层管理人员作出全面评价。

（二）公文筐测验的缺点

1. 评分难度大

一方面管理观念不同的组织具有不同的评价标准，另一方面公文筐测验评分过程中，专业人员和实际工作者往往存在理解上的偏差。

2. 成本费用高

公文筐测验的试题设计、实施、评分都需要较长时间的研究和筛选，为了提高预测效度，必须投入大量的人力、物力和财力，因此花费的成本费用比较高。

3. 实际推广难

我国的企业人力资源开发管理工作尚处于起步阶段，由于公文筐测验技术要求比较高，在实际推广中并不容易。

三、公文筐测验题目编制

公文筐测验的题目编制是一项系统工程，因此，在编制过程中要遵循科学的原则，同时必须经过标准化的编制流程。

一般公文筐测验的题目编制需要经过建立指标体系、搜集素材、确定测评要素、编制文件、确定评价标准五个步骤。

（一）建立指标体系

指标体系的建立可以分为测评指标的确定、指标权重的确立和应用胜任力模型进行检验三个阶段。

1. 测评指标的确定

在确定测评指标时，我们可以借鉴现有较为权威的指标体系。如果没有体系可以借鉴时，可以运用因素分析来确定评价体系，因素分析确定评价体系主要分为以下四个过程：

（1）通过访谈和文献检索，了解管理工作所需要的所有素质；

（2）对所牵涉的每一项素质，都尽可能进行详细描述，编制针对具体行业、岗位管理者素质的调查问卷；

（3）发放调查问卷，要求被调查者对每一项的重要性进行打分；

（4）对数据进行因素分析，得出管理者需要的关键指标。

2. 指标权重的确立

由于不同岗位对管理者能力的要求不同，因此，在进行问卷调查时必须考虑行业和岗位的针对性，并通过因素分析后每一维度的因素负荷来确定其权重。

3. 应用胜任力模型进行检验

通过胜任力模型的研究可以验证测评指标体系中的权重设置。

（1）以获得的评价体系为基础，对关键事件访谈的结果进行语义编码。

（2）对获得的语义编码数据进行汇总统计，对优秀组和普通组在每一胜任力特征上出现的频次和等级差别进行比较和检验，以建立胜任力模型。

（3）对照建立的胜任力模型和测评指标体系的权重，检测两者能否相互验证。对不能相互验证的地方要进一步分析研究。

（二）搜集素材

在测验素材的搜集上，主要围绕管理者的能力取材。组织领导者的管理能力主要来自自身素质基础、社会实践体验、所掌握的相关知识三个方面。

公文筐测验的优势在于其情景模拟的特性，因此，必须进入一线管理部门搜集管理者日常公文，以确定其遇到的典型公文，在工作中出现的典型事件，以及公文筐中公文的最终形式和结构。公文的搜集不仅要注意内容的全面性，还要注意形式的全面性。

（三）确定测评要素

虽然公文筐测验不能测评到所有的管理素质，但在最初确定测评要素时，要尽力把可能的测评要素都列入其中，到底是否合适还要看正式施测结果。

（四）编制文件

在编制文件之前，建立一个多项细目表，以整体勾画出公文筐测验的编制思路。一般来说，在多项细目表中，不仅要考虑到公文的重要性和紧迫性，还要考虑公文的形式、内容、涉及的维度等多项指标。这些指标值的确定必须进行深入调研和访谈。

编制成型的文件应该具备典型性、主题突出和难度适中三大特征。典型性是指文件内容必须涉及未来工作中最主要的活动，必须是对多种情况的归纳与概括；主题突出是指单个文件应该以一个主题为中心，避免一个事件多方面都是重点的现象；难度适中是指测验的设置可以达到区分能力不同的测评对象即可，避免测验过难或过易。

（五）确定评价标准

为了使评价标准具有针对性和实用性，在编制评价标准时需要收集所编制公文的各种处理结果和处理办法。

另外，在正式实施文件筐测验之前，必须针对行业和岗位选择约20位管理人员，进行一次小范围的试测。试测有两个目的，一是进一步修正公文筐中的项目及评价标准，二是对评价人员和公文筐测验的组织人员进行培训。

四、公文筐测验的实施步骤

公文筐测验的实施步骤主要分为准备阶段、实施阶段和评估阶段。

（一）准备阶段

（1）确定公文筐测验的关键要素。
（2）收集此次测验的岗位工作素材。
（3）编制公文筐测验题目。
（4）检测题目是否合理，确定最终版本。
（5）制定公文筐题目的答案及评分标准。
（6）准备文件筐测验所需的材料和场地。

（二）实施阶段

1. 开始阶段

测验主持人宣读指导语，介绍测验要求及注意事项，让测评对象进入情境，明确角色。

2. 正式测评阶段

测评对象独立进行测验，测评主体观察开展工作情况及状态并做记录。

3. 初步评估阶段

文件处理完毕后，测评主体与测评对象确认作答相关情况。

(三）评估阶段

1. 评分

评分宜在测验完毕后立即进行。由测评主体根据标准及测评对象的处理情况进行独立评分，然后交流评分结果，之后再进行下一轮评分。

2. 汇总统计

将评分结果进行统计平均，可采用去掉最高、最低分再取平均分法，也可根据权数计算得分。

五、公文筐测验的考查要素

管理人员的计划、组织、预测、决策和沟通五大能力是公文筐测验关注的重点。

（一）计划能力

计划能力是指测评对象分析既得信息反映的问题、问题产生根源以及问题之间的相互关系，测评对象据此确定工作目标、工作任务、工作方法和工作步骤的能力。

（二）组织能力

组织能力是指测评对象按照既定任务的重要性和紧急程度安排工作次序，调配人力、物力和财力资源，合理分工和授权并进行相应组织或调整的能力。

（三）预测能力

预测能力是指测评对象对模拟工作环境中的各种因素进行分析，对未来总体发展趋势进行准确判断，并采取相应措施的能力。

（四）决策能力

决策能力是指测评对象在解决实际工作问题，特别是重要且紧急的问题时，策划并选择高质量方案的能力。

（五）沟通能力

沟通能力是指测评对象通过书面形式，如电子邮件、传真、公文等形式，表达个人思想和意见的能力。

六、公文筐测验的注意事项

（一）设计需注意的问题

1. 测验材料难度把握

测验材料的难度要适中，如果材料过难，固然可以选拔到优秀人才，但也很可能会大材小用，造成人才浪费。如果材料过于简单，测验所得的分数都比较高，区分不出测评对象能力的大小。

2. 材料真实度把握

如果完全杜撰材料，测评对象可以根据一般的知识推理，但较难分辨出测评对象水平的差异，被录取后需要经过较长时间的培训才能适应工作。如果完全真实的材料，过于重视经验的考查，而忽视潜能的考查，选拔的人才完全与单位文化气氛相同，背离了给单位输入新鲜血液的目的。

（二）考官选择应注意的问题

1. 考官具有较高综合素质

考官不仅要具备管理学和心理学领域的基础知识，了解公文筐测验的理论和实际依据，而且要对测评对象所任岗位的职责权限和任职资格，如工作经验、学历、能力、潜能和个性心理特征等，进行过系统研究。

2. 考官可以设计测验题目

考官能够独立或与他人合作设计测验题目，并了解题目之间的内在联系，能够恰如其分地开展问询，对测评对象作出全面、公正、客观的评价。

 **课程实训**

结合本节内容的学习,请4~6人组成一组就下边的文件筐测验进行测试。

实训指导:

在公文筐测验中,要求测评对象以管理者的身份,模拟真实工作情景中的想法和行为习惯,在规定的条件下,对各类公文材料进行处理,形成公文处理报告。处理完毕后,一般还要求测评对象填写行为理由问卷,说明处理的理由、原则或依据,对于不清楚的地方或想深入了解测评对象时,考官可以与测评对象进行深入面谈,澄清模糊的地方和想了解的内容。

文件筐测验试题

假设你是王总,是某企业的人力资源部总经理,并全权负责处理以下事务。

一、测评要求

(1)工作人员将题目送至您手中后,便可开始答题。

(2)在____分钟内单独处理完毕下面的文件。

(3)对每份文件或信函的处理意见都必须写在答题纸上,面试人员会根据您的回答提出相应的问题。

(4)提供的相关资料包括公司的组织结构图、公司部门职能表、公司规章制度。

二、考评要素

(1)决策能力。

(2)计划组织能力。

(3)协调沟通能力。

(4)分析解决问题能力。

三、测评题目

今天是6月10日,你到集团总部开完会刚回来,此时已经是下午5:00。你的办公桌上有一堆文件,你最好在5:30之前处理完毕,因为你将去外地参加一个非常重要的会议,机票已经订好,5:30时司机会来接你去机场,6月15日才能回来。

好,你现在可以开始工作了!

公文1

王总:企业近来效益有所下降,目前企业的工资水平较同行业的市场水平是偏高的,是否可以考虑适当降低企业的工资水平,但这有可能造成企业核心员工的流失。同时,若采取降低工资水平的措施,是降低固定的基本工资还是降低奖金?请批示。

人力资源部劳资处
6月8日

公文2(电子邮件)

王总:我请求离开这个部门,因为我实在无法忍受部门总经理张××的专断。平常加班加点地干活不说,在作出重大决策时他还一意孤行,害的整个部门都受累,最后还把责任全部怪到我们头上,谁要是犯了一点小错误,他的言辞极为恶劣。我乐意为企业付出,但我不愿意有这样的领导。

小马
6月9日

(注:小马是企业的骨干员工之一,工作业绩一直很出色,而其所在部门总经理张××是从基层调任上来的,过去的工作表现也一直受到好评。)

公文3

王总:近来企业多次讨论到营销体系中的店面管理问题,尤其是在考核上一直没有合适的模式。企业现面临重大的战略调整,我们希望借此机会建立一套新的考核体系,我想听听您的看法和意见。

营销部：赵经理
6 月 10 日

公文 4（邀请函）

王先生：

您好！

6 月 14 日在北京××饭店举行一个关于人力资源的高层研讨会，届时会有业界著名人士和各大型企业的高层领导莅临，真诚邀请您并希望您参加！

祝您工作愉快！

小贾
6 月 9 日

公文 5（便签）

王总：我已经将我们中心明年的人员需求计划递交到人力资源部。近两年来，企业的产品市场情况一直不太理想，我们认为这和企业的设计能力不足有很大关系，应聘请一些业界顶尖的设计人员。经和一些国外企业的设计人员进行初步接触，已经有人表示加入的意愿。希望您能认可我们的人员需求计划，并着手招聘事宜。

研发中心：小李
6 月 10 日

四、测试管理

（1）测评对象在规定的时间内独立完成试题。

（2）主考官对测评对象的行为进行观察并作适当记录，为对其进行评价提供信息。

（3）主考官根据测评对象的表现得出测评结果。

测试说明

（1）文件筐测验是选拔高层管理者的测评工具。它主要针对高层管理者的胜任素质，考查其计划、组织、预测、沟通、决策和问题解决能力等多方面的管理潜质。

（2）本测评方案完全模拟任职者现实中的经营管理情境，因而预测效度高。

（3）文件筐测验能从多个维度评定测评对象的管理能力，它不仅能挑选出有潜力的管理人才，还能训练他们的管理能力并增强团队合作意识，使选拔过程成为培训工作的开始。

本章自测题

1. 简述评价中心的形式。
2. 简述无领导小组讨论的概念。
3. 无领导小组讨论的考查要素有哪些？
4. 简述公文筐的特点。
5. 实施公文筐测验时需要注意哪些事项？

第八章 人员素质测评的组织与实施

学习目标

➢ 熟悉人员素质测评主体与客体的关系
➢ 了解测评主体的条件和职责
➢ 了解人员素质测评方案的内容
➢ 掌握人员素质测评方案的编写
➢ 掌握人员素质测评的实施步骤
➢ 了解人员素质测评实施的原则和注意事项

引导案例

JH公司于2000年在上海正式成立，2008年成功上市。上市之后JH公司主动开展多元化投资来发掘业务利润新的增长点，但两年时间过去了，多项投资的效益并不显著。

2010年年初，JH公司召开全体董事会，讨论战略投资调整方案。经过严密详细的分析和研究，最终确定了环保科技、环保产品领域的发展方向，这一领域在国内还处于发展前期，可填补的市场空间较大。

在新的战略投资方案的指导下，JH 公司更名为 JH 环保科技有限公司（以下简称 JH 环保公司）。到 2017 年年底。JH 环保公司已经获得了超过 10 亿金额的合同项目，形势一片大好。但是 JH 环保公司的管理层却面临一个逐渐突显的问题。

由于公司的员工数量较少，一直以来，JH 环保公司都是采用承包项目的管理方式，将总承包的项目再分包出去。这虽然解决了人力资源方面的困境，但同时也是一个巨大的隐患。相关国家法律法规对一般企业从事环保项目提出了多项要求，企业对环保项目的工程质量和效率都需要严格监管。JH 环保公司在业务不断扩大的同时，急需扩大自己的队伍，来实现更安全的工程管理工作。

2018 年年初，JH 环保公司面向全国发布招聘公告，计划招聘 300 人，实际应聘人员超过 3 000 人。经过了初步面试后，应聘人员依旧超过 900 人，JH 环保公司此时遇到了难题。剩下的 900 人中，哪些能够胜任业务工作，哪些能够胜任中层管理工作？由于公司项目的专业性较高，人力资源部有些拿不准了。于是 JH 环保公司决定与人员素质测评公司合作来完成此次招聘工作。

人员素质测评专家根据 JH 环保公司的招聘要求，综合分析后，为不同岗位制定了对应的人员素质测评方案。人员素质测评的对象主要是应聘了重要项目的经理和中层管理岗位的候选人，通过面试、电脑测试、评价中心和投射练习等方法和技术对候选人进行全面测评。

按照计划，人员素质测评完成后人员素质测评公司将向 JH 环保公司的人力资源部提交人员素质测评报告，并协助 JH 环保公司对每一位候选人作出详细的人员安排说明。

经过人员素质测评，JH 环保公司顺利招聘到了合适且满意的人才，随着人员不足这个人力资源问题的解决，公司迈上了新的发展阶段。

第一节 人员素质测评方案的制订

一、人员素质测评方案的内容

人员素质测评方案的内容包括测评背景、测评目的、测评主体与客体、测评项目范畴、测评方法、组织实施程序、费用预算、测评结果运用等。其中测评指标体系已在第二章测评指标与标准体系设计里进行详细阐述，在此不再赘述。

（一）测评背景

测评背景主要指对企业人员素质测评需求的分析，即人员素质测评的原因，企业安排人员素质测评为了满足怎样的人力资源需求等。一般来说，企业开展人员素质测评活动主要对应以下五类需求。

1. 选拔需求

为了区分和选拔人才，企业需要进行人员素质测评，这是企业进行人力资源管理的常规手段。企业的选拔需求要求人员素质测评强调区分功能，过程客观公正，结果准确清晰，如各类升学考试、技能考试都是体现选拔需求的人员素质测评。

2. 考核需求

考核需求也称鉴定需求，为了鉴定和验证员工是否具备某种素质和能力，或其素质和能力的程度和水平。企业对员工的考核需求要求人员素质测评具备较高的信度和效度。

3. 配置需求

人岗匹配、人尽其才是企业优化利用人力资源价值的要求，配置需求就是企业此类要求的体现。员工的能力、兴趣和价值观与岗位要求相吻合时，企业人力资源的使用效果达到最优。配置需求根据岗位的不同有多种不同的标准和要求，这对人员素质测评提出了更高的条件和更严格的要求。

4. 开发需求

开发需求是企业挖掘员工潜力和潜能的要求，企业对员工的开发需求并不强调人员素质测评结果的好坏，更加注重个人优势和劣势的识别，特别是员工潜在能力的发展可能。

当企业有着明确的目标和任务时，开发需求自然会出现，人员素质测评通过满足特定的开发需求支持企业在组织、运营和业务等方面的建设任务。

5. 诊断需求

当企业出现某些问题时，需要通过诊断快速确定问题的关键所在，同时据此制定解决办法。因诊断需求进行的人员素质测评通常更加全面、细致，对问题的探究更加深入。

（二）测评目的

测评目的为测评要素、方法和工具的选择提供依据，为人员素质测评方案的设计指明方向，为测评目标及测评效果进行评估监控提供依据。人员素质测评的目的可以分为选拔性测评、开发性测评、考核性测评等，确定测评目的是人员素质测评的基础，确定测评目的可以从宏观层面和微观层面来考虑。

1. 宏观层面

从宏观层面考虑测评目的时，需要考查政治、经济、社会、市场的发展现状，同时也要分析企业愿景、长期发展战略和企业文化。如从计划经济向市场经济转型时期，企业更注重对知识型员工的需求；企业在发展进程中，由关注创新力和开拓精神向注重管理理念和企业文化转变。

2. 微观层面

从微观层面考虑测评目的时，要结合人力资源管理目的和人力资源开发需要，结合企业的经营策划、变革策划、组织策划和岗位需求，来确定人员素质测评的方向和目标。如 IT 公司在招募技术研发人员时非常注重其逻辑分析能力、团队合作精神、创新能力等，这是在企业的性质和岗位需求的基础上确定的。

（三）测评主体与客体

测评主体是指主持整个测评工作的个人或组织，包括测评方案设计者、测评方案评估者、测评活动组织者、测评工作指导者、操作方案评估者、测评结果处理与解释者。

测评客体是指测评实施的承受者，是具体存在的实体，一般称为测评对象。测评客体，即测评直接指向者，与测评指标类似。

1. 测评主体与客体的关系

（1）测评主体的具体形象是测评工作人员，其中起主要作用的是测评者，测评者可以是专家、主管、领导或其他有测评能力的个人，有时测评对象自己也作为测评者存在。

（2）随着测评客体的转移，测评主体和测评客体位置也会随之变化。

例如，当测评客体是人力资源开发者的开发工作及其效果时，被开发者既是客体又是主体。对开发者而言，一方面，整个开发工作的构思乃至每个活动的安排只有他本人最清楚。另一方面，开发者通过自我分析与反省，能够注意到许多仅从外部观察的测评主体所不了解的东西。

从这个意义上讲，对于测评客体的测评，只有让测评客体自身积极参与，成为测评主体，进行自我测评，测评的结果才会比较准确、全面和切合实际，才能为测评主体所接受。

2. 测评主体的条件与职责

测评主体是否称职是人员素质测评有效性的决定因素之一，因此，作为实施人员的测评主体，要满足一些基本的条件与职责。

（1）开放而有纪律。不同的测评主体用不同的方式进行测评，而且测评的结果也往往带有主观色彩。因此，测评主体必须能够自学而且坚定地按照统一的标准与规定的测评方法进行测评。

（2）客观公正。测评主体与测评客体无直接利害关系。否则，测评主体就难以作出客观公正的测评。

（3）较强的信息搜集能力、信息处理能力以及对事物价值的判断能力。世界上并不是缺少美，而是缺少发现美的眼睛。作为测评主体，需要以客观的眼光看待测评客体,并运用多种调查方法、统计方法来搜集和处理信息,并运用逻辑分析能力和经验等对事物的价值作出判断。

(4)能够实现测评目的。人员素质测评的重要目的在于人员素质开发与提高,测评主体最好由能够实现这一目的的人来担任。

(四)测评项目范畴

人员素质测评的主要内容是,测评主体采用科学方法收集测评对象在主要活动领域的表征信息,针对某一人员素质测评目标作出量值或价值判断,或者推断测评对象某些素质特性。

人员素质测评项目一般包括能力因素、动力因素及个人风格因素。

1. 能力因素

(1)科学智能,如创造能力、创新能力、学习能力等。

(2)社会智能,如管理能力、沟通能力、组织能力、决策能力、人际交往能力等。

2. 动力因素

(1)价值观,对某些事情所持有的通常的观点。

(2)动机,做某些事情的动力。

(3)兴趣,包括个性兴趣、职业兴趣等。

3. 个人风格因素

(1)气质类型,如多血质、胆汁质、黏液质、抑郁质等。

(2)行为风格,包括一般心理倾向、接收信息方式、处理信息方式及行动方式等。

(五)测评方法

常用的人员素质测评方法有三种,不同方法有其自身的特点、适用范围及操作步骤,具体内容见表8-1。

表 8-1　　　　　　　　　人员素质测评方法

类别	特点	操作步骤	适用范围	注意事项
心理测验	优点：成本较低，可供选择试题范围较广 缺点：单靠一份心理测验试题很难全面了解测评对象	1. 按照测验目的及内容，编制心理测验试题 2. 实施测验，告知测评对象时间限制，让其在放松状态下回答问题	适用于教育评估、职业发展及人才招聘选拔等	心理测验试题的编制应做到难度适中
面试法	优点：面对面直接交流，更容易通过测评对象的语言和非语言表达挖掘潜在的特质 缺点：时间成本比较大，面试中测评对象可能因紧张不能正确表现自己	1. 面试官提前按照面试目的和面试内容准备好面试题目 2. 面试过程中，应当积极引导测评对象详细准确描述自己 3. 面试结束后，应当表示对测评对象的尊重，说一些积极的话语	适用于绩效面谈、人才招聘选拔等	考虑到面试官的主观性，应结合其他测评方法一起使用
评价中心	优点：评价中心具有综合性、灵活性、标准化、效度高的优点 缺点：由于评价中心的综合性、复杂性、费时性，评价中心的费用相对于其他测验要明显高些	1. 确定评价中心要测评的素质 2. 分析企业可用资源 3. 设计或选择测评方法组合 4. 培训并协调测评项目相关人员 5. 制定详细的测评日程表 6. 制定详细的实施方法 7. 监督并评估执行过程	适用于管理岗位人员选拔和晋升、管理潜能的前期鉴定、确定培训计划、确定职业发展规划等	评价中心要求测评主体具有很高的专业素质，因此使用该测评方法一定要注意前期的培训

（六）组织实施程序

人员素质测评组织实施的程序是各项细化业务的方针和步骤，如果实施程序合理得当，可以加快人员素质测评活动的进度，取得准确的测评结果，获得良好的测评效果。

企业开展人员素质测评工作组织实施的程序主要有实施测评前的准备工作、确定测评小组成员、培训测评主体、安排测评时间及场地、布置必要的后勤保障等方面，具体的实施程序根据人员素质测评类型的不同而进行相对调整和变动，此外还要根据企业自身的需求和具体情况而定。

（七）费用预算

由于人员素质测评种类的多样性，不同种类人员素质测评的内容和项目设计有着一定差异，进而各类人员素质测评的费用也不完全一致。

一般来说，人员素质测评费用预算主要包括场地租赁费、设备租赁费、广告费、专家费、人工费、先进技术费、材料制作费等这些关键费用项目。

人员素质测评项目小组确定费用预算应遵循费用最少、效益最大原则，明确合理的期限，充分考虑成本费用的不确定性因素，确定明确的费用预算定额标准。同时应在合理的范围内确定费用预算变动额度，应对各类突发事件，确保人员素质测评的顺利完成。

（八）测评结果运用

就人力资源管理活动来说，一方面，企业可以根据人员素质测评结果进行优秀人才的选拔培养、岗位配置、绩效改进、人力资源培训开发、薪酬调整等重要动作；另一方面，对员工个人而言，人员素质测评结果可以为其提供一个清晰的自我认知参考，使个人有更加明确的工作改进方向和晋升前进动力，有助于个人进行成功的职业生涯规划等。

二、测评方案可行性分析

人员素质测评并不是把一批具有显著效度的测评方法与待测素质对号入座就可以，严格地说，测评工具的选择和组合必须遵从一定程序，否则就会陷入混乱，被一大堆要素、概念所缠绕，无从把握。

（一）测评方案可行性分析步骤

一般来说，人员素质测评方案的可行性分析可以归纳为以下七个步骤。

1. 确定测评目的

结合组织的长远发展战略和组织的文化追求。

2. 需求分析

根据公司经营理念、企业文化和管理体制，从大体上把握符合企业需求的人员素质水平。

3. 确定测评手段

说明每个测评工具的功能和采用理由。

4. 预期结果

实施之前就应该考虑，根据具体的分数如何建立综合报告，测评结果如何指导后期工作，测评是否会在更大范围内对员工产生影响。

5. 实施过程的设计

实施过程的设计主要是制订测评计划书，它包括说明有关时间、地点、现场布置要求、设备、流程等所有细节工作的安排和落实。

6. 测评时间

测评时间需要进行成本—收益分析，以保证过长的测评造成的疲劳、对正常工作的影响和科学系统的诊断之间寻找一个恰如其分的平衡点。

7. 费用预算

给出人员素质测评的预算或报价。通常按照每个人每项测评的内容来计费。

（二）测评方案可行性分析步骤安排原则

人员素质测评方案可行性分析在步骤顺序的安排上要坚持以下五个原则：

（1）简单易行的测评放在前面；

（2）成本低的测评放在前面；

（3）会影响其他测评的测评放在后面；

（4）容易产生疲劳的测评放在后面；

（5）容易造成较大压力的测评放在后面。

 课程实训

结合本节内容的学习，请尝试制作一份招聘销售人员的测评方案。

实训指导：

人员素质测评方案的内容包括测评背景，测评目的，测评主体，测评项目范畴，测评指标体系，测评方法体系，组织实施程序，费用预算，测评结果运用等。

以工作过程为中心的课程体系设计内容举例。

基于招聘目的的销售人员素质测评

一、组建测评小组

通过分析企业销售人员的需求和销售人员的工作职责，分析实施人员素质测评的必要性。由此出发，组建负责此次素质测评的小组。一般来说，素质测评小组是由招聘小组成员外加聘请的测评专家组成。

对于没有人员素质测评经验的工作人员，需要事先进行培训。

二、搜集销售人员胜任素质要素

通过工作分析、文献资料查找和行为事件访谈，确定知识水平、人际敏感性、人际亲和力、情绪控制能力、应变能力、意志力、说服与沟通能力、倾听与反馈能力这八个素质为销售人员的胜任素质要素。

三、选择测评方法，编制测评工具

意志力是销售人员必备的重要素质，采用心理测试单独施测，可事先淘汰部分意志力不强的测评对象，从而提高招聘效率。其余七项素质可采用面试法来测评。

（一）意志力测试

意志力强的人会想方设法克服困难，把工作做好；而意志力弱的人则会浅尝辄止。意志力是聘用销售人才的重要考虑因素。此测评量表可以帮助测量测评对象的意志力水平（见表8-2）。

表8-2　　　　　　　　　　意志力测评量表

指导语：

本测试分为 A、B 卷，分别列出了 26 种情况，请根据自身情况作答：完全符合选 A，部分符合选 B，一时难以确定是否符合选 C，不太符合选 D，完全不符合选 E。本测试时间为 20 分钟。

测评题目	A	B	C	D	E
A 卷					
1. 你每天都坚持跑步、打太极拳、练气功或散步等体育活动，因为这些运动能够增强你的体质，磨炼你的毅力					
2. 若无特殊情况，你每天都按时起床，从不睡懒觉					
3. 你信奉不干则已，干就要干好，并身体力行					
4. 你做一件事情的积极性，不取决于其重要性和是否应该做，而取决于自己对这件事情的兴趣或想不想做					
5. 当工作和娱乐发生冲突的时候，即使这种娱乐很有吸引力，你也会放弃娱乐立即投入工作中					
6. 你下决心要完成的事情，不论遇到什么困难，你都能持之以恒，坚持到底					
7. 你能长时间从事一件非常重要但却枯燥无味的工作					
8. 你一旦决定开始做某件事情，常常说干就干，决不拖延或让计划落空					
9. 对于别人的意见和说法，你从不盲从，总是喜欢分析和鉴别一下					
10. 凡事你都喜欢自己拿主意，也不排斥别人的意见和建议					
11. 你不怕做从没做过的事情，不怕独立负责，并将其视为锻炼自己的机会					
12. 你和同事、朋友、家人相处时很有克制力，从不无缘无故发脾气					

续表

	A	B	C	D	E
13. 你一直希望做一个坚强、有毅力的人，坚信"有志者事竟成"					

B 卷					
测评题目	A	B	C	D	E
14. 你给自己制订的计划，常因主观原因无法如期完成					
15. 你的作息时间没有规律性，常随自己的情绪和兴致而变化					
16. 你认为做事情不必太较真，能做到最好，做不到就算了					
17. 有时临睡前你会发誓第二天要做一件重要事情，但到第二天这种劲头就消失了					
18. 你常因读一本妙趣横生的小说或看一集精彩的电视剧而不能按时入睡					
19. 若在工作中遇到了困难，你首先想到问问别人有什么办法					
20. 你的爱好广泛善变，做事情常常心血来潮					
21. 你做事情喜欢拣易怕难，爱挑容易的做，困难的能拖就拖、能推则推					
22. 凡是你认为比你能干的人，你从不怀疑他们的看法					
23. 遇到复杂莫测的情况，你常常拿不定主意，长时间不能作出决定					
24. 你生性胆怯，没有百分之百把握的事情，你从来不敢去做					
25. 与人发生争执，有时明知自己不对，却忍不住要说一些过激的话语伤害对方					
26. 你相信机遇的作用大大超过个人的付出和努力					

该量表的计分方法如下：A 卷试题中，选项 A、B、C、D、E 得分依次为 5、4、3、2、1 分；B 卷试题中，选项 A、B、C、D、E 得分依次为 1、2、3、4、5 分；A 卷、B 卷得分加起来为总得分。

若总得分在 70 分及以下，说明意志力较薄弱；若总得分 71~90

分,说明意志力一般;若总得分91~100分,说明意志力较强;若总得分高于100分,说明意志力十分坚强。

(二)面试法

1. 建立销售人员面试评价体系

(1)调查胜任素质要素的相对重要性

可运用问卷调查法组织测评主体独立地对指标进行重要程度评分。下表即为销售人员胜任素质要素重要程度调查表(见表8-3)。

调查结束后,运用算术平均法计算每个要素的平均得分,并计算各自的权重。先将所有要素的平均得分累加,再以每个要素的平均得分除以累加分,即为每个要素的权重。

表8-3 销售人员胜任素质要素重要程度调查表

请按各项素质对销售人员胜任工作的重要程度进行评分:认为某素质"较重要"的评1~2分,某素质"重要"的评3~4分,某素质"最重要"的评5分。请在相应栏目下方格内填写具体分数。

测评要素	重要程度			测评要素	重要程度		
	较重要	重要	最重要		较重要	重要	最重要
1. 知识水平				5. 应变能力			
2. 人际敏感性				6. 说服与沟通能力			
3. 人际亲和力				7. 倾听与反馈能力			
4. 情绪控制能力							

(2)描述素质要素的胜任行为,建立评价体系

查阅素质词典,描述素质要素的胜任行为,为评价测评对象在面试中的表现或行为提供评价标准。表8-4分别对七种素质进行了简单的描述。

表 8-4　　　　　　　　　销售人员面试评价体系

测评要素	权重	测评标准 胜任行为描述	测评标度
知识水平	a%	1. 知识面广，社会知识丰富，了解企业管理和销售的基本知识 2. 能灵活运用知识推进谈话或销售的进度	高分段
人际敏感性	b%	1. 沟通过程中，有意识地观察和了解对方的习惯及需要 2. 能敏感地把握住关键信息，分析并预测对方的行为反应，及时作出判断，并投其所好以解决对方的难题	高分段
人际亲和力	c%	1. 初始会面就容易让他人接受自己并获得他人信任 2. 待人真诚，善解人意，待人不消极，不屈从他人	高分段
情绪控制能力	d%	1. 在受到压力或遇到挫折时仍能保持情绪稳定，处事冷静 2. 不会把喜怒哀乐立即现于言表	高分段
应变能力	e%	在答复对方反对意见时，反应迅速，思路敏捷	高分段
说服与沟通能力	f%	1. 能运用沟通策略和技巧吸引对方的注意力并激发兴趣 2. 能够委婉生动地表述自己的想法，具有很强的感染力 3. 能协调和平衡不同的意见，并说服他人接受	高分段
倾听与反馈能力	g%	1. 积极聆听他人的意见和建议，乐于接受他人意见 2. 能够理解他人的立场，并有技巧地提出建设性意见 3. 能适时改变自己的言行，对他人关注的问题提供帮助或建议	高分段

注："权重"一列的数字源于销售人员胜任素质要素重要程度调查表的统计计算。

2. 拟定销售人员面试提纲（见表8-5）

表8-5　　　　　　　销售人员面试提纲

面试题纲	评价要点
1. 简述市场工作和销售工作的区别。	知识水平
2. 你知道产品和品牌的区别吗？	知识水平
3. 请说出3个国际业务的品种，简要说一下各品种的业务类型。	知识水平、倾听与反馈能力
4. 关于销售，你最喜欢和最不喜欢的是什么？	人际亲和力
5. 请在3分钟内将一支铅笔推销给我。	说服与沟通能力、应变能力
6. 你怎样看待拓展业务时唱歌、喝酒等与业务无关的工作内容？	倾听与反馈能力、人际敏感性
7. 你去一家公司上门推销，但门上写着"谢绝推销"，你会怎么做？	情绪控制能力、应变能力

3. 制定销售人员面试评价表

根据面试需要测评的指标，制定销售人员面试评价表，见表8-6。

表8-6　　　　　　　销售人员面试评价表

面试编号		姓名		性别/年龄	
工作年限		学历/教育背景		测评日期	
面试评价标准说明		90~100分		完全符合表8-4中描述的胜任行为	
		80~89分		大部分符合表8-4中描述的胜任行为	
		70~79分		只有一半符合表8-4中描述的胜任行为	
		60~69分		小部分符合表8-4中描述的胜任行为	
		60分及以下		不符合表8-4中描述的胜任行为	

续表

测评指标	面试评价标准					面试纪要
	60分及以下	60~69分	70~79分	80~89分	90~100分	
知识水平						
人际敏感性						
人际亲和力						
情绪控制能力						
应变能力						
说服与沟通能力						
倾听与反馈能力						
综合评价						

四、实施人员素质测评

此次人员素质测评分两部分，第一部分为意志力测试，可集体施测，可提前淘汰掉得分在90分以下的人员；第二部分为面试，需单独进行。

1. 意志力测试

首先，依据应聘人数选择好合适的测试地点，布置考场。考场环境应安静整洁，无干扰，采光照明良好。

其次，准备好测试所需的材料，包括测试试卷、专用答题纸、铅笔、橡皮等。保证每位测评对象都有完整的测试材料。

最后，可安排测评对象入场，并宣布测试注意事项和测试指导语。计时20分钟。

20分钟后，收回测试试卷和答题纸，清查数量无误后，宣布测试结束。

2. 面试法

面试可由一人或两人主持，其他面试官则注意观察测评对象的反应和言行举止，并在销售人员面试评价表中做简单记录，以作评分依据。

每一场面试结束后，各位面试官应立即独立地给测评对象评分。

评分结束后互相讨论评分理由，若分歧太大可再次评分。由此，获得测评数据。

五、统计处理测评数据

收齐所有面试评价表，运用算术平均法或其他方法计算测评对象的单项指标得分，并将其汇总至测评对象得分一览表中，由此可以计算以下两个数据：所有测评对象单项要素平均得分以及测评对象的加权总分。

六、分析测评结果

测评对象单项要素得分既可以反映所有测评对象的平均素质水平，还可以反映每个测评对象与平均素质水平之间的差距。

测评对象的加权总分则可以反映测评对象的综合素质水平。

七、报告测评结果

针对每个测评对象的测评结果，得出具体的测评报告，并提供相应建议，以供决策人士参考。以测评对象A为例说明。

1. 基本信息报告

根据应聘人员的简历，报告被测人员的基本信息，见表8-7。

表8-7　　　　　　被测人员基本信息一览表

测试编号：SALES-TESTING001　　测试日期：2021年10月20日

姓名	A	政治面貌	共青团员
性别/年龄	女/23	最高学历	大学本科
工作年限	1年	目前月收入水平	2 000元人民币
婚姻状况	未婚	健康状况	良好
毕业学校/专业	××工业大学/市场营销		
前一家任职公司名称	××电子科技公司		
前一份工作岗位	销售助理		

2. 测评对象素质说明

根据测评对象A在单项要素上的得分，比较其与平均水平的差距，对其素质水平作出说明。具体见表8-8。

表 8-8　　　　　　　　测评对象素质详细列表

被测编号	SALES-TESTING001	姓名	A	报告日期	2021年10月20日
测评要素	素质说明					
知识水平	知识面较广，销售基本知识比较扎实，但不能灵活地加以运用				
人际敏感性	与销售人员应具备的敏感性水平相比，A 的人际敏感性较强，能够与人进行正常沟通和交往，维持稳定人际关系，但在对他人的心理感受和需求把握程度上还有待提高				
人际亲和力	与销售人员应具备的人际亲和力水平相比，A 的亲和力一般。既不会让人产生警觉或者无法接近的感觉，也不会很乐意主动接近他人				
情绪控制能力	处事比较冷静，在压力面前不惊慌失措				
应变能力	与销售人员应具备的应变能力相比，A 的应变能力较强，在面对各种情况时能够灵活、迅速地作出反应				
说服与沟通能力	与销售人员应具备的说服与沟通能力水平相比，A 基本掌握了沟通的技巧与策略，但说服能力方面欠生动，语言表达方式比较直接				
倾听与反馈能力	面试过程表明，A 能够听取他人的意见并做出适当的反应，但是反馈的可操作性一般，反馈技巧欠缺				

3. 综合素质及决策建议

总体来说，A 的素质水平处于中等水平，可以录用为公司的销售人员。但是，应对其倾听与反馈能力、说服与沟通能力这两个方面进行强化培训，否则难以胜任销售工作。在试用期期间，销售主管加强与其沟通，督促其努力提升自己的销售技能。另外，应提醒其注意培养自己的人际亲和力。

特别提醒：员工行为受公司的培训制度、薪酬政策、绩效考核制度、管理人员工作方法等多种因素的影响，本测试结果仅供参考。

第二节　人员素质测评的实施

一、人员素质测评的实施原则

为了确保人员素质测评方案按计划实施且发挥预期作用，在人员素质测评实施过程中应注意遵循整体性实施原则和一般性实施原则。

（一）整体性实施原则

1. **客观可行原则**

测评小组要实事求是地实施人员素质测评，保证测评的效度，且要简单、高效、经济，达到在预算范围内最优的测评效果。

2. **定性与定量相结合原则**

定性是指通过非量化手段来探究事物的本质。定量是指以数量形式存在的，并且可以通过统计手段测量的表现。

只有定性原则容易使人员素质测评陷入主观，进而出现因个人偏好出现的偏差。同样，定量原则虽然可以较为全面客观地呈现人员某些方面的素质水平，但由于人的复杂多面性，如态度、认知、情绪等方面是无法准确描述的。只有遵循定性与定量相结合原则，才能保证人员素质测评手段的整体科学性。

3. **综合动态性原则**

人员素质测评实施要做到全方位、多层次、系统性地反映出测评对象的真实素质水平。在保证人员素质测评项目科学有效的同时，还要具有一定程度的变化性，不能完全模板化、固定化。

一方面，模板化、固定化的人员素质测评不利于全面地反映测评对象的整体素质；另一方面，这也提高了人员素质测评结果的真实性风险，降低了企业人员素质测评的效果。

（二）一般性实施原则

1. 普遍性与特殊性相结合原则

在设计测评要素和编制测评标准时，一方面要遵循测评的技术要求，另一方面要充分体现工作岗位的特点与要求。

2. 测评与评定相结合原则

测评小组在对测评信息进行统计处理和解释测评结果时，要注意数据测评与结果评定相结合。

3. 科学性与实用性相结合原则

测评小组在实施人员素质测评时，一方面要尽可能地提高人员素质测评的科学性和合理性，另一方面也要充分考虑人员素质测评的实用性，充分结合企业实际的人力资源现状。

4. 精确与模糊相结合原则

精确与模糊测评相结合原则体现在测评要素的设计、测评标准的制定、测评方法的选择、测评数据信息的分析、测评结果的评定与解释的整个过程中。精确测评与模糊测评相结合是对定量与定性原则结合的实际体现，是对科学全面测评人员素质水平提出的实施要求。

5. 静态与动态相结合原则

静态与动态相结合的原则体现在测评要素、测评标准的设计与编制以及测评方法的选择上。这也是对综合动态性原则的具体体现，是标准化与特殊化的要求。

（三）实施的注意事项

人员素质测评不仅要按照整体性和一般性原则实施，在实施过程中还要注意以下事项：

（1）在测评前必须明确测评目的和评估维度；

（2）测评的主试人员必须清楚地了解所用测评技术和方法，并具有丰富的经验；

（3）应确定合适的测评时间，选择适宜的测评环境。

二、人员素质测评的实施步骤

进行人员素质测评时，首先要确定测评小组成员、培训测评小组成员、确定测评时间及布置测评环境。在这些准备工作完成后，测评小组成员应当向测评对象宣传测评目的和流程、指导测评操作方法、控制协调测评活动及搜集整理测评信息。最后就是统计测评数据和结果，分析测评信度与效度后，根据分析结论撰写人员素质测评报告。

（一）确定测评小组成员

测评小组成员是整个活动的实施者，是测评活动的具体负责人。测评小组成员具有主观能动性，不同测评小组成员的思想、态度、个性等在一定程度上都能够影响测评的效果。

所以，选择测评小组成员时要考虑五个条件：坚持原则，公正不偏；了解测评对象情况；有一定的实际工作经验，尤其是测评方面的工作经验；有一定的专业知识；做事仔细认真，一丝不苟。测评小组成员的数量和层次要依据测评的性质、方法和条件进行具体分析。

（二）培训测评小组成员

公司内部确定测评小组成员后，需要对测评小组成员进行培训，培训内容包括测评方法、测评过程、测评操作方法和步骤、突发事件处理办法等。在条件允许的情况下，可以组织测评人员先做一些实际的演练。

（三）确定测评时间

一套人格测验试卷可能花费的时间是1~2个小时，一个无领导小组讨论花费的时间可能是30分钟。所以，要针对不同类别的测评工具和方法确定测评时间。

测评时间应根据人的心理、智力和体力活动的生物节律来安排，如有些人到了中午容易犯困，不宜安排测试。所以具体的测评时间应该挑选能够完全发挥测评对象智慧和能力的时间。另外，要合理地安排测评的先后顺序及两项测评的时间间隔，提高测评的信度和效度。

（四）布置测评环境

适宜的测评场地能够使测评对象注意力集中，思维不受影响。建议选择宽敞、采光好、无噪声，在空间上能合理布置桌椅的场地。

此外，要合理地安放测评设备和测评对象所需的材料。其中测评设备包括测评工具、音像放映设备和摄像装置等，测评对象所需材料包括测试编号、题本、答题纸、草稿纸、铅笔和橡皮等。

（五）宣传测评目的和流程

在开展测评活动之前，测评主体应向测评对象宣传测评目的、测评大致流程、测评注意事项等，以赢得他们的支持，使他们以更好的状态参与到测评互动中来。

（六）指导测评操作方法

在实施测评过程中，如测评对象产生疑难问题时，测评主体应协助他们解决问题。

（七）控制协调测评活动

测评活动进行时可能会受场地、设备、测试材料等方面的影响，测评主体应随时协调与控制各方面的影响，保证测评活动的顺利开展。

（八）搜集整理测评信息

在实施测评过程中，为保证测评结果的精确性，测评人员应遵循务实原则，运用评价表、录音机、摄像机等方法搜集并记录测评信息，保证测评信息的真实性、准确性、及时性和代表性。

（九）统计测评数据和结果，分析测评信度与效度

测评主体将人员素质测评实施过程中搜集、记录的所有信息进行统

计、整理、分类，使用这些一手资料进行测评信度和效度分析。

（十）撰写人员素质测评报告

测评主体根据人员素质测评结果及测评信度和效度分析结论，撰写人员素质测评报告，提交相关负责领导审阅批示。

三、人员素质测评实施的误差及防范措施

（一）测评本身引起的误差及防范措施

测评本身引起的误差主要是指测评方法和工具本身引起的误差，由于人的个性、能力、品德等特征是无法直接进行精确测量的，并且人员素质测评常常会受到主观因素的影响，所以测评方法和工具所引起的误差一般比物理化学测量的误差要大得多。

防范测评方法和工具引起的误差主要有以下措施：

（1）如果测评题目数量太少或缺乏代表性，就容易使测评对象的反应受到概率的影响，所以应恰当地对测评题目进行取样；

（2）不同的测评方法和工具有不同的特点、适用范围、效度、公平性等，所以应根据测评目的来选择测评方法和工具；

（3）应避免选用一些不恰当的测验题目格式，测试题目的难度要适中，测试题目的表述要清晰合理；

（4）指导语的用词要恰当，否则会对测评对象产生心理影响。

（二）测评实施过程引起的误差及防范措施

在测评实施过程中由于测评前的准备不充分、测评实施的现场不合适、测评主体的工作不到位等都会引起误差的产生。此时的防范措施主要有以下四点：

（1）在人员素质测评前，测评主体应做好充分的准备，熟悉人员素质测评目的、测评程序、测评方法和工具、测评时间和场地安排等；

（2）测评实施现场的温度、光线、背景声音、桌椅布置等环境要

适宜；

（3）与人员素质测评相关的工作人员必须受过测评实施前的培训，如指导语表达、礼仪培训等；

（4）测评主体要按照规定实施人员素质测评，在测评期间不得给测评对象提供暗示、不得对指导语进行错误解释等，以减少测评误差的产生。

（三）测评对象自身引起的误差及防范措施

当测评对象知道自己被测评时，相当多的人会产生自我防卫、疑虑丛生、消极应付等心理作用，这也会使测评产生很大误差。防范此种误差的措施主要有以下三点：

（1）测评主体要做好测评对象的思想动员工作，向其开诚布公地说明测评意义、目的和方法等，并征询测评对象的意见或建议，以帮助其克服心理干扰；

（2）测评主体要充分地发挥评定方法的作用，制定明确的测评标准和评分标准，历史、全面、客观地进行测评，以使测评对象打消疑虑，积极主动地配合测评工作；

（3）组织内部开展教育工作，为测评对象树立正确的价值观，使测评对象正确对待自己，使其及时纠正错误倾向和行为。

（四）测评主体引起的误差及防范措施

人员素质测评中，测评主体的评价对测评对象的最终成绩起着至关重要的作用，大多数测评主体能以认真负责的态度仔细进行评价，但评定过程中，也会产生诸如晕轮效应、社会回归效应、优先效应、近期效应、陈腐观念等心理干扰的影响。

此时，防范测评误差的措施主要有以下五种：

（1）科学编制人员素质测评量表，并认真做好量表的解释工作；

（2）选择熟悉测评对象的人员担任测评主体，以对测评对象作出合理的评价；

（3）合理确定评价标准和评价等级；

（4）对测评主体进行培训，如与人员素质测评相关的量表、评价标准和等级、评价原则等；

（5）统计整理原始评价数据时，把带有明显感情色彩和不负责任的评语和数据剔除。

本章自测题

1. 简述人员素质测评的主体与客体的关系。
2. 人员素质测评方案包含哪些内容？
3. 人员素质测评方案可行性设计与分析的七大步骤是什么？
4. 简述人员素质测评的实施步骤。
5. 简述人员素质测评的实施原则。
6. 简述人员素质测评的实施注意事项。

第九章 测评效果及检验

 学习目标

- 了解信度和效度的概念
- 了解影响信度和效度的重要因素
- 掌握信度和效度的分类
- 熟练使用信度和效度不同类型的对应分析方法
- 熟悉项目适合度的类型,掌握适合度计算方法
- 掌握项目区分度的计算方法和项目独立性的分析方法

 引导案例

> HWA公司的人员素质测评效果分析工作是通过计算机系统来完成的,其所获得的统计数据是一手数据——直接从各个测评项目组搜集而来,尚未经过整理的原始统计数据资料。
>
> 为了严格分析测评题目设计是否满足人员素质测评的实际需要,HWA公司通常在实际展开人员素质测评工作之前采用信度分析对预测评设计的99道有效测评题目进行信度分析。
>
> HWA公司的人员素质测评题目主要涉及员工素质的15个大的方面。下表是使用原始数据利用统计软件SPSS14.0进行信度分析的结果。

克伦巴赫 α 系数	标准化后的克伦巴赫 α 系数	人员素质测评题目的测试项目
0.874	0.885	15

上表是 SPSS14.0 输出的信度统计表格，其中的 15 说明进行信度分析的项目总共有 15 个，利用原始数据对所有测评题目的所有项目进行信度分析的克伦巴赫 α 系数（上表中的第一列）为 0.874＞0.8，利用标准化后的数据进行信度分析的克伦巴赫 α 系数（上表中的第二列）为 0.885＞0.8。

这两个指标均能够说明：设计的人员素质测评题目从整体上能够有效地测度事先想要搜集的资料信息。此次人员素质测评题目所设计的量表对相关人员素质项目的度量是有效和可信的，能够满足统计分析的需要。

信度分析是对所设计的人员素质测评题目的第一步分析，通过信度分析可以知道事先设计的人员素质测评题目是否准确地度量了所想要收集的资料。通过对以上的 HWA 公司关于人员素质测评题目的信度分析，可以知道此次通过人员素质测评题目设计的项目能够满足测评人员素质的目的，同时也为以后分析的效度和精度提供了保障。

第一节 信度分析

一、信度的概念

信度又称可靠性程度，主要是指测量结果的可靠性、一致性和稳定性，即研究者对相同或者相似的测量对象进行不同形式或不同时间的测量所得结果的一致性程度。也就是说，信度能够回答测量工具是否稳定，测量结果是否可以推论的问题，它可以从一次测量来推论总体的正确程度。

信度分析指的是对人员素质测评的可靠性和一致性程度进行有效性分析的一种方法。

信度只受随机误差的影响，随机误差越大，信度偏差越高。因此，信度可以视为测试结果受随机误差影响的程度，系统误差产生恒定效应，不影响信度。具体信度偏差分析说明如图9-1所示。

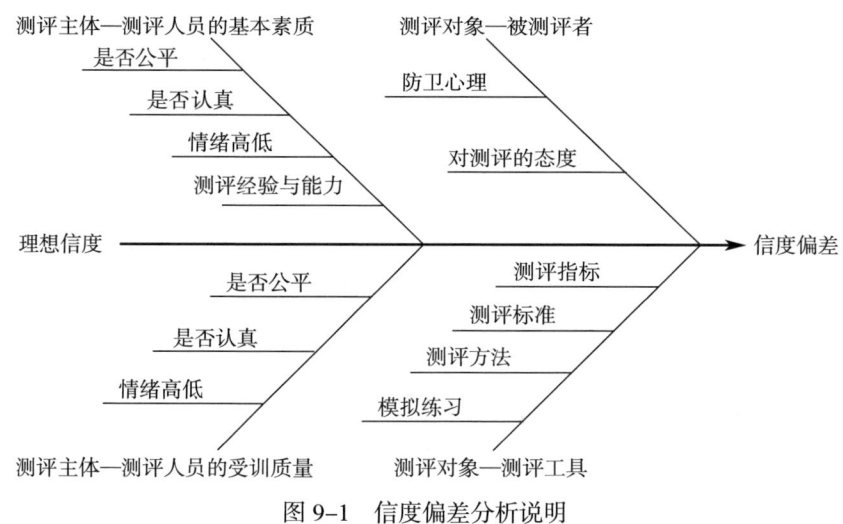

图 9-1　信度偏差分析说明

二、信度的种类

（一）重测信度

重测信度是指对同样的一次测评在不同时间对相同群体进行两次测量，这两次测量的分数的相关系数就是重测信度。

例如，我们邀请10个员工来评价某位员工的工作态度，10个人平均评价成绩为90分。间隔两周后，再请这10个员工对该员工的工作态度进行二次评价，第二次评价的成绩仍然为90分，或与90分相差不大的分数，则说明两次的评价成绩是一致的，这种评价结果是值得信赖的。而如果第二次评价成绩为70分或满分，则说明评价人的态度不稳定，评价结果不可靠，当然也不值得信赖。

重测信度的两次测评使用的是同一测评工具和同一测评方式，但较难把握的是两次测评间隔的时间长短，这也是重测信度的主要误差来源。因此在评估重测信度时，必须注意重测间隔时间。对于人格测评，重测间隔为两周到六个月比较合适。在进行重测信度的评估时，还应注意以下两个重要问题：一是重测信度一般只反映由随机因素导致的变化，而不反映被试行为的长久变化；二是不同的行为受随机误差影响不同。

（二）复本信度

复本信度是用两个假定功能相等但是内容不同的测评复本来测量同一群体，然后求得测评对象在这两个测评上得分的相关系数。复本信度的高低反映了这两个测评复本在内容上的等值性程度，两个等值的测评互为复本。像重测信度一样，复本信度也需要考虑两个复本实施的时间间隔。

复本信度的特点具体见表9-1。

表 9-1　　　　　　　　　　复本信度的特点

复本信度的优点	复本信度的缺点
1. 能够避免重测信度的一些问题，如记忆效果、练习效应等	1. 如果测量的行为易受练习的影响，则复本信度只能减少而不能消除这种影响
2. 适用于进行长期追踪研究或调查某些干涉变量对评定成绩有影响的测评	2. 有些测评的性质会由于重复而发生改变
3. 减少了辅导或作弊的可能性	3. 有些测评很难找到合适的复本

（三）内部一致性信度

内部一致性信度主要反映的是测量内部题目之间的关系，它所考虑的问题是一个测量工具所有的维度测量的均一性。这里所说的一致性，并非简单的人员素质测评题目内容和形式的相同性或相似性，而是指分数的一致性。这表现在不论人员素质测评题目设计的情况如何，如果测评对象所答的各个测评题目的得分具有较高的正相关性时，此测评是同质的。

内部一致性信度包括分半信度和同质性信度两种类型。

1. 分半信度

分半信度是将测评按照一定的方法分成两个尽可能平行的半份测评，进而计算这两个半份测评之间的相关性而获得的信度系数。测评越长，信度系数就越高。因此，分半系数会低估信度，必须进一步修正。

2. 同质性信度

同质性信度是指测量内部的各题目在多大程度上考查了同一内容。同质性信度低时，即使各个测试题看起来是测量同一特质，但测评实际上是异质的，即测评测量了不止一种特质。

三、影响信度的因素

测评信度的影响因素有很多种，测评对象、测评主体、测评内容、测评环境等各方面均能引起随机误差，导致分数不一致，从而降低测评信度。

如果考虑不周，防范不到位，就会造成测评信度由于某一因素造成假象关联，这就需要重新评估测评结果的信度，或选择转换成其他的测评活动。

（一）样本特征

影响信度的一个重要因素是被试样本的情况。团体的异质程度与分数分布有关，一个团体越是异质，其分数分布的范围就越大，信度系数也就越高。

如果同质被试样本得分比较接近，分数分布范围小，信度就会低；异质被试样本反之。要求注意样本的变异性和能力水平，对非常同质的样本加以标准化，并考虑样本的年龄、性别、级别、职业及相似性等。

由于信度系数与样本团体的异质性有关，因此在测评时，不能认为当该测评在一个团体中有较高信度时，在另一个团体中也具有较高信度。此时，往往需要重新确定测评信度。

经研究表明，信度系数不仅受样本团体的异质性影响，也受样本团体平均水平的影响。因为对于不同水平的样本团体，项目具有不同的难度，每个项目在难度上的变化累积起来便会影响信度。但是，这种影响不能用统计公式来推算，只能从经验中发现。

（二）测评长度

测评长度是指测评题目的数量。一般测评题目的数量越多，信度就越高。应实行分测评策略进行多次测评活动，以增加测评信度。

概括而言，测评越长，信度越高。这是因为测评加长，会改进项目取样的代表性，进而更准确地反映测评对象的真实水平，并且随着测评项目增加，在每个项目上的随机误差就可以互相抵消。这就好比识别一组数字，随着观察时间的延长，观察人员描述数字的准确性和详细程度也在不断提高。

需要注意的是，增加测评长度的效果应当遵循报酬递减原则。通过斯皮尔曼—布朗公式的导出公式可以计算出最少应增加的题目。其公式见式 9-1。

$$K=\frac{\gamma_{KK}(1-\gamma_{XX})}{\gamma_{XX}(\gamma_{KK}-1)} \quad (9-1)$$

式中，K 为改变后的长度与原长度之比；γ_{XX} 为原测评信度；γ_{KK} 为测评长度是原来的 K 倍时的信度估计。

由于信度与测评长度有关，当一个测评有几个分测评时，分测评的分数与合成分数相比不如合成分数可靠。

（三）测评难度

测评难度与信度没有直接对应关系，但是当测评过难或过易时，分数的范围就会缩小，从而降低信度，因此，只有当测评难度水平可以使测评分数的分布范围最大时，测评信度才会最高。

如果当测评分数分布范围缩小时，测评信度就会降低。测评难度可以使测评分数分布范围产生变化，从而对测评信度产生影响。只有编制的测评指标能够达到理想的难度，才能使测评对象分数的范围扩大，进而提高测评结果的信度。

理论上说，当测评难度为 0.5 时，测评分数的分布范围可达到最大，测评信度也最高。实际上，难度为 0.5 的测评只适合于简答型题目，对于选择题目，考虑到有猜测因素，难度值应当提高。

通常情况下，如果某个测评适用范围广，其难度水平通常适用于中等能力水平的测评对象，而对较高水平的测评对象和较低水平的测评对象可能较易或较难。因此一个标准化的测评，应根据不同能力水平的测评对象，选择测评难度。

（四）测评过程中的误差

测试现场因为照明、背景音乐、温度、噪声、通风、桌椅和空间不符合人体工程学等原因，导致测评对象精神和身体状况不适，或者由于测评对象不熟悉答题的样式，答题经验不足等导致测量误差。比如，由于时间间隔设置不合理，容易造成重测信度和复本信度估计的误差。

四、信度分析的方法

人员素质测评活动主要是对人员行为的测量，测评对象在测评时受到当时情境的影响，从而引起测评结果与测评对象的真实情况出现偏差，因此需要有相关的指标来衡量测评的可靠性程度。

信度分析主要是通过信度系数实现的。信度系数表示信度的高低程度，它是真分数的方差与观察分数的方差的比例。它可以解释为在实得分数的变异数中有多大比例是由真分数的变异引起的。其中，真分数是指测评对象在所测特质上的真实值，而我们通过一定测量工具进行测量，在测量工具上直接获得的值或读数就是观察分数。

测评信度系数一般可以分为四种类型，即稳定系数、等值系数、内在一致性系数和评分者信度系数。

（一）稳定系数

稳定系数，指的是用同一测评方法对同一组测评对象进行两次间隔性测评，并根据测评对象两次测评的得分计算其相关系数。

利用稳定系数（式9-2）可以预估跨时间测评的一致性程度，稳定系数越高，测评活动的稳定性越好，测评受随机因素的影响也越小。

$$r=\frac{\sum x_1 x_2 - \sum x_1 \sum x_2/n}{\sqrt{\sum X_1^2 - (\sum X_1)^2/n}\sqrt{\sum X_2^2 - (\sum X_2)^2/n}} \quad (9-2)$$

式中，r 为稳定系数；X_1、X_2 分别为首测分数和再测分数；n 为测评结果数或测评对象人数。

（二）等值系数

等值系数（式9-3）指的是在对测评对象进行测评以后间隔一段时间，运用复本再次测评所获得的相关系数。

$$r = 1 - 6\sum D^2 / n(n^2 - 1) \quad (9-3)$$

式中，r 为等值系数；n 为测评结果的个数或测评对象人数；D 为同一测评两次评定等级之差。

复本指的是内容、数量、格式、难度、区分度、指导语、时限以及其他各个方面都与原测评活动相同的测评。再测时运用复本代替，可以避免测评对象记住测试题答案或解决方法造成的测评失真。

当测评结果为等级或名次时，可以运用等级相关法进行计算。

（三）内在一致性系数

内在一致性系数是用来估计不同测评项目测评数据的一致性程度，且这些项目都是测评同一种素质。内在一致性系数的估计方法主要有项目分半系数和 α 系数分析。

1. 项目分半系数

项目分半系数是把一个测评分成等值的两半，得到两组测评分数，计算两组之间的相关系数，再代入相应公式得到整个测评信度系数，此系数便是内在一致性系数。项目折半分析的计算公式是斯皮尔曼—布朗公式（式9-4）。

$$r_t = \frac{2r}{1+r} \quad (9-4)$$

式中，r 为两半项目分数相关系数；r_t 为内在一致性系数。r_t 越大，则说明测评结果越可靠。

采用这种方法分析内在一致性信度的关键在于把一个测评分成尽量等值的两半，通常的做法是把题号为奇数的分作一半，题号为偶数的分作另一半。

2. α 系数分析

α 系数分析又称克伦巴赫系数，它是一套常用的衡量心理或教育测评的可靠性方法，依据一定公式（式9–5）估量测评的内部一致性。作为信度指标，它克服了项目折半分析的缺点，是目前社会研究最常使用的信度指标。

$$r_t = \left(\frac{n}{n-1}\right)\left(\frac{s_t^2 - \sum v_i^2}{s_t^2}\right) \quad (9–5)$$

式中，v_i^2 为测评的第 i 题得分的题内方差；n 为测评量表中题目的总数；s_t 为全部题目总得分的方差。

从式9–5中可以看出，α 系数分析的是量表中各题目得分间的一致性，属于内在一致性系数。这种方法适用于态度、意见式问卷（量表）的信度分析。

根据以上介绍信度分析的方法，信度系数达到"1"是最理想的状态，但是在实际测评过程中，这种结果很难达到。那么，信度系数多高才是有意义的呢？通过参考同类测评，我们可以设立一些测量工具的信度系数标准。例如，一般能力的测评信度系数要在0.9以上才能说明测量结果有意义；对于个性和价值观等的测评信度系数要是0.75~0.85。

通常来讲，当 $r \leq 0.7$ 时，不能用来评价个人，也不能在团体间作比较；当 $0.7 < r \leq 0.85$ 时，可用于团体间的比较；当 $r \geq 0.85$ 时，可用于评价个人。

（四）评分者信度系数

测评结果的差异程度来自测评对象本身和测评主体两个方面，信度测量主要是以测评主体及其测评为依据。

评分者信度系数一般采用肯德尔和谐系数来计算，其计算公式见式9-6。

$$W = \left[\sum R_i^2 - \frac{(\sum R_i)^2}{m} \right] / \frac{1}{12} n^2 (m^2 - m) \quad (9\text{-}6)$$

式中，n 为测评主体数量；m 为测评项目个数；R_i 为第 i 个项目上所有测评对象等级之和或分数之和。

第二节 效度分析

一、效度的概念

效度又称有效性，表示一项研究的真实性和准确性程度，是指测量工具或手段能够准确测出测量对象的真实程度。效度测量到的结果反映想要考查内容的真实程度，测量结果与考查内容越吻合，效度越高；反之，则效度越低。

效度与研究目标密切相关，一项研究所得结果必须符合其目标才是有效的，即效度具有相对性的特征，它是对一定的目标来说的。在测量方面，效度指一种测量手段能够测得预期结果的程度，即它只有程度上的区别，而没有"全有"或"全无"的区别。

效度是测评结果对所测素质反映的真实程度，是对一个要测量的特性测量到什么程度的估计。

人员素质测评和任何测量工具一样，有其特定的功能和实用目的，而效度就是采用测评工具对所要测评的特性测量到什么程度进行有效预估。效度是针对测评结果而言的，是针对某种测评的测评目的来进行分析的。同时，测评效度也只有程度上的差异。在测评效度的验证过程中，测评目的不同，对测评效度也有不同的要求。

测评效度除了能够表示测评结果的正确性以外，还可以预测测评对象目前和未来的行为表现，尤其是在人才选拔过程中，需要对测评结果的效度进行分析。

二、效度的种类

（一）内容效度

内容效度是指实际测评到的内容或行为与测评要求的一致性程度，是测评内容反映测量目标特质的程度，即评估测评结果是否充分代表了所要测量的内容范围。

内容效度的分析内容主要包括两个方面，一方面是是否包括了测评对象中的各种成分，另一方面是在测评范围内的行为样本的比例结构是否与工作分析的结果一致。

为了确保内容效度的客观性，要特别注意内容效度的以下部分：

（1）明确测量内容；

（2）对测量内容进行全面分析，尽可能搜集到最齐全资料；

（3）挑选参与内容效度研究的专家，这些专家应该能够承担相关测量范围的职责并且具有这些职责所需要的知识、技术和能力；

（4）评估测量工具与测量内容的相关性。

（二）结构效度

结构效度又称构想效度或建构效度，是指实际所测评的结果与测评对象的同构程度，即测评的结果是否能证实或解释某一理论的假设、术语或构想，以及解释的程度如何。

例如，测评主体根据某一心理测试理论编制一份心理测量量表，如果实际测量结果所测得的分数经过统计检验能够有效地解释测评对象的心理特质，那么这个量表就具有良好的结构效度。

结构效度主要适用于心理测评，其目的是以心理学的概念说明和分析测评分数的意义，即从心理学的理论观点对测评的结果加以解释和探讨。

(三)效标关联效度

效标是衡量测评有效性的参照标准,它是与测评对象群体无关的外部客观标准,如任职资格标准。效标细分包括两个层次,即理论水平的观念效标和操作定义水平的测量效标。观念效标是一个概念,测量效标就是将观念效标转化为某种可以操作的测量指标。效标具有多样性、复杂性、特殊性及时间性等特性。

效标关联效度是指测评与外在效标的关联程度,即一个测评对处于特定情境中的个体行为进行预测时的有效性。效标关联效度根据使用时间间隔的长短可划分为同时效度与预测效度。

同时效度是指收集效标材料与测评分数差不多同时进行。例如,有两个心理测评甲和乙,甲花费时间较长,而乙花费时间较短。这时如果甲的结果和乙的结果有很高相关性,则乙可以作为甲的替代测评。预测效度是指收集效标材料在实际测评结束后隔一段时间再获得。例如,高考成绩若能够很好地预测进入大学后的学习成绩的话,则这个高考成绩的预测效度就高。

同时效度与预测效度的区别不是时间,而是测评目的。前者主要用于测评现在的状态,后者主要用于预测未来的情况。

三、影响效度的因素

凡是与测评无关的稳定的和不稳定的变异来源都会影响测评效度,影响测评效度的因素有很多种,它与信度的影响因素有相同之处,也有不同之处。影响效度的因素主要包括测评本身、样本因素、效标污染、信度影响以及其他干扰因素等。

(一)测评本身

如果一个测评工具本身存在误差,那么就是不可靠的。这些误差越多,不可靠性越大,效度也随之降低。测评本身对效度的影响主要表现在测评项目的质量和数量上。

1. 测评项目的质量

测评的指导语和试题的解答说明不明确，试题的编制不符合测评目的，试题难度不合适，试题区分度不明显，试题的编排不合理，试题提供了额外线索，选择题的答案排列具有明显的规律性等，都会影响测评效度，进而影响测评项目的质量。

2. 测评项目的数量

增加测评的长度可以提高测评信度，进而为提高测评效度提供了可能，两者的关系如式9-7所示。

$$\gamma_{(Kx)y} = \frac{K\gamma_{xy}}{\sqrt{K(1-\gamma_{xx}+K\gamma_{xx})}} \quad (9-7)$$

式中，$\gamma_{(Kx)y}$为新效度系数；γ_{xy}为原测评的效度系数；γ_{xx}为原测评的信度系数；K为测评增长的倍数。

（二）样本因素

不同的样本团体所适用的测评也有所不同，样本团体的异质性对于测评效度非常重要。样本团体的性质主要包括年龄、性别、教育水平、智力、动机、职业和其他有关特征，由于这些特征的影响，使得测评对于不同样本团体具有不同的测评能力。

人是复杂的，测评对象会受到各方面因素的影响，如测评对象的情绪、动机、兴趣、身体状态、态度等都会影响测评效度。在其他条件相同的情况下，测评对象异质性越高，效度越高，这是因为效度受到样本团体分数分布的影响。

（三）效标污染

效标是直接参加效度形式的参考标准，效标的性质从根本上影响着测评效度。如果其他条件相同，所测评的行为与效标行为越相似，测评效度的系数就会越高，反之越低。

效标必须能够有效地反映测评目标；效标必须具有较高的信度，不随时间等因素的变化而变化；效标必须可以客观地加以测评，并可用数据或等级来表示；效标测评的方法力求简单，经济实用。效标具备以上条件时其所测评的行为与效标行为越相似，效度系数就会越高。

效标污染是指由于测评主体了解测评对象的成绩或部分成绩而产生了偏见或者预期，这种偏见或者预期使测评效度下降。例如，在绩效评估中，如果评估者带着个人偏见、近期效应、感情效应或者晕轮效应来考核下属，那么效标就被污染了。显然，这样的评估结果肯定与实际情况不符，效度也会随之下降。

测评主体可以通过改变效度研究本身的设计或者采用部分相关的统计方法来控制效标污染。只有尽可能地控制效标污染，才能更准确地了解测评工具和效标之间的真实关系。

（四）信度影响

由于效度系数的最大值与信度的高低直接相关，即一个测评效度不会超过其信度的平方根，信度是效度的必要不充分条件。如果增加测评的题目或者选取异质样本团体，对效度的影响就会不确定。

（五）其他干扰因素

测评在实施过程中，如突发事件的影响、评分标准的非客观性、评分数据的计算错误等因素都会干扰测评效度，一定程度上降低效度的准确性。

四、效度分析方法

（一）内容效度分析方法

确定内容效度的方法是逻辑分析法，即专家比较判断法，这是一种确定内容效度的典型程序。它要求让一组专家判断试题对所研究领域的取样是否具有代表性。其计算公式见式9-8。

$$C=\frac{n_t-N/2}{N/2} \qquad (9-8)$$

式中，C 为内容效度；n_t 为持肯定评判的专家人数；N 为专家的总人数。

内容效度主要应用于成就测评。测评过程中，试题取样的代表性问题是内容效度主要交叉的方面。内容效度越高，说明测评对象在某个方面的水平处在一个特定的位置；反之，则不能推断有效。

（二）结构效度分析方法

结构效度的分析主要采用实证法，即找到足够的事实证据，证明测评结果的结构模型是所测评对象结构的一个很好代表。因此，测评素质结构的操作化定义与事实资料的收集在结构效度的估计中至关重要。

1. 测评素质结构的操作化定义

采取工作分析法，对测评素质进行结构化分析和行为分析，确定各种测评素质结构的成分及其代表行为。可以用图表的形式逐一列出工作分析得到的素质因素及其特征行为，或通过查找历史或现有资料进行分析。准备一份与已有素质模型可能混淆但关系比较密切的其他模型图表，作为比较对照对其进行说明。

2. 收集事实资料并评判结构效度

利用实证法分析结构效度时，应通过收集事实资料信息来评判结构效度，常用的收集分析方法有以下四种。

（1）排除法。明确地排除与测评结果相对应的其他素质结构模型。

（2）咨询法。请有经验的专家对测评结果所对应的素质结构进行判断。

（3）相关法。用较高结构效度的测评工具或结果，与所获得的测评结果进行相关性分析。

（4）逻辑分析法。根据大家对素质结构模型的一致性评价，推断测评工具或者内容的正确性。

(三)效标关联效度分析方法

分析确定效标关联效度的方法主要包括相关法、区分度及命中率三种方法。

1. 相关法

相关法是指通过分析测评成绩与特定效标之间的相互关系,用相关系数代表效度系数的效度检验法。

计算相关系数(式 9-9)常用的方法是皮尔森相关法,又称积差相关法。使用积差相关法必须同时满足两个条件:一是两个变量都是由测评获得的连续性数据,即等距或等比数据;二是两个变量的总体都呈正态分布,或接近正态分布。

$$r = \frac{N\Sigma xy - (\Sigma x)(\Sigma y)}{\sqrt{[N\Sigma x^2 - (\Sigma x)^2][N\Sigma y^2 - (\Sigma y)^2]}} \quad (9-9)$$

式中,r 为相关系数;N 为测评对象抽样总人数;x、y 分别为两种测评的结果(分数)。

2. 区分度

区分度是指预测原分数是否能区分由效标测评所定义的群体。其具体操作方法是选取两种效标 A 和 B,先根据效标 A 将群体区分开来,再用效标 B 将群体区分开来,根据两种效标区分的结果来判断。如果效标 A 和效标 B 区分的结果一致,就说明效度较高。

3. 命中率

命中率是测评所做的正确决定的比率,它主要用作取舍决策。某种测评工具的效度的高低,主要是看作出的决定是否与实际一致,这就是命中率的高低。命中率包括总命中率、正命中率和负命中率三种类型。下面通过表 9-2 进一步理解命中率的含义。

表 9-2　　　　　　　　　　命中率的含义

效标＼预测	失败	成功
失败	命中 A	失误 B
成功	失误 C	命中 D

根据上表，我们可以得到式 9-10～式 9-12。

$$总命中率 = \frac{A+D}{A+B+C+D} \quad (9-10)$$

$$正命中率 = \frac{D}{C+D} \quad (9-11)$$

$$负命中率 = \frac{A}{A+B} \quad (9-12)$$

第三节　项目分析

一、项目分析概念

项目分析指的是间接对测评结果进行微观性解剖。通过项目分析，能够有效选择、替代和修改不合理的测评项目，从而改进人员素质测评的质量。

每一项人员素质测评工作都由数个测评项目累加构成，设计的测评项目的质量将直接影响到人员素质测评结果的真实性和准确性，进而对企业的人力资源管理产生重大影响。项目设计合理科学，项目质量高，包含该项目的人员素质测评得分就相对更加有效正确，从而整个人员素质测评结果也就正确可靠，人员素质测评工作得到了一定的效果保障。项目分析是对项目质量直接的反映手段，也是确保人员素质测评效果的重要方法和工具。

二、项目分析的种类

(一)项目适合度

人员素质测评的项目主要由试题组成,试题有难易之分,难度是试题的主要特征之一。但除试题外,项目还包括一些咨询问题与观察指标,它们是没有难易之分的,如果继续使用难度指标,则无法反映人员素质测评项目的质量特征。所以,为了更好地反映测评对象行为符合项目测评标准的程度,我们以适合度指标取代难度指标。

适合度指的是测评对象行为(回答与实际表现)符合项目测评标准的程度。适合度主要包括以下三种类型:

(1)当项目是试题时,测评对象的行为是口头回答、选项回答或主观作答,项目测评标准是正确答案,符合程度即难度。

(2)当项目是试题中的题目时,被测的行为是选项回答,项目标准是问题所揭示的素质特征,符合程度即是选对人数与总人数之比。

(3)当项目为观察评定量表中的指标时,被测行为是其实际表现,项目测评标准是量表中规定的评分标准,符合程度指全体被测平均分值与指标满分值之比。

(二)项目区分度

项目区分度是指项目对不同水平的测评对象的区分程度,是测评项目对测评对象素质水平差异的识别程度。具有良好区分度的人员素质测评题目,在区分测评对象时应当是有效的。能通过该项目或是在该项目上得分高的测评对象,其对应的品质也较突出;反之,区分度较差的项目就不能有效地鉴别水平高或水平低的测评对象。因此,区分度也称为项目效度。项目效度越高,其区分度越大,鉴别力越强。

项目区分度分析一般可以分为两种类型:一种是适用于人格测验的人员素质测评,是对项目效度的分析,根据外部效标选取相关题目;另一种是适用于教育成就测验和能力倾向测验的人员素质测评,是内部一致性的分析，根据测验总分选取相关题目。

应特别注意项目区分度的相对性，计算方法的不同带来不同的区分度值。测评主体在进行项目区分度分析时，对同一类型的题目应采用同一种对应的计算题目区分度的方法，结果才可以相互比较，进而筛选题目。

项目区分度对人员选拔录用这类选择性人员素质测评有非常重要的意义，区分度高的项目可以很明显地把优秀人才与一般人员区分开来，保证人员素质测评与人员选拔的质量，确保企业人员选拔与提升取得理想的结果。

（三）项目独立性

项目独立性是指项目之间的不相关或低相关性。项目独立性是人员素质测评效果的保障，是真正实现区分优秀人才和适合人才的重要前提之一。

人员素质测评的效果建立在准确和正确的测评结果的基础之上，系统完备的测评项目是准确和正确的测评结果提出的直接要求。由于不同类别和目的的人员素质测评的要求，测评项目之间必须达到一定程度的独立性，才能保证不同的测评题目不相关，避免测评对象通过测评项目判断不同测评题目之间的关系，利用项目设计上相关性的漏洞去猜测或推导人员素质测评题目的答案。

人员素质测评测评主体应注意项目的内在独立性和外在独立性。

1. 内在独立性

项目的内在独立性是指同一份测评试题或者同一道测评题目中的逻辑、数量、因果关系等不具备直接明显的相关性，即无法通过已知信息简单地获取答案。

2. 外在独立性

项目的外在独立性是指不同的测评题目之间或者是测评题目与人员素质测评环境之间不具备明显的相关性。

三、项目分析方法

项目分析方法一般可以分为四大部分,即适合度分析、区分度分析、独立性分析、选项质量与修正。

(一)适合度分析

适合度分析是对测评对象回答问题和实际表现情况符合人员素质测评标准的程度水平的计算。

适合度包括难度但不等同于难度,难度是测试题目的指标。式 9-13 是适合度的计算公式,同时,它也可以作为难度的计算公式。

$$P = \frac{\overline{R}}{W} \quad (9-13)$$

式中,P 为适合度;W 为项目满分值;$\overline{R}$ 为全体测评对象得分平均值。

P 的取值为 $0\sim1$。P 值越接近 1,说明项目越适合被测;P 值越接近 0,说明项目很不适合被测。

例如,在策划人员素质测评中,创新能力这项指标满分为 10 分,而 6 个测评对象在测评中的平均得分是 7 分,则该项指标的适合度如下:

$$P = \frac{7}{10} = 0.7$$

又如,在工作能力考核中,某单项考核指标有 20 人达标,另 20 人未达标。那么,该项指标的适合度如下:

$$P = \frac{20}{20+20} = 0.5$$

类似这种两值计分的项目,其适合度都是通过率。通过人数越多,项目越适合被测,难度也越小。

但是,用 P 表示的适合度存在一个缺点,P 属于顺序变量,表示各项目的相对适合度,即同一测评中的各项目的 P 值呈非线性关系,它们不可比,不能直接相加求平均值。因此,测评主体需要先将 P 值转换成

标准分 Z 值，进而求得平均值。由于 Z 值有小数与负数，因此美国教育考试服务中心提出采用式 9-14 进一步转换。

$$\Delta = 13 + 14Z \quad (9-14)$$

式中，Δ 为适合度值；Z 为 P 对应的标准分，可查正态曲线分布表获取。

在能力测评中，Δ 为难度值，其值越大表示试题难度越大。一般项目，难度应控制为 5.27～20.28，平均难度为 13 左右。

另外，在能力测评中，当项目为单项选择题时，还要使用式 9-15 校正其难度。

$$CP = \frac{PK-1}{K-1} \quad (9-15)$$

式中，K 为选项的个数。

（二）区分度分析

区分度分析是将测评项目中具有不同素质水平的测评对象区分出来，并鉴别其真实能力。

对于不同的测评项目，区分度的计算有所区别，具体有两端分组法和点双列相关系数法。

1. 两端分组法

两端分组法适用于不同性质的项目区分度检验，它的特点不仅是其对各种区分度分析的通用性，而且在于它能够把项目的适合度分析与区分度分析融合起来。两端分组法的具体操作步骤如下：

（1）把所有的测评总分从高到低进行排序，并从高分开始往下取 27% 的测评结果作为高分组，从最低分开始往上取 27% 的测评结果作为低分组；

（2）分别求出高分组的适合度 P_H 与低分组适合度 P_L；

（3）求得项目适合度 $P = \dfrac{P_H + P_L}{2}$；

（4）求得项目区分度 $D=P_H-P_L$。

D 值越大，项目区分度越高。有关专家根据相关资料与实践，总结出表 9-3 的项目区分度评价标准。

表 9-3　　　　　　　　　　项目区分度评价标准

区分度值	评价
0.40 以上	优良
0.30 ~ 0.39	良好或修改后会更好
0.20 ~ 0.29	尚可或者需要修改
0.20 以下	差或者应淘汰

资料来源：萧鸣政. 人员测评与选拔[M]. 上海：复旦大学出版社，2015.

2. 点双列相关系数法

对于二值性计分的项目（或者满分或者零分的项目），可以采用点双列相关系数法。其计算公式为式 9-16。

$$D=\frac{\overline{X}_p-\overline{X}_q}{S_t}\sqrt{pq} \qquad (9-16)$$

式中，D 为区分度；p 为项目通过率；$q=1-p$；$\overline{X}_p$ 为通过该项目的测评对象总分平均值；$\overline{X}_q$ 为未通过该项目的测评对象总分平均值；S_t 为全体测评对象总分标准差。

当项目得分与测评结果均是连续变量时，可通过积差相关系数分析项目区分度。但是，如果其中某一个变量因某种原因被人为分成两类时，如项目得分被分成通过与未通过或测评总分被分成及格与不及格，此时需采用二列相关系数分析项目区分度（式 9-17）。

$$D=\frac{\overline{X}_p-\overline{X}_q}{S_t}\times\frac{pq}{y} \qquad (9-17)$$

式中，y 为正态曲线下把面积分成 p 和 q 两部分的纵轴高度（查正态曲线分布表获取）；其余各项含义与点双列相关系数公式是一致的。

同时需要注意的是，当项目得分与测评结果都是二值分配变量时，需要通过 φ 相关系数法分析项目区分度。φ 相关系数法将在下面的内容中讲解。

（三）独立性分析

独立性分析是将各个项目尽量安排为具有非相关性和低相关性，并对项目之间的独立性关系进行分析。

在能力测试中，项目之间需要保持一定的独立性。例如，假设一个测试由 20 个项目组成，每个项目都是中等难度，即 $p=q=0.5$，并且这 20 个项目之间完全相关，即 $\gamma=1$，那么会导致如下测试结果。

在一个项目上答对的人，在其他 19 个项目上也必然会答对，而在一个项目上答错的人，在其他 19 个项目上也必然答错。这就使测评结果走向两种极端，即零分或满分。显然这种测试无法把中间水平的人区分开来，进而使测试毫无意义可言。

项目的独立性分析就是通过分析项目之间的相关系数来揭示项目的独立性程度。当相关系数越大时，项目独立性越小；反之，项目独立性越大。

当项目的满分值较大（10 分以上），为连续分值，且项目实际得分分布均匀时，可采取积差相关法分析项目独立性；当项目得分分布不均匀，一般是集中在 5 个分数点以下，或者为二值计分时，需采用 φ 相关系数法和 χ^2 检验法分析项目独立性程度。

1. φ 相关系数法

φ 相关系数法的计算公式见式 9-18。

$$\gamma_\varphi = \frac{bc-ad}{\sqrt{(a+b)(c+d)(a+c)(b+d)}} \quad (9\text{-}18)$$

式中，γ_φ 为 φ 的相关系数；a，b，c，d 分别为四格表中的人次数。

例如，某测试题第 7 题与第 10 题同时做对的人数有 15 人，同时做错的人数有 20 人，做对第 7 题而做错第 10 题的人有 25 人，做对第 10 题而做错第 7 题的人数有 35 人。试分析第 7 题与第 10 题之间的相互独立性。

首先将两题作答情况分成四格表（见表 9-4）。

表 9-4　　　　　　　　　　答题情况统计表

项目	第 7 题做对	第 7 题做错	总计
第 10 题做对	15（a）	35（b）	50（$a+b$）
第 10 题做错	25（c）	20（d）	45（$c+d$）
总计	40（$a+c$）	55（$b+d$）	95（$a+b+c+d$）

把表中的统计数据代入 φ 相关系数法的计算公式：

$$\gamma_\varphi = \frac{bc-ad}{\sqrt{(a+b)(c+d)(a+c)(b+d)}}$$

$$= \frac{35 \times 25 - 15 \times 20}{\sqrt{(15+35)(25+20)(15+25)(35+20)}} = \frac{575}{2225} \approx 0.26$$

经统计检验，γ_φ 为低度相关，因此判定第 7 题和第 10 题具有较好的独立性。

2. χ^2 检验法

运用 χ^2 检验法来分析项目之间的独立性，通常需要借助列联表的方法，即用表格列出两变量各种类型在每一结合点上的次数。χ^2 检验法的步骤如下：

（1）假设两个项目相互独立；

（2）计算理论次数 fe 的值，计算得出 χ^2 的值；

$$\chi^2 = \sum\sum \frac{\left(\dfrac{n_{ij}-n_i n_{\cdot j}}{n_{\cdot\cdot}}\right)^2}{\dfrac{n_i n_{\cdot j}}{n_{\cdot\cdot}}}$$

（3）通过比较 χ^2 与 $\chi^2_\alpha(df)$，判断是否接受假设。

例如，在某一测评中，项目 A 为 20 分，项目 B 为 15 分，测评对象在项目 A 与项目 B 上的得分人数分布见表 9-5，分析项目 A 与项目 B 的相互独立性。

表 9-5　　　　　　　　　项目 A 与项目 B 测评结果统计表

项目 B ＼ 项目 A	8 分及以下	8～12 分	12～16 分	16 分及以上	总计
6 分及以下	6（n_{11}）	10（n_{12}）	0（n_{13}）	2（n_{14}）	18（$n_{1\cdot}$）
6～12 分	26（n_{21}）	46（n_{22}）	15（n_{23}）	7（n_{24}）	94（$n_{2\cdot}$）
12 分及以上	13（n_{31}）	17（n_{32}）	6（n_{33}）	5（n_{34}）	41（$n_{3\cdot}$）
总计	45（$n_{\cdot1}$）	73（$n_{\cdot2}$）	21（$n_{\cdot3}$）	14（$n_{\cdot4}$）	153（$n_{\cdot\cdot}$）

假设项目 A 与项目 B 相互独立，计算理论次数 fe 值：

$$\frac{n_{1\cdot} \times n_{\cdot1}}{n_{\cdot\cdot}} = \frac{18 \times 45}{153} \approx 5.29$$

$$\frac{n_{2\cdot} \times n_{\cdot1}}{n_{\cdot\cdot}} = \frac{94 \times 45}{153} \approx 27.65$$

$$\cdots$$

$$\frac{n_{3\cdot} \times n_{\cdot4}}{n_{\cdot\cdot}} = \frac{41 \times 14}{153} \approx 3.75$$

计算得出 χ^2 值：

$$\chi^2 = \frac{(6-5.29)^2}{5.29} + \frac{(26-27.65)^2}{27.65} + \cdots + \frac{(5-3.75)^2}{3.75} \approx 4.488$$

因 $df = (r-1) \times (k-1) = (3-1) \times (4-1) = 6$，选择检验水平 $\alpha = 0.05$，查表得：$\chi^2_{0.05}(6) = 12.59$，$\chi^2 \approx 4.488 < \chi^2_{0.05}(6) = 12.59$，得到 $P > 0.05$。

综上，可接受原假设，即项目 A 与项目 B 相互独立。

（四）选项质量与修正

通过对选项质量进行分析，对存在不合理情形的项目关系进行调整，并对整个测评项目进行修改和完善。

在能力测评中，大部分测试项目都是选择题形式，选项中诱答或正答拟定的好坏直接决定整个试题的质量及其分数的可信性。对选项质量的分析通常有诱惑力分析法与"白智"试测法两种。

1. 诱惑力分析法

诱惑力分析法是采用表格形式,分别统计高分组与低分组中的测评对象对同一项目各选项的选择次数(见表9-6)。

表 9-6　　　　　　　　选项诱惑力分析表

试题	高分组 选项				低分组 选项			
	A	B	C	D	A	B	C	D
(5)	*	6	2	10	*	4	7	8
(21)	13	*	9	5	6	*	8	9
(33)	3	1	8	*	7	6	11	*

注:*表示对应的选项为正确答案。

从表 9-6 中比较同一选项高分组的人次与低分组的人次,当高分组的人次低于低分组的人次时,则说明该诱答项具有较高的诱惑力,例如,第(5)题的 C 选项,高分组人次为 2,而低分组人次为 7,因此 C 选项是具有较高诱惑力的选项。

2. "白智"试测法

这种方法主要是找一些对测试内容一无所知的人作为测评对象进行试测,通过分析这些人对每个诱答选项选择的人次来分析选项的质量。表 9-7 即是"白智"试测法的选项分析表。

表 9-7　　　　　　"白智"试测法的选项分析表

测评对象 \ 题目与正确答案	1 D	2 B	3 A	4 E	5 D	6 C	正确回答的试题数
1	D	C	A	E	D	A	4
2	D	B	E	E	D	A	4
3	D	E	D	E	D	A	3
4	D	A	B	D	D	B	2
5	D	D	C	E	D	B	3
6	B	B	A	E	C	D	3

续表

测评对象 \ 题目与正确答案	1 D	2 B	3 A	4 E	5 D	6 C	正确回答的试题数
7	B	A	A	C	B	E	1
8	D	D	A	C	B	C	3
9	D	E	A	E	A	C	4
10	D	B	A	B	E	E	3
人次	8	3	6	6	5	2	

由于测评对象对测试的内容一无所知，因此他们对正确答案的选择方式可能有三种：一是正确答案是常识性内容或与常识相关的内容；二是选项或题干本身提供了找到正确答案的线索；三是猜测的结果，如果是猜测，那么 A、B、C、D、E 五个选项被选中的机会是均等的，均为 20%。

从表 9-7 中可以看到，第 1 个题目的正确答案是 D，10 个测评对象中有 8 个人选择正确，这说明该题所测评的内容可能是常识性内容或与常识相关的内容，也可能是其他诱答缺少诱惑力，即选项质量不高。

本章自测题

1. 简述影响信度的因素。
2. 简述信度的种类。
3. 信度系数是什么，分为哪几种？
4. 简述影响效度的因素。
5. 简述效度的分类和对应的分析方法。
6. 如何计算项目适合度？
7. 如何运用 φ 相关系数法和 χ^2 检验法分析项目独立性？

第十章 报告撰写与测评结果的运用

 学习目标

- 了解人员素质测评报告的种类
- 熟悉人员素质测评报告的主要内容
- 熟悉人员素质测评报告的撰写要求
- 掌握人员素质测评报告的撰写步骤
- 了解人员素质测评报告的应用误区

 引导案例

Y集团是一家集煤炭开发、房地产开发和生态农业于一体的集团化公司。集团共有5家子公司,现拥有资产42 000万元,职工人数2 200人,其中,管理人员200人,高级、中级技术人员300人,本科以上学历人员1 600人。

现公司营销主管和生产经理两个岗位空缺,为给员工提供更多的成长空间,使员工与组织共同成长,激励和鼓舞员工士气,公司决定对这两个岗位实施内部招聘。自发布内部招聘公告后,营销主管岗位接收简历26份,生产经理岗位接收简历30份。为

使内部招聘更加公平、公正，公司决定采用综合性的人员素质测评法对候选人进行测评。

人力资源部首先组建测评小组，测评小组成员根据分工对营销主管岗和生产经理岗进行工作分析，分析岗位说明书和关键行为事件访谈，确立初步的人员素质测评要素。并根据公司的实际情况确定每个要素的评价标准和权重，建立各岗位的人员素质测评指标体系。

在确定了测评指标体系后，根据具体的测评内容选择综合知识测试、结构化面试、无领导小组讨论等方法进行测评。经过半个月的选拔性测评，测评小组运用各种统计学方法处理测评数据，并形成了人员素质测评报告。

测评小组根据人员素质测评报告，开始筛选两个岗位的申请人员，由于都进行了测评，测评结果一目了然，公司总经理直接根据报告上的建议确定了岗位人员，并未过多关注测评报告的数据内容分析以及其他细节。

结果，选拔出来的两名员工在经过一个月的工作后，无法胜任新的工作岗位，人力资源部总监复盘测试过程，发现了问题。原来，测评报告的撰写由单人完成，由于该名员工当时其他工作繁忙，并未仔细核对测评数据，测评建议也未从实际出发，导致了测评报告运用不当。

案例思考：人员素质测评报告应该如何撰写？有哪些注意事项？该如何妥善运用？

第一节 人员素质测评报告概述

一、人员素质测评报告的概念

作为一个定量性的测评内容，人员素质测评报告在一定程度上能够反映出企业员工的能力素质、绩效发展等方面的具体情况，并且能够进一步提出相应的解决措施和手段。

二、人员素质测评报告的种类

（一）按内容划分

测评报告有分项报告和综合报告：分项报告是按照主要测评指标逐项进行测评并直接报告；综合报告是先进行分项测评，然后根据各项测评指标的测评结果，报告总的分数、等级或评价。

（二）按人力资源管理测试目的划分

测评报告可以分为选拔性报告、培训需求分析报告、能力训练与开发报告、绩效评估性报告、能力诊断报告和职业发展报告。

三、人员素质测评报告的意义

人员素质测评报告是企业人员素质测评的最终步骤，在一定意义上全面地反映出企业人力资源管理的内容和效果。撰写一份完善的人员素质测评报告，会对企业员工的聘用、选拔、培训、团队建设等起到关键作用，并且对企业的发展有积极影响。

（一）人员素质测评报告能够系统地检验测评对象的能力和素质

人员素质测评的内容包含测评对象的个性、能力和技能三个方面，通过这三个方面，企业能够对测评对象的素质特征进行全面了解。据此给出的人员素质测评报告，能够使管理者在各个方面对测评对象进行观察，了解其在工作过程中的特质和能力，为人力资源管理提供有效的参考依据。

（二）人员素质测评报告能够有效地降低雇用风险和招聘成本

通过简历筛选和面试，很难在短时间内了解测评对象的全貌，有时会使人事任用出现错误。一份详细专业的人员素质测评报告，在了解测评对象特质基础上，能够为面试提供科学的建议，并辅助人力资源部有效地进行人事决策，提高招聘效率和准确性，进而减轻了雇用风险和成本。

（三）人员素质测评报告能够反映测评对象的团队意识和精神

人员素质测评报告通过记录和分析测评对象在团队中扮演的角色，并通过定量的方法让其明确为团队所做的贡献，以此作为激励，能够促使测评对象发扬优势、改正劣势。在此基础上，企业的团队建设能够逐步得到优化，在团队中达到人尽其才，并收获 1+1＞2 的效果。

（四）人员素质测评报告能够针对性地反映测评对象所需的学习和培训

人员素质测评报告能够反映出测评对象的能力和不足之处，在此基础上对测评对象提出意见和建议，具有很强的针对性。因此在策划培训和人力资源管理的过程中，能够为测评对象提供相应课程。同时，人员培训效果测评报告，能够提高参训人员的积极性，使培训效果有效地体现出来。

第二节 人员素质测评报告的撰写

一、人员素质测评报告的撰写原则

随着信息技术的不断进步，人才选拔工作趋向复杂化。在企业和人员进行双向选择时，由于信息不对称，经常会造成资源配置效率低下的现象发生。因此，在人力资源配置的过程中，对人员素质测评准确性和科学性的要求也在提高。

而人员素质测评报告作为人员素质测评结果分析与总结的文件，是直接提供给企业作为选拔人才的依据，因此在撰写人员素质测评报告时应当依据一定的原则进行。

（一）系统性原则

系统性原则是指人员素质测评报告的撰写应该坚持建立在对测评对象全面系统的测评基础上，并且从多方面分析测评结果。例如，对企业销售人员的测评结果撰写报告，不仅要在报告中体现其销售能力，还要从沟通能力、领导能力、团队管理能力等方面进行总结。

（二）针对性原则

针对性原则是指通过多种人员素质测评工具对测评对象进行测试，并在测评报告中有差别地反映出测评对象特质的一种原则。个人的能力素质是多方面的，人员的选拔和素质测评同样具有多样性。因此，人员素质测评报告应体现出测评对象的不同之处，并随测评工具的选择进行调整。

（三）客观性原则

客观性原则是人员素质测评报告撰写的基本原则。对测评对象的测评结果，应摒弃主观概念，在评价过程中，尽力做到客观性，并且在人员素质测评过程中使用的工具会影响测评报告的客观性。例如，测评过程中使用量化的方式，得到的测评结果较为客观，人员素质测评报告在分析测评结果时自然也会相对客观。但是，如面试、角色扮演和无领导小组讨论等方式，带有更多的主观判断，相应的人员素质测评报告分析内容也缺乏客观性。

（四）准确性原则

准确性原则包含两个方面的含义，一是对测评对象评价的准确性，二是人员素质测评报告撰写文字的准确性。在人员素质测评报告的撰写中，应从测评对象的实际工作情况出发，准确评价测评对象的具体工作表现和能力，并在撰写人员素质测评报告时做到准确。而且，人员素质测评报告撰写的准确性，有利于结果的检验和评价。

（五）投入产出比原则

投入产出比原则是指测评主体能够对测评对象的潜能和未来可能的发展趋势作出评价，这对企业长久发展非常重要，是管理者不可忽略的战略性举措。投入产出比原则，是人员素质测评报告撰写的关键原则，也是其目的之一。

二、人员素质测评报告的撰写方法

由于人员素质测评报告种类多样，因此在撰写测评报告时，一般会采用多种形式的表述方式，其中最主要的表述方式有文字描述、数据描述、表格表现与图形表现等。文字描述是基础，应与其他方式有机结合。

（一）文字描述

文字描述是采用定性的语言文字来描述或评价测评对象的特点。如测评对象的分析能力很强，动手操作能力很强，理解他人观点的能力较强，但文字表达能力一般。

（二）数据描述

数据描述是采用数字来表现测评对象各个指标的行为强度、行为频次或行为等级。如满意程度用 1~5 级划分，5 级表示非常满意，4 级表示比较满意，3 级表示基本满意，2 级表示不太满意，1 级表示不满意。

（三）表格表现

表格表现是采用表格的方式表现测评对象各项指标（项目）成绩。

（四）图形表现

图形表现是用柱状图、条形图、饼形图和折线图等方式体现测评对象的成绩水平。

三、人员素质测评报告的撰写步骤

要做好人员素质测评报告撰写工作，应该分为统计测评数据、分析测评结果、形成测评报告三个步骤进行。并且，要注意选用科学的统计方法统计测评数据和注意对测评的整体质量与测评结果内容进行全面分析，以及区分个人报告或团体报告。

人员素质测评报告的撰写步骤具体如下。

（一）统计测评数据

统计测评数据就是运用统计学方法将原始数据进行整理，获得人员素质水平的总分数。统计测评数据的方法包括累加法、算术平均法、加权综合法、指数连乘法等。

这里需要注意的是应选用科学的统计方法统计测评数据。

（二）分析测评结果

分析测评结果是对测评的整体质量和测评结果的内容进行全面分析，包括信度分析、效度分析和项目分析。

(三)形成测评报告

测评报告中应明确表达测评结果的方法、报告测评结果的方式和人员素质测评报告的内容,并且要区分个人报告或团体报告。

四、人员素质测评报告的内容撰写

无论是个人报告还是团体报告,一份完整的人员素质测评报告,都应当包括人员素质测评机构(小组)信息说明、人员素质测评总体说明、人员素质测评基本信息、测评对象基本信息、测评实施过程介绍、测评结果及其分析、总体评价和建议等要点。

(一)人员素质测评机构(小组)信息说明

此项主要包括测评机构(小组)的联系人、联系电话等内容,还包括报告的使用者对报告内容的保密责任。

(二)人员素质测评总体说明

此项主要介绍人员素质测评的目的和要求以及测评过程中所用到的测评方法等理论内容。

(三)人员素质测评基本信息

此项主要包括测评日期、测评编号、参与测评人员等,以便于人力资源部建立人员素质测评档案。

(四)测评对象基本信息

此项主要包括测评对象的姓名、性别、学历、职业、业余爱好、身份证明文件等。

(五)测评实施过程介绍

此项主要是对人员素质测评的过程作一概要介绍,包括工作分析概况、测评指标体系建立步骤、测评方法选择情况以及测评现场实施情况。

（六）测评结果及其分析

此项主要是在报告中要将测评得到的数据用文字、数字、图表等方式进行表述并分析。

（七）总体评价和建议

总体评价是测评机构（小组）对此次测评过程中各个环节的评价，评价内容主要有项目设计的合理性、实施过程的严谨性以及测评结果的准确性和有效性。建议是测评机构（小组）根据测评结果，结合企业和测评对象的实际情况，针对企业和测评对象分别提出客观中肯的人事决策建议和个人职业发展建议。

如果企业里有大量员工参加了某一项人员素质测评，那么测评机构（小组）就需要提交一份团体报告。

五、人员素质测评报告撰写注意事项

测评总结对人员素质测评报告具有关键性作用。撰写报告必须在通读测评数据结果的基础上，对测评对象的素质进行深入分析和综合，进而对测评对象的特征有一个总体评价和认识。测评对象在各项指标中表现出来的优势和劣势，应在测评总结中作出相应解释，并对测评对象的发展方向和管理策略作出建议。

人员素质测评的难度，决定了测评总结的难度。因此，为了保证测评总结的公正性、科学性、客观性和有效性，在总结过程中应注意避免以下五个问题。

（一）避免晕轮效应

晕轮效应是指人们对他人的认知判断首先是根据个人好恶得出的，然后才会从这个判断推论出认知对象其他品质的一种现象。

在测评过程中，有些测评对象的某个特点会表现突出，这种特点可能是优点也可能是缺点。由于这种突出特点会给测评主体留下很深的印象，因此会影响到测评主体对测评对象的评价出现过高或过低的现象，导致以偏概全的情况发生。

（二）避免定势效应

定势效应是指有准备的心理状态能够影响后继活动的趋势、程度以及方式。测评主体由于自身的经验背景、行为方式和价值观，在对测评对象进行测评时会存在思维定势，即不自觉地依据自己的好恶来作出评价，偏离公正和中立的立场。

（三）避免解释不足和解释过度

测评总结是以数据和基本事实为依据的，若测评主体没有充分解释数据和事实，则会导致信息的缺失，造成解释不足。此外，若测评主体作出的评价是从自己主观猜测出发，忽略了客观依据，则会造成解释过度。

（四）避免宽容倾向和严厉倾向

测评主体在做测评总结时，有时会受到自身情绪影响，采取过分宽容或过分严厉的评价，从而影响测评结果的客观性和公正性。

（五）避免在报告中使用专业术语

参考或使用测评报告的往往是相关管理人员，但并非所有管理人员都对人员素质测评的专业术语有深刻了解，过于专业的报告需要他们对信息进行再加工，可能导致理解偏颇，所以在写报告时一定要注意用语，通俗易懂，让决策者和其他使用者一目了然，便于理解。

 课程实训

下面提供了一份销售主管团体素质测评报告范例，请结合本节内容

的学习，讨论人员素质测评报告的内容有哪些方面。

销售主管素质测评报告

一、人员素质测评总体说明

销售主管的聘用工作需要人员素质测评最终确定。

二、测评指标体系说明

销售主管测评指标包括销售与产品知识运用能力、判断决策能力、领导授权能力、计划分析能力、人际沟通能力、组织协调能力、团队管理能力等。

具体指标体系设计表略。

三、测评小组成员

测评小组成员包括甲、乙、丙、丁共4人，其中甲为测评小组组长。

四、测评对象

参与测评的有A、B、C、D，共4人。

五、测评实施（略）

六、单个测评对象的测评得分

测评小组成员对所有参与测评的人员按照设计的测评方案实施测评工作，分别对每位测评对象进行评分，计算测评对象各项指标算术平均分作为该项指标的最后得分。

（一）测评对象A的测评

计算测评对象A的各项要素得分见表10-1。

表 10-1　　　　　　　　　测评对象 A 得分表

测评要素	评分要点	测评人员评分				最终得分
		甲	乙	丙	丁	
1. 销售与产品知识运用能力	销售与产品知识掌握的深度	93	80	85	92	87.5
2. 判断决策能力	对信息正确判断的能力，决策是否可行、周密	84	90	88	84	86.5
3. 领导授权能力	授权是否合理、及时、全面	83	80	75	78	79
4. 计划分析能力	对事情轻重缓急的把握程度	90	80	91	95	89

续表

测评要素	评分要点	测评人员评分 甲	乙	丙	丁	最终得分
5. 人际沟通能力	沟通的意识与技巧、危机公关处理意识	88	82	84	90	86
6. 组织协调能力	分工协作意识、协调的有效性、对相关部门人员角色理解程度、对自身角色的定位认识	95	95	90	90	92.5
7. 团队管理能力	是否明确团队目标、能否纠正团队中存在的问题、是否从事实出发采取相应的措施	85	84	85	86	85

（二）其他测评对象得分计算（略）

七、所有测评对象测评得分

根据设计的指标权重采用加权平均法计算出每个测评对象的加权总分，具体见表10-2。

表10-2　　　　　所有测评对象的测评结果

测评要素	权重（%）	A得分	B得分	C得分	D得分
1. 销售与产品知识运用能力	20	87.5	81.5	96	92
2. 判断决策能力	20	86.5	88	86	80
3. 领导授权能力	20	79	83	85	75
4. 计划分析能力	10	89	78.5	84.5	85
5. 人际沟通能力	10	86	98.5	91.5	88
6. 组织协调能力	10	92.5	83.5	70	80
7. 团队管理能力	10	85	86	90	80
加权总分		85.85	85.15	87	82.7

八、测评结果评价

（一）单个测评对象的素质评价

根据测评对象的答题情况和最终得分，其素质评价见表10-3。

表 10-3　　测评对象的素质评价表

测评要素	测评结果			
	A	B	C	D
1. 销售与产品知识运用能力	具有比较扎实的销售与产品知识，并能够灵活运用，对问题的判断比较准确	—	—	—
2. 判断决策能力	具有比较好的判断决策能力，对问题的分析很全面，能够统筹全局、果断决策	—	—	—
3. 领导授权能力	领导授权意识一般，授权比较合理，能够根据实际情况提供一些指导	—	—	—
4. 计划分析能力	基本能够把握问题的轻重缓急，并针对问题提出多套执行方案，但方案的可操作性一般	—	—	—
5. 人际沟通能力	语言表达较好，善于倾听并积极反馈	—	—	—
6. 组织协调能力	能正确理解销售部门的职责和定位，还能理解相关部门及人员的职责，能够协调本部门和其他部门的合作	—	—	—
7. 团队管理能力	能够确立明确的团队目标，并有意识地进行管理，能够从事实出发改善团队中存在的不足，但对问题的解决措施力度不大，对措施实施的效果关注意识不强	—	—	—
总体评价及人事建议	基本符合销售主管的岗位要求，其组织协调能力优秀，其他能力均达到良好水平，需提高领导授权能力，保证任务及时下达与落实，需在日后工作中参加针对性培训	—	—	—

（二）其他人员素质测评评价（略）

（三）总体评价

1. 从所有测评对象的测评结果中可以看出销售主管的整体素质水平和彼此之间的优势与差距。

2. 从总分来看，测评对象 C 最强，A 次之，B、D 再次之。

实训指导：

人员素质测评报告应包括人员素质测评机构（小组）信息说明、人员素质测评总体说明、人员素质测评基本信息、测评对象基本信息、测评实施过程介绍、测评结果及其分析、总体评价和建议等要点。

第三节 人员素质测评报告的应用

一、人员素质测评报告的应用方向

人员素质测评在人力资源管理工作中有十分重要的意义，人员素质测评报告作为人员素质测评的结果，有很高的应用价值。

（一）在企业招聘中应用

在人力资源招聘活动中考查应聘者是否满足岗位胜任素质特征是重中之重，而选拔性人员素质测评对于招聘活动具有重要的实践价值。

1. 选拔性人员素质测评的内涵

选拔性人员素质测评是根据企业现状和岗位需求以选拔优秀员工为目的的人员素质测评。选拔性人员素质测评的目的是区分和选拔优秀人才，它主要有以下五个方面特点。

（1）特别强调测评的区分功能。选拔的目的是挑选与组织、团队、岗位相匹配的员工，是一种相对性的测评，特别需要测评能够把最匹配的应聘者与一般性的应聘者区分开来，便于组织录用。

（2）测评标准的刚性强。选拔性人员素质测评特别强调区分功能，那么人们就会要求测评标准精确。由于选拔性人员素质测评强调公开、公正、科学、合理的原则，因此测评标准应一视同仁，且测评标准无论合理不合理，一旦实施决不允许有丝毫变动，否则会使所选拔出的匹配者难以服众。

（3）测评过程强调客观性。这种客观性主要表现为测评组织的合理性和测评方法的科学性，从而提高测评信度。

（4）测评指标具有选择性。选拔性人员素质测评指标以客观、便于操作以及与工作相关为前提，允许针对测评内容有选择性地制定测评指标。

（5）测评结果明确。选拔性测评要求结果明确，其结果要求以分数或等级的形式展现，评语式的测评结果无助于选拔性测评区分功用的发挥。

2. 选拔性人员素质测评运用的基本原则

选拔性人员素质测评运用的基本原则包括公平性、公正性、差异性、准确性与可比性等原则，具体内容如图 10-1 所示。

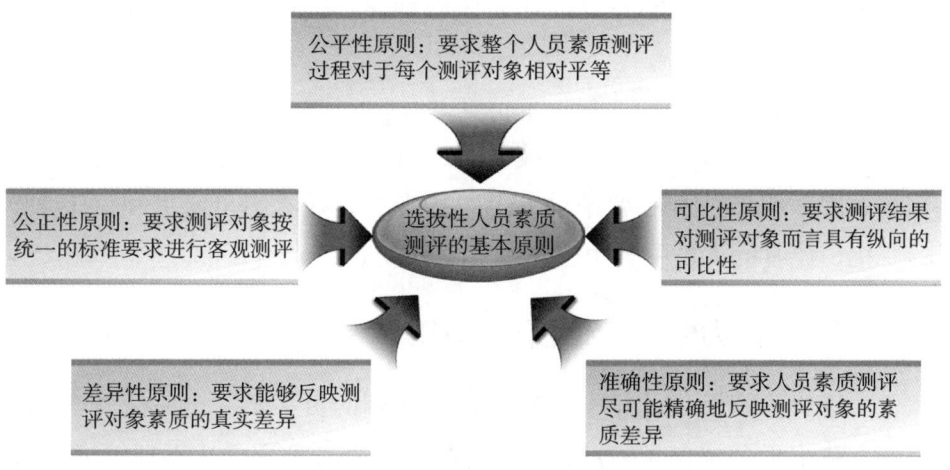

图 10-1　选拔性人员素质测评的基本原则

（二）在人力资源配置中应用

人力资源发挥最佳作用的前提是知人善任、人职相匹、人尽其才、才尽其用。而配置性人员素质测评对人力资源的配置活动具有重要的实践价值。

配置性人员素质测评是人力资源管理中常见的一种人员素质测评形式，其主要目的是合理配置人力资源。每种岗位都有其特定的岗位胜任力特征，当任职者现有的素质特征符合岗位胜任力特征时，个体的人力资源优势就能得到主动发挥，创造出高水平绩效；反之，则会处于低能低效的状态。

配置性人员素质测评具有针对性、客观性、严格性、准备性等特点。

1. **针对性**

是指整个测评以寻求与岗位最相匹配的员工为中心进行，其中不同的岗位具有符合其各自特点的配置性人员素质测评。

2. **客观性**

是指测评的标准必须以岗位的客观要求为标准，要做到实事求是，不能仅靠主观判断。

3. **严格性**

是指测评标准的制定、测评方法的选择、测评过程的实施等要做到精益求精。

4. **准备性**

是指依据配置性人员素质测评所进行的人力资源配置，只是保证工作效率和效果的一种必要条件，是一种准备；随着岗位要求和员工素质的变化，原有的人员配置也会相应发生改变。

（三）在人力资源开发工作中应用

由于人力资源供给市场的限制，招聘到的员工不一定完全符合岗位需要，或由于公司自身的发展，原有的人力资源素质已达不到组织要求，这就为组织开展培训提出了要求。人员素质测评报告反映的内容，正好成为培训需求分析的资料来源，这帮助企业选择合适的方法和内容来对人员开展培训。而开发性人员素质测评则对人力资源培训活动具有重要的实践价值。

1. **开发性人员素质测评的内涵**

开发性人员素质测评是一种以开发人员的素质潜能为目的的测评，它为人力资源开发提供了科学性与可行性依据。开发性人员素质测评并不强调人员素质的好坏，而是强调通过测评来勘探人员的优势、劣势和潜在发展可能。

人的素质具有可塑性与潜在性，有些人现在也许不具备某方面的素质，但他可能具有发展这方面素质的潜力，实施开发性人员素质测评就可以发现这方面的潜力。

由于组织中存在着不同类型的人力资源，有人专注于创新，有人擅长于管理，这些人实际具备了不同的人力资源形态，所以应该对它们采取不同的开发策略，以最大限度地发挥他们的优势。

2. **开发性人员素质测评的特点**

与其他测评类型相比，开发性人员素质测评的特点体现为勘探性、配合性和促进性。

（1）勘探性是指开发性人员素质测评对人力资源具有调查性，通过该测评，可以了解个体或组织的总体素质结构，可以了解并区分个体或组织的优点、缺点、显性素质、潜在素质或有开发价值的素质等。

（2）配合性是指开发性人员素质测评一般是与素质潜能开发，或组织人力资源开发相配合进行的，是为人力资源开发服务的。

（3）促进性是指开发性人员素质测评不在于评定素质的好坏、优劣等，其主要目的是通过测评来激励并促进各种素质的和谐发展与提高。

（四）在绩效考核中应用

考核是人员素质测评的一种，是组织人力资源管理的重要内容，也是组织管理强有力的手段之一。考核性人员素质测评则对人力资源考核活动具有重要的实践价值。

人员素质测评报告反映出测评对象是否具备某种素质或发展潜力，这成为设置绩效考核指标的依据。根据测评报告反映出的人员素质差异性来设置考核指标，是激发员工潜能、促进良好竞争形成的有效手段。

1. **考核性人员素质测评的定义**

考核性人员素质测评，是用来鉴定与验证个体是否具备某种素质，或个体具备某种素质程度大小的人员素质测评方式。它主要是对测评对象素质结构与水平的鉴定与验证，经常穿插在选拔性人员素质测评与配置性人员素质测评之中，对于测评结果具有较高的信度和效度要求。

2. **考核性人员素质测评的特点**

考核性人员素质测评的特点如图10-2所示。

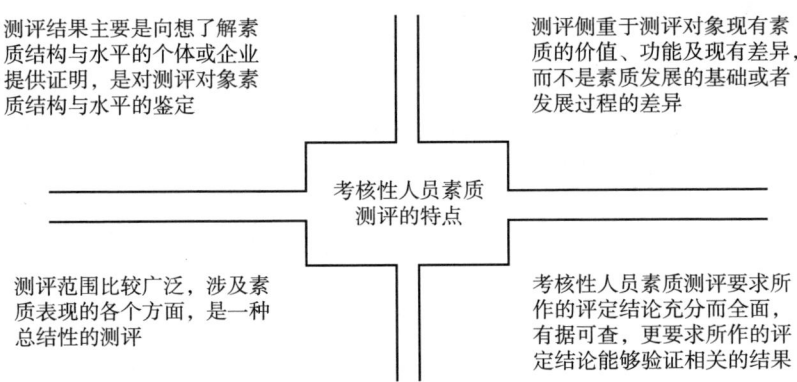

图 10-2 考核性人员素质测评的特点

3. 考核性人员素质测评的原则

在运用考核性人员素质测评时，应注意以下五个原则，即全面性原则、充足性原则、可信性原则、权威性原则和公众性原则。

（1）全面性原则要求考核性人员素质测评的范围要包括纵向时间的跨度与横向空间的跨度，这样才能突出考核性人员素质测评的概括性特征。

（2）充足性原则要求测评结论要有充足的依据，是对事实本身的客观反映而不是主观推论，还要求在测评依据与测评信息的搜集与选择上也要坚持充足性原则。

（3）可信性原则要求考核性人员素质测评的方法科学，测评指标客观，要求测评的结果既能使本人信服又能令他人信服。

（4）权威性原则要求测评主体应有一定的权威性和专业性，能够从质上保证测评结果的有效性。

（5）公众性原则要求在测评过程应有多类或多数有代表性的人员参与，能够从量上保证测评结果的有效性。

（五）在人力资源诊断中应用

在企业管理中，人力资源的数量、质量、层次、结构、管理流程等方面常常会遇到这样或那样的问题，这就需要通过人员素质测评来查找原因，此时就需要实施诊断性人员素质测评。

诊断性人员素质测评主要是为了了解员工素质现状、素质开发中的问题并确定进一步开发的方向，它主要有以下特点：

（1）测评内容有时会十分精细，有时会十分广泛。当寻找人力资源管理中某一问题出现的原因时，测评内容往往会包括每个细节，当测评目的是了解现状时，测评内容一般会十分广泛。

（2）诊断性测评具有很强的系统性，测评目的往往是刨根问底式的，即观察现象、搜集信息、层层分析、步步综合、找出问题答案、提出矫正方案。

（3）诊断性人员素质测评结果一般不会公开，只供内部掌握或参考。

二、人员素质测评报告的应用误区

目前，人员素质测评在企事业单位的人力资源管理中得到广泛应用。但是，对人员素质测评结果的运用也出现了误区，这些误区包括人事决策替代论、测评结果精确论、人员素质测评无用论以及测评软件万能论等。

（一）人事决策替代论

有些人夸大了人员素质测评的影响作用，认为人员素质测评报告可直接用作人事决策。但是，测评对象是否被录用，在哪个岗位就职，不仅取决于人员素质测评报告中所体现的评价内容，还要考虑到测评对象的综合素质、岗位胜任特征要求、企业文化等客观环境因素。因此，最终的用人决策必须包含主观判断，人员素质测评报告只是为用人单位提供测评对象的发展建议，能够在一定程度上降低主观判断的失误率。

在实践中，企业经常要求测评专家对用人作出决策，这种做法是很危险的。同时，测评咨询机构也不能为了显示测评的价值而在测评结果中提出用人决策。

（二）测评结果精确论

许多组织对人员素质测评结果的要求很高，认为人员素质测评的结果就是科学准确的。但实际情况是，尽管现代人员素质测评的结果在一定程度上比传统的选人用人办法准确得多，但人员素质测评的准确性仍然无法与物理测量相比，这是因为人的心理测量远比物理测量要复杂，其间受到的干扰也会更多。

因此，在人员素质测评过程中能够实现的情况是，科学运用现代人员素质测评技术，使得人事决策正确率不断提高，即使仅提高10个百分点，也将带来巨大的经济效益。

（三）人员素质测评无用论

有些组织认为，现代人员素质测评方法并不比传统的选人用人办法有效。因此，在人员素质测评过程中，并未使用现代人员素质测评手段。其实，这种观点是错误的。

在过去，由于市场经济发展不完善，经济总体发展水平较低，市场竞争机制和人员竞争意识还未成形。在这种情况下，不使用现代人员素质测评技术和现代人力资源管理方式，企业也能正常发展。但是，面对日益激烈的市场竞争形势，企业若要科学合理地选用人才，充分发挥员工的积极作用，采用现代人员素质测评方法势在必行，同时对关键技术人员和高级管理人员的评价和保护也有积极影响。

（四）测评软件万能论

目前，许多人一提到人员素质测评软件，就认为一定是科学合理的，这其实是一种误解。人员素质测评软件虽然在一定程度上能够减轻工作量，提高测评效率，但并不意味着它就是完全科学合理的。有些设计合理，测评效果好的测评工具，虽然没有编成软件，但在实践中也能够证明它的科学性。例如，目前使用的情境模拟测验，能有效地测评管理人员的素质，但变成软件将很难实现。

一个成熟有效的测评工具短时间是无法开发出来的，判断一个测评工具是否科学合理，不应该只局限于看它是不是一个软件，而是应该在实践中逐步检验它是否设计合理，各种测评指标是否可信，实际的测评效果如何。

三、人员素质测评报告应用误区的规避

针对上述的应用误区，企业可通过以下三个方面的措施进行规避。

（一）提高测评对象对人员素质测评的认识

要正确对待人员素质测评，不能只从组织的角度进行强调，同时还需要提高测评对象的认识。真正使测评对象了解人员素质测评的可靠性和权威性，使其能够主动积极配合，避免产生误解，将会提高人员素质测评的效率。

（二）正确对待人员素质测评结果

人员素质测评报告能够全面分析测评对象的性格、工作能力、岗位倾向等一系列的测试结果。因此，如果测评结果体现了测评对象的优点，需要努力保持和发扬。测评结果揭示了测评对象在某些方面的不足，就需要对这些员工进行针对性培训，努力加以训练和改正。

（三）完善人员素质测评报告内容

在人员素质测评报告最终呈现时，测评对象虽然知道自己的得分情况，但是通常不知道计分是如何实现的。因此，在报告的撰写中，应加入一些如何发挥优势和克服不足的建议。完善人员素质测评报告内容，能够在一定范围内弥补测评报告自身缺陷带来的认识误区。

本章自测题

1. 说出人员素质测评报告的主要种类。

2. 简述人员素质测评报告的主要内容。

3. 简述人员素质测评报告的撰写原则。

4. 简述撰写人员素质测评报告的注意事项。

5. 结合教材与实际，查找资料，说说人员素质测评报告的应用误区有哪些。